新錯誤論

香川達夫著

成文堂

はしがき

「断筆の辞」を書いたのが、平成二六年(二〇一四年)の六月のことであった。二ヵ月余にわたる長期入院といった大病を患い、私としても、再起は不可能なのかとも感じていた。いつかは必ず訪れてくるであろう旅立ちに、一研究者としてのけじめを、どこかで私なりにつけておきたかった。それが、自著「身分概念と身分犯」のはしがきに書いた「断筆の辞」であった。

あれからもう、あしかけ五年が過ぎていった。週に二回、デイ・サーヴィスに通いながら、孫みたいな若い指導員の指示にしたがい、失われた体力の回復を願いながら、果敢ない努力を繰りかえしている。こと志と違い、思うような成果はあがらないにしても、回復への努力に励んでいる。とはいうものの、既に齢も九〇歳の大台を超え、残りの歳月を一日一日と指折数えるようにもなってきた。そろそろ研究者の夢を諦め、老後を楽しむだけの年齢になってきたのかもしれない。

部屋の両壁を占領している書籍も机上のパソコンも、やがては利用されずに処理されるときがやってくる。聴力も衰えて補聴器が頼り。視力の減退も顕著で、ヘッドルーペに依らなければ、文字の確認に四苦八苦するばかり。補助車に助けられての歩行。こうでもしなければ、外気に触れることもない蟄居の日々。まさしく、昔を今になすよしもなく、ただただ、元気であった若き日々に懐旧の念を抱くだけの昨今である。

一九三一年制作のドイツ映画に「会議は躍る(Der Kongreß tanzt)」というのがあった。その主題歌に、「Das gibt's nur einmal, das kommt nicht wieder」という一節がある。しみじみと、その真実さを感じている。原語で口ずさんだり再放送の映画を観賞したり、私にとって忘れられない名画のひとつである。今でも時折、一人で口ずさんでいるが、ともにハミングする友ももういない。まさしく、「歳月不待人」を実感している。

そう、その若かった頃、在学中であったのにもかかわらず、法務省の発行する機関誌に、拙稿を掲載する機会に恵まれた。思いがけない出会いではあったが、これが私にとって、研究者としての道への第一歩となっていった。あれから七〇年。ペンと紙から解放されることのない日々が続いていった。中止未遂の話題を筆頭に、その後各種の課題に対応し、不断にそれとの対決を通じて書き続けてきた。思えば懐かしい、過去った日々であった。膨大な資料に恵まれた研究室の書庫が忘れられない。

元禄三年（一六九〇年）、近江の国石山で幻住庵記を草した芭蕉は、「ついに無能無才にして、この一筋に連なる」と書いていた。それまでに多くの生業に励んできたが、最終的に落ち着いたのは、俳諧であったと記されている。この一筋に辿りつくまでには紆余曲折があったようである。

この一筋に連なるまでの私には迷いはなかった。浅学菲才の私を、育ててくださった師に感謝している。「よく書庫で会いましたね」とお手紙を頂き、資料集めに専心したあの当時を思い出す。

以前から感じていたことだが、床に就くといろんな思いが駆けめぐる。「ああでもない、こうでもない」と繰り返しながら、いつかは深い眠りについてゆく。そしてこの、ああでもない、こうでもない、あるいはこうした方がいいのではは、翌朝になっても不思議と覚えている。一風、変わった記憶の仕方なのかもしれないが、折角の思考を放棄する必要もない。パソコンに書きとどめておいた。

既往の錯誤論に抵抗するにしては、あまりにも安易な思考方式であるといわれるのかもしれない。でも、睡眠中に浮かぶアイディアは、私にとって貴重なヒントを与えてくれた。休むことのない頭脳の活躍には感謝している。

そして、なんどもなんども繰り返して推敲し、手を加えたあとに生まれたのが本書である。四六時中、休むことのない思考の産物に安堵はするものの、それが「断筆の辞」を書いた、かつての宣言に違反するのではないのか。そのような危惧もあった。それを知りながら、あえて本書の公刊に踏み切ったのは、この年齢になっても思考はとまらず、本書を書ける自分を残しておきたかったからである。

錯誤をめぐる既往の論争は、もう少し簡素化しえないものなのか。日独の論争が、絢爛百花の相を呈するわりに、英米法制は比較的淡泊である。淡泊であっても、ことの処理が可能であるのなら、既往の華麗な論争に拘束される必然性はない。そうではないのか。そのようにも考え、無謀な挑戦とは思いながらも、簡素化への道を選んでみた。成功・不成功は神のみぞ知る。毀誉褒貶は人の世の常。でも、持論だけはあきらかにしておきたかった。

平成三〇年　秋

著　者　記

本書にまとめて掲載した素稿は、これまでに学習院大学法学会のご好意により、同会の機関誌「法学会雑誌」に連載してきたものである。まとめるにあたっては、なんども読み返しながら、全章にわたって加筆訂正してきた。元の論文と本書との間には、その変貌に大きなものがあるのかもしれないが、その概略を記しておけば左記のとおりである。

第一章　法律の不知と判例理論　法学会雑誌五一巻二号
第二章　事実の錯誤と故意の個数　法学会雑誌五二巻二号
第三章　具体的法定的符合説とその問題点　法学会雑誌五三巻二号

目　次

第一章　法律の不知と判例理論

第一節　犯罪事実の確定

一　犯罪構成事実とは

一　思い違いすなわち錯誤（Error, mistake, Irrtum）の有無が、その者の刑事責任を問ううえで、どのように作用し影響するのか。そこに錯誤論のもつ核心があるとするのなら、その錯誤が事実に関してなのか、法律についてのそれなのか。そういった二個の選択が問題視されるのも自然である。[1] ただ他方で、錯誤論をもって故意の裏返し（Kehrseite des Vorsatzes）というのであれば、[2] 裏返えされる以前の故意と裏返された結果としての錯誤との間には、基本的にいって表裏一体の関係になければなるまい。そうだとすれば、表側での守備範囲と裏側のそれとの間で、相互に差異があってよいものではない。いわば、表で使われる法理は、そのまま裏側すなわち錯誤にも利用されうるものでなければならないし、またその間で格別別個にいいかえられなければならない事柄のものではない。そのように思われる。

その意味で、故意の成立にとって必要な事実的要素すなわち犯罪構成事実とその認識、それに加えて違法性の意識といった要件は、ともに車の両輪のように要求されることにもなってくる。現行刑法の三八条一項もまた、「罪を犯す意思のない行為は、罰しない」とすると同時に、同条三項には「法律を知らなかったとしても、そのことによって、罪を犯す意思がなかったとはいえない」として、それぞれの表側とそれへの対応とが規定されている。となると、裏返しとしての錯誤論もまた、それと平仄を併せて考えていくのが妥当なのかとも思われる。ただ、現行刑法の予定する三八条一項と同条三項との間には、それぞれの関連について、判例・学説間には必ずしも意見の一致をみているものでもなかった。それだけに、その間の整理に多くの労力が必要とされてくるが、ともあれここで話題としてとりあげたかったのは、まずは判例理論によるとき、そこでの裏返しとされる法律の錯誤が、その表現どおりの機能を果しているといえるのかどうか。そのことの解明に焦点をおいていくことになる。

もっとも三項については、ローマ法伝来の「法律の不知は許さず」とする法諺にしたがい、法律の錯誤は故意を阻却しないとされ、それがまた判例理論の主流となっている。そうだとすれば、こと判例理論によるかぎり、そうしたものとして受けとるほかないのかもしれないし、そのかぎり錯誤として論ずる機会も少なくなってくる。だが、だからといって、「どうして?」といった疑義を抱くことまで拒否される理由もない。それもまた事実である。

一九五二年の連邦最高裁判所決定を契機にして、ドイツ刑法一七条は誕生する。だがそれまでの間は、かつてのライヒ裁判所の流れ、すなわち法律の不知は許さずの原則が、脈々としてその主流を占めていた。(3) 他方、英米の法制下にあっても、この間の事情に変わりはなかった。「法の不知は、行為者にとって責任阻却という免責事由とはならない。これがコモン法上の一般原則である」(4) と断定され、さらには「他国人といえども、その例外とはならない」(5) とさえ宣言されているからである。いわばそれは、万国共通の普遍の原理として維持され、洋の東西を問うこともなく、法律の不知への対応には厳しいものがあったといえるようである。そうした現状維持のなかにあって、五二年の本決定と一七条とは、これまでの流れに対する大きな転換点となり、その緩和化の方向を指向するものであった。

わが国での判例理論も、その間の事情に変わりはなく、いわば大勢順応型が主流となっていた。素直にそんなものなのかとして受けいれていくか。逆に、さらなる回顧・検討と反省が必要とされると考えるのか。選択肢は二個にわかれるようである。だがそれにしても、法律の不知は許さずとする判例理論そのもののいき方に対しては、充分に回顧し反省してみる必要性はあるし、それについては、それなりの感想は抱いている。そうした思考のなかで、最初に意識されるのが、つぎのような問題点であった。

甲木工所は、昭和二七年頃から三年間にわたって、歩行器等の木工製品の製造をしてきた。ただ、これらの製品を製造するについては、物品税課税の必要もあって、政府にその旨の申告をする必要があった。にもかかわらず、申告をしないまま、歩行器等の製造を継続してきたというのがこれである。

この事実に対し、一審と二審とではその対応を異にしていたが、結果として昭和三四年二月二七日の最高裁判所判決は、有罪とした二審判決を支持したうえで、つぎのように述べている。「本件製造物品が物品税の課税物品であること従ってその製造につき政府に製造申告をしなければならぬかどうかは物品税法上の問題であり、そして行為者において、単に、その課税物品であり製造申告を要することを知らなかったとの一事は、物品税法に関する法令の不知に過ぎないものであって、犯罪事実自体に関する認識の欠如すなわち事実の錯誤となるものではない旨の原判決の判断は正当である(6)」とするのがこれであった。

ただこれだけの判示で、なぜ事実の錯誤と解してはいけないのか。その理由はなんなのか。少なくとも、私にはわからない。そういった疑問に対する答えはでてこない。そこでさらに、二審判決に目をむけてみた。「その製造につき政府に製造申告をしなければならないことを知らなかったというだけであって右物品を製造すること自体につきその認識があったことは極めて明らかである」とされ、そこから「本件製造物品が物品税課税物品であるかどうか従ってその製造につき政府に課税申告をしなければならないかどうかは物品税上の問題であるから右代表者等において課税物品であり製造申告を要することを知らなかったとしてもそれは単に物品税法に干する法例の不知・・・無申告製造事犯についての犯意ある」[7]というのが、その理由になっていた。

疑問解明のため、二審判決にその援助を求めてはみたものの、これだけで一審判決が破棄されなければならない理由を理解できたとはいいがたい面がある。というのは、一審判決が甲はその製造にかかわる木工品が、「課税物品であることを知る機会を得なかった」、だから無罪であるとしていたのは、逆にいえば課税物品であると知ったうえでの製造、それこそが犯罪構成事実そのものであるとし、したがって逆にその認識を欠いていたから、無罪と解さざるをえないとする点にあった。換言すれば、ここでの客体が課税物品であるという事実の認識――紛らわしさを避けるため、私はこの意味での認識を、犯罪構成事実の認識といいかえている。以下同じ――を欠くため、事実の錯誤があったとして故意の阻却が認められる。だから無罪であるとした。それが一審判決であり、その論理には明快なものがあった。それだけに、逆に有罪とした二審判決を参照としてみても、その理解に苦しむことにもなってくる。基本的にいって、二審判決にとって犯罪構成事実とはなにを指す趣旨なのか。それがわからないからである。

表現の問題になり、問題として細か過ぎるかもしれないが、通常「事実の錯誤は故意を阻却する」とされている。それだけに、そのこと自身を否定するつもりもない。ただ、これからの記述の必要上、本書では事実と犯罪構成事実とを区別し、錯誤論に要求される事実については犯罪構成事実といいかえ、犯罪構成といった衣を纏わない単なる事実とをわけて考えていくことにしたい。この点は、先にも少しく触れておいたところである。

ところで、二審判決および本判決にとって予定されている、犯罪構成事実とはなんなのか。それがわからないことは既に述べた。そこで、わからない理由を私なりに表現すれば、物品の製造とそのことの無申告とをわけ、いわばそれぞれに分業というかあるいはその分割的な思考を前提とし、そこから後者の無申告をとりあげて、物品税法一八条一項所定の「政府ニ申告セズシテ」すなわち法律の不知にあたるところから、故意の阻却事由として作用することはないとしている点である。そこから前者、すなわち「その物品を製造すること自体につきその認識のあった」ことは否定していないし、加えてそのことが犯罪構成事実それ自体に当る以上、錯誤とはなりえないとしているようである。

それもひとつの論法として、こうしたいい方がなされるのもわからぬわけではない。だがそういいうるためには、物品の製造と製造にあたっての無申告とは相互に別といった分割を前提とするか、あるいはその分業を予定しないかぎり、それはでてこない帰結である。だから分割・分業判決なのかと評しているわけであるが、ただそのことの妥当性については、疑問を留保しておきたい。

製造について、その申告の必要さを知らなくても、「製造すること自体にその認識があった」とされる「その」という指示代名詞が、なにを指しているのかが定かでないが、通常指示代名詞とは先行する名詞を対象とするというのであれば、そこにでてくる答えとしては物品の製造しかありえないし、またそれ以外に予想しうるものもない。具体的には、歩行器等の製造しか考えられない。そうだとすれば、製造それ自体が犯罪構成事実そのものであるとされ、それがまた同時に、違法であるとされている趣旨なのかと解さざるをえなくなってくる。「然り」といった是認の言葉を返えすつもりなのだろうか。

だがそれに対しては、製造自体がなぜ違法なのか。違法なのは製造自体なのではなく、無申告で製造する、そのことなのではないのか。そういった反論もでてこよう。そのかぎり、「その」とは製造にかかるのではなく、無申告製造を対象にしているとでも解さないかぎり、およそ文法的ではないことにもなってくる。ということは、課税物品を製造している。そのことの認識こそが不可欠の要件となり、したがってそれが犯罪構成事実そのものであるとでも解さないかぎり、論理性に欠けるといわれかねないことにもなってこよう。どちらの選択が適切であるのか。それが最初に、考えられなければならない課題となってくる。

逆転されたとはいうものの、一審判決は「当該物品が課税物品であることを認識しながらその製造申告をしないでこれを製造した場合に限る」とし、無申告と製造との分割・分業を認めることなく逆に一本化し、いわば無申告製造こそが犯罪構成事実に当るとしている。分割・分業かそれとも一本化なのか。その間の認識の差が、一・二審判決相互間の最大の違いであったといえるようである。少なくとも私は、そのように理解している。ただ一本化によるかぎり、甲には犯罪構成事実の認識を欠く。したがって、三八条一項の対象とはなりえても、同条三項の登場を待つまでもなかった。事実の錯誤は故意を阻却する。それだけで済むことであり、それだけにまたわかりやすいのは一審判決であった。

前提とされる物品税法とは、課税物品の無申告製造なのか、無申告での製造を対象にしての規定なのか。前者を対象とするのが自明であるのなら、そこから製造と申告との分離論がでてくる余地はありえない。やはり申告に当って、課税物品であることの認識を必要とすると、そう判示した一審判決に分があるように思われる。

（1）　通常は、事実の錯誤（error facti, Tatsirrtum）と法律の錯誤（error juris, Rechtsirrtum）といった形で表現されているが、構成要件との関連もあって、構成要件的事実の錯誤（Tatbestandsirrtum）と禁止の錯誤（Verbotsirrtum）あるいは違法性の錯誤（Rechtswidrigkeitsirrtum）といったいい方もなされている。実質的にみて、後者が妥当であるのかもしれないが、本書では旧態依然した、これまでの表現方式にしたがっている。格別、理由があってのことではない。使い慣れているし、既往の所説との関連づけもとりやすい。ただ、それだけのことである。

加えて錯誤、すなわち思い違いは、日独間にのみ特有の現象なのではない。法制度の差を超え時代の今昔を超えて、間違いはいつでもどこでもありうるし、またありえたはずである。それだけに、法理論上それが大きな課題になってきているし、同時に、ローマ法伝来の法諺の存在そのものが、そのことを示していたといえるのかもしれない。

本書でも可能なかぎり、日独以外の法制にも関心をおよぼしたいと考えている。たとえば、古いところでは、Countney Stanhope Kenny, Outline of Criminal Law, 1947 があり、同書の七四頁、七八頁には、事実と法律とを区別したうえで、それぞれの錯誤について触れている。また最近では、Peter Gillies, Criminal Law, 3. ed., 1993, pp. 283, 294 にも、Ignorance of the Law と the defense of mistake of fact といった区別と、その表現がなされている。執筆者については、わが国でのなじみは薄いが、執筆当時、オーストラリアのマッコリー大学（Macquarie University シドニー在）の准教授である。それだけに、例外となる故意をどんな形の処遇を認めるか。それを考える必要もでてこよう。なお、その詳細は、第二章に譲ずる。後出八一頁以下参照。

（2）多くの学説がそうだとしているので、逐一引用するのは省略するが、たとえば Jürgen Baumann = Ulich Weber = Wolfgang Mitsch, Strafrecht, Allgemeiner Teil, 10. Aufl., 1995, S. 444 には、この表現がみられる。なお、同書は、三人の執筆者によって記述されているが、この「裏返し」とする表現は、ウェーバーの担当個所からの引用である。

（3）その点の詳細については、後出四三頁以下、七二頁以下を参照されたい。

（4）Gillis, ob. cit, p. 283.

（5）Seymour P. Harris = A. M. Wilshere, Principles and Practice of Criminal Law, 18. ed., 1950, p. 25. わが国での判例理論と同じような厳しさを感ずるが、二点ほど気になることがある。そのひとつは、mistake or ignorance と表示され、この両者が or で結ばれている点である。同一事態の別表現であるのか。あるいはまったく異なった意味を持つと解してのことなのか。前者を錯誤とし、後者を不知と訳するのなら、不知であるから思い違いをしたという意味では、別概念なのかとも思われる。ただ、ハリス＝ウイルシャーは、前者の意としてとらえていた（Harris = Wilsher, op. cite, p. 25）。もっとも、私見のように、無知と無関心とをわけるとなると（後出一四頁以下参照）。そのこと自体に、単純には賛意を表しにくい面もでてくる。

この点につき、木村教授も「英米法では一般的に、法の不知・・・と錯誤・・・同義のものとして論じられている」（木村光江・主観的犯罪要素の研究　英米法と日本法（一九九二年）八七頁）とし、or とされる現状をそのように紹介されている。だが、Jerome Hall. General Practice of Law, 1947, p. 323 は、期待に反して and で結んでいる。もともと知らなかったから思い違いをしたとなると、この両者は別概念なのかとも思われるが、英米法にあっては、あまりこだわらなかったのかもしれない。and であろうと or であろうと、大差はないということなのかもしれない。

第二に、法の不知は許さずとするのが原則であるにしても、ドイツ刑法には、一七条のような例外がありえた。同じことが、英米法にも期待できないものなのか。そういった点も、気になるところである。ことは、肯定的に解しても妨げないようである。

(6)　最判昭和三四年二月二七日刑集一三巻二号二五〇頁。なお本件については、かつて香川「違法性の錯誤」刑法解釈学の基本問題（昭和五七年）八七頁以下で触れておいた。以下、基本問題と略記して引用する。なお、後出二〇〇頁注（16）参照。

法律の不知は許さずの一点張りで故意を阻却しないとする、従前どおりの判例理論に準拠した二審判決に対しては、それが「単純に法の不知は犯意を阻却しないとの原理に固執し・・・不当」であるとされた藤田裁判官の少数意見がみられるが、対象を法定犯にかぎっているため、不当とされたこの「原理」が、自然犯をも含めて犯罪全体にはおよばないとする趣旨なのかどうか。そういった問題が残る。ただ、判例理論として固執してきたこの法理が、たとえ部分的にではあるにもせよ、批判の対象にされた点については興味も感ずる。

加えて、そのなかで「法の不知のつき過失の有無その他法の不知が右の者らの責に帰すべき理由に基いている場合であるかどうかを審査して、・・・罪責の有無を決すべきもの」とされている点については気にもなっている。一般論として、そういわれるのはわかる。問題なのは、物品税法一八条一項一号違反の事実に、その過失犯を処罰する規定があったのかどうか。それが定かでないからである。行政法規であるのなら、あったであろうと推測はしている。ただ、過去に遡って調べてはみたものの、納得のえられる結果はでてこなかった。

後述する有毒飲食物等取締令一条にように、過失犯処罰の規定があるのなら、故意犯否定後に過失犯の成否が検討される余地はある。だが逆に、過失犯処罰規定がなければ、どれだけ検討の必要が残るのか。そうした疑問もあって、回顧し検索してみたが、満足する結果はわからず仕舞いであった。ただ、自然犯か法定犯か、過失犯処罰規定の有無にかかわらず、判例理論所説の法理に批判的な所見については、私見としてこうした傾向には賛意を表したい。

(7)　二審判決は、すべてが（3）引用の最高裁判決に記載された部分からの引用である。なお、香川「違法性の錯誤」基本問題八七頁以下は、主として判例によったばあいの記述をしているが、ここでは若干視点を異にしての記述になっている。後出二三頁注（3）参照。

二　疑問解明のため、二審判決にその助けを求めてはみたものの、これだけで一審判決が破棄された理由を理解できたとはいいがたい面がある。というのは一審判決が、甲はその製造にかかわる木工品が、「課税物件であることを知る機会を得なかった」、だから無罪であるとしていたのは、課税物品であることを知ったうえでの製造、それが犯罪構成事実そのものであるから、逆にいって、その認識を欠いていた以上、無罪と解さざるをえないとする点にあったといえる。換言すれば、ここでの客体が課税物品であるという事実の認識を不可欠の要件としているからである。そこで既述のように、紛らわしさを避けるため、この意味での事実を、私は犯罪構成事実といいかえているが[8]、いずれにせよ、事実の錯誤であるため、故意の阻却が認められる。だから無罪としたとする、この論理には明快なものがあった。それだけに、逆に有罪とした二審判決を参照してみても、その理解に苦しむことになってくるわけである。基本的にいって、二審判決にとって犯罪構成事実とはなにを指す趣旨なのか。それが不明なままだからである。

ところで、二審判決および本判決にとって予定されている犯罪構成事実とはなんなのか。それがわからないことは繰り返し述べてきた。わからない理由を私なりに表現すれば、物品の製造と無申告とをわけ、いわばそれぞれの分業というか、その分割を前提とし、そこから後者の無申告を取りあげて、物品税法一八条一項所定の「政府ニ申告セズシテ」すなわち法律の不知にあたるとし、だから故意の阻却事由として作用することはないとする反面、前者すなわち「その物品を製造すること自体につきその認識のあった」ことは否定していないし、加えてそのこと自体が犯罪構成事実に当る以上、故意の阻却事由として作用することはないとしている点である。

ただこうした論法は、判例の好んで用いるいき方であるが、疑問がないわけではない。というのは、こともなげに物品製造の認識があったとしているが、問題なのは物品の製造にあるのではなく、違法な物品の製造の認識そのものであったはずである。にもかかわらず、物品の製造自体にとする表現からは、物品の製造と無申告とを分割するか、あるいはその分割を予定しないかぎりでてこない論理のはずである。だからこそ分割・分業判決なのかと評しているわけであるが、そのことの妥当性については疑問を留保しておきたい。

製造について申告の必要さを知らなくても、「製造すること自体にその認識があった」とされる「その」という指示代名詞が、なにを指しているのか。この点は先にも触れておいたが、先行する名詞を対象とするのが指示代名詞であるのなら、でてくる答えとしては物品の製造しかないし、それ以外に予想しうるものもない。具体的には、歩行器等の製造しか考えられない。そうだとすれば、製造それ自体が犯罪構成事実そのものであるとされ、それがまた違法とされている趣旨なのかと解さざるをえなくなってくる。「然り」とする是認の言葉を返すつもりなのだろうか。

だがそれに対しては、製造自体がなぜ違法なのか。違法なのは製造自体なのではなく、無申告製造が対象にされているのではないのか。そうとでも解さないかぎり、およそ文法的ではないことになってくる。ということは、課税物品の製造そのものの認識が不可欠の要件であり、したがってそれが犯罪構成事実そのものであるとでも解されなければ、論理性を欠くといわれることにもなってくる。

どちらの選択が適切であるのか。それが、最初に考えられなければならない課題となってくる。逆転されたとはいうものの、一審判決は「当該物品が課税物品であることを認識しながらその製造申告をしないでこれを製造した場合に限る」とし、無申告と製造との分割・分業を認めることなく一体化し、いわば無申告製造こそが犯罪構成事実にあたるとしている。分割・分業でいくか。それとも一体化して処理するか。その間の認識の差が、一・二審判決相互間の最大の違いであったといえよう。少なくとも私は、そのように理解している。ただ一本化によるかぎり、甲には犯罪構成事実の認識を欠く。したがって、三八条一項の対象とはなりえても、同条三項の登場をまつまでもなかった。事実の錯誤で故意を阻却する。それだけのこととともなり、それだけにわかりやすいのが一審判決であった。

前提とされる物品税法とは、課税物品の無申告製造なのか、無申告での製造を対象とした規定なのか。前者を対象にするのが自明であるのなら、そこから製造と申告の分離論がでてくることはありえない。やはり申告に当って課税物品であることの認識が必要とされる。そのように判示した一審判決に分があるように思われる。

(8)　これまでにも触れてはいるが、犯罪構成事実と単純な事実とはわけて考えたい。犯罪すなわち犯罪構成要件という衣を纏った類型は限定的であり、また衣を纏わないかぎり、刑罰法規とは無関係である。だからこそ、三八条一項は存在しうる。同条項との関連で、衣を纏わない単なる事実の登場を顧慮する意味はない。

一般的には、そのとおりである。そうではないとはいわない。そんな思いもあって、両者をわけてみた。だがそれで、ことがすべて終わるかといえば、そうとも思えない。後述するような乗車券事件に対し、どう対応するのかが問題として残るからである。なお、詳細は後出三三頁以下参照。ただ乗車券事件も、結局は一七条による救済を待たなければならないのかもしれない。

三　なにが犯罪構成事実なのか。その確定こそが先決であり、だからこそ犯罪構成事実が未確定のまま、法律の不知を論ずるのはナンセンスとしているわけである。少なくとも法律の不知は、犯罪構成事実の認識を不可欠の前提とするというのなら、その範囲でそのようにいわれるのも自然であり、また理解できるところである。したがってまずは、なにが犯罪構成事実とされるのか。その確定を求めて既述のように二審判決を回顧してみたが、そこからは期待しうるような答えはえられないまま、最終的には法律の不知で一刀両断といった形での処理がなされている。その点については抵抗感も残るところである。

法律の不知が許されないのは、通常は先行して事実の認識、すなわち私のいう犯罪構成事実の認識が現在しているからである。だが、先の二審判決からは、なにがその先行する前提すなわち犯罪構成事実にあたるのか。それを知ることには困難を感じさせられる。逆にいえば、なにが犯罪構成事実であるかの確定なしに、一挙に法律の不知は許されないとして処理しているのではないのか。そういった疑問も抱かされる。

でも現実は、犯罪構成事実の認識があるから法律の不知は許されないとされている。そしてそれがまた、当然の構成であるかのように説かれているが、この種の論理構成については、既述のように私としては理解しかねている。たとえ無申告自体が法律の不知に当るとしたにしても、なぜ製造そのものが「犯罪事実自体」すなわち犯罪構成事実そのものになるといえるのか。それへの回答とはなりえないし、またそれへの回答ともみられないからである。そこから、手続き面であるに過ぎない無申告とは、単に手続きの段階だけにとどまらず、無申告製造罪そのものとの関連でも違法評価の対象とされる。そういった形で、いわば二重評価というか、無申告だけではなく製造にも影響をおよぼし、分業としながら二重に作用させる。そういった正体不明な鵺的な存在として利用されている。そんな疑問もでてくるわけである。

もっともこうした形で、ことを処理するについては批判もあるであろう。それだけに逆に、判例理論による実質的な回答を待ちたいところである。だがそれにしても、正面きって「決して鵺的立論ではない」と否定したと思われる先例のあるのを知らない。ただかつて、斎藤裁判官によるつぎのような補足意見がみられた。「罪となるべき事実とは・・・犯罪構成要件に該当する具体的事実をいう・・・。その事実は、単なる赤裸々な自然的事実ではなく、当該法条立法の際禁止せんとした実質的違法にまみれ、これ化体した事実である。従って、犯意ありとするには、かかる違法化した罪となるべき事実を認識するを以て足り」(9)とするのがこれである。私流にアレンジすれば、罪となるべき事実とは、それ自身が違法類型である。したがって、罪となるべき事実と知っていたのなら、それだけで故意があったといえ、他の判例理論所説のように、法律の不知までもちだす必要はないとするにあった。そのように私には理解された。これまでの趣旨不明な鵺的な論理よりも、この補足意見の方が理解しやすいし論理的でもある。ただそれにしても、犯罪構成事実の認識があるからといった認識は変わらず、ために法律の不知は許さないといった基本線に変更を生ずる立論ではなかった。

無申告が法律の不知であり、故意を阻却しないとするのはわかる。ただその前提として、犯罪構成事実の認識があったからとするのが通例であるのなら、そして少なくともそれが判例理論であるのなら、前提となる犯罪構成事実とはなにかについては、当然納得のいく形での回答の提示をしておくべきであったろう。違法類型を強調する補足意見も、そこまでは触れていなかった。となるとやはり、無申告製造がそれへの回答になると解さざるをえなくなってくる。製造だけで罪に問われる理由もないからである。そこから、無申告製造にまで広げるというのなら、その無申告こそが製造行為の違法性を基礎づける主役となり、それだけにその主役を、単に物品税法に関する法律の不知に過ぎないとして済まされえないことにもなってこよう。そのかぎり法律の不知とは、無申告と製造の両者に共通する公分母として把握されなければならないし、またそのように構成しないかぎり、犯罪構成事実の登場はありえないはずである。

いわば、法律の不知を無申告に結びつけるのなら、他方で同時に製造行為の違法性の基礎づけについても、そこに救援を求めざるをえないはずである。単なる物品の製造ではなく、まさしく課税物品そのものの製造であることに意味があるのなら、そう理解せざるをえないからである。にもかかわらず、法律の不知を製造におよぼすこともなく、無申告を手続き面だけで処理している。それがこの判決の核心であった。一人二役というか、そういった印象を避けられない。それだけに、逆にそうではないというのなら、法律の不知の占める地位・役割を明確にしておいて欲しかったということになってくる。さもないかぎり、また同じことの繰り返しになるが、鵺的存在といった評価を変えるつもりもない。

ともあれことの当否は別にして、かりにこの判例理論によるのなら、既存の二種の錯誤のうち、法律の錯誤はいち早くその姿を消すことにもなってくる。阻却事由としての機能をそこに期待する余地はなかったからである。錯誤として、故意あるいは責任の阻却が問題視されるのは、事実すなわち構成要件的事実の錯誤にかぎられる。そういった結果になりかねないからである。

それだけに、単独で責任あるいは故意阻却の機能を負担しなければならない事実の錯誤、すなわち犯罪構成事実の範囲とはどこまでなのか。そのことの確定の必要度は高くなるし、逆にそれが流動的であっては、鼎の軽重を問われかねないことにもなってこよう。構成要件的事実の錯誤であれば故意が阻却されるのに対し、違法性の錯誤にその機能を求めることはできないのなら、前者の守備範囲は、少なくとも判例理論にとって不可欠の課題となるはずであるし、また犯罪構成事実の範囲確定は、決して恣意的なものであってはならないからである。

ところでここでもう一個、三項との関係で配慮すべき事項がある。すなわち法律の不知について、一言触れておきたい課題がある。というのは、「法律の不知は許さず」という法諺が、比較的安易に使われているわりには、そのことの意味をどう把握し、どう理解したうえで使っているのか。それが必ずしも明確ではないからである。(10)

この言葉、ラテン語の Ignorantia legis neminem excusat に由来するといった形で、文献上に引用されているのが通例である。だが引用はそこまでにとどまり、それ以上の分析がなされているわけではなかった。それだけに、検討の必要はあるようである。というのは、そこにいうIgnorantiaとは、単に「知らない（nicht wissen）」といった意味すなわち無知であっただけではなく、nicht wissen wollen あるいは absichtlich übersehen、日本語に直せば、それが適訳であるのかどうかの評価は別にして、「知ろうとしない」あるいは「意識的に無視する」といった趣旨をも含んでいる点である。そこで後者については、「無視する」あるいは「無関心」といったいい方が可能になるのかもしれないし、またそのようにも解してみた。(11)

ただそうだとすると、そこからでてくるもうひとつの疑問がある。というのは、法の不知にいう法（legis）が実定法の意味であるのなら、そこで不知とされる法とは、客観的な存在としての法律あるいは法規そのものとなり、それぞれにまた、犯罪としての構成を規制するのに不可欠な要件を設定するものであるといえ、と同時にそれは、評価をくだすための基準であるといえる。そうではないのかがこれである。

他方で、その法規の適用を受ける側すなわち名宛人は、当該法規との関係で主体的になるというのなら、その不知には既述したような、無関心あるいは無視による対応であることのほかに、その存在さえもまったく知らなかったという、すなわち無知（Unwissenheit）であったばあいも、ともに計算にいれておかなければならないようである。そこで私流の表現が許されるのなら、前者を無関心・無視、後者を無知そのものと表現し、法律の不知にはこの二側面のあることを指摘しておきたい。と同時に、そうした視点にたっての再考を予定してみた。ただそうはいうものの、問題なのはこうした二分割が、当面の課題である法律の錯誤を解明するための手段として、どのように投影するのか。それが必ずしもあきらかではなく、考えなければならない課題は多いようである。その点は自覚している。

(9)　最判昭和二六年一一月一二日刑集五巻一二号二三五四頁所携の斎藤裁判官の補足意見がこれである。斎藤裁判官所説のように、罪となるべき事実が違法類型だとされるのはわかる。だがそれも可罰的違法型とされる範囲においてであり、処罰規定を欠く類型に、この表現が使えるのかといった問題が残る。

(10)　これがローマ法以来の原理であるとされ、必ずといってもよいくらい法諺として引用されるのが通例である。だが、そのもつ意味については、再慮する必要を感じている。その詳細については、本文一四頁以下で触れておいた。

(11)　Duden, Der Herkunftswörterbuch, 2. Aufl., 1989, S. 300. ここでの無視・無関心と無知といった二種の区別が可能であるのなら、前者すなわち無視・無関心にあっては、犯罪構成要件そのものは現在し、通常であればその認識も可能なはずである。ただ、行為者だけが無視するかあるいは無関心であったばあいといい換えることができるのかもしれない。それだけに、犯罪構成事実の認識があるから、法律の不知は故意を阻却しないと容易にいいうることにもなってくる。一般論としては、そうなのかもしれない。だが、そのこと自身に疑問を抱いたのが本書でもある。

他方で後者の無知となると、違法であることあるいはそのように評価されている、そのことさえも知らなかった類型を意味する。無知であるため、それが犯罪を構成することすら知らなかったのなら、そこに法律の不知が登場する余地はない。法律の不知とは犯罪構成事実の認識を前提にするというのが判例理論だからである。そうだとすると、無知とはその犯罪構成事実そのものさえ知らなかった類型であり、それを法律の錯誤に結合させて考える必要があるのか。そのようにいわれそうである。そのかぎり、無知とする類型化それ自身が無意味であるといわれかねないことにもなってくる。その点は充分に意識している。にもかかわらず、本書でそれをとりあげたのは、現にそうした事例が考えられるのなら、それへの対応を取りあげてみたかったからである。もとより、それなりの採算があってのことである。加えて、新錯誤論展開の意図があってのことである。

本書に掲示する事例の多くは、その無知に属すると思われる事例が多い。そこから、法律の不知を分割し無知という類型を設定するのなら、そして他方で、既述の判例理論是認の方程式を意識するのなら、そこに新人としての無知が、故意あるいは責任の阻却事由として、どう関与しうるかが課題となってこよう。それだけに、無知と無視・無関心の両者にわけること、あるいはそのこと自身が、判例理論による抵抗をうけるのかもしれない。ただ、それを承知のうえでの作業であった。

二　法律の不知

一　法律の不知には、二個の態様が認められる。語源に帰ればそうもいえる。問題なのはそれが、当面の課題すなわち錯誤論との関連で、どう機能しどう投影するのかである。もっとも、法律の不知は許さずの原理が不動であるとするのなら、そのこと自身、無意味な分類でありまた類型化であったといわれるのかもしれない。たしかに、一律に処理するのが建前であるというのなら、この批判は正しい。ただ、違法であるとは知らなかったという事情は多岐にわかれる。そうだとすれば、一律に処理することが、ある面では公平の原則に沿うともいえる反面、具体的な処理に欠ける面のでてくることも気になってくる。それもあって、この法諺の語源にまで遡ってみた。

無知であるのなら、刑事責任とは無関係であろうといった予測とは逆に、結果として無知の類型に属するであろうと思われる事例が、錯誤の対象になっている。無知であるのなら、刑責とは無関係と解するのは短絡的であった。無知であるにもかかわらず、あるいはそれだからこそ、法律の不知は許されずとして、故意の阻却を認められずに落ち着いている。それだけに、一律処理で済まされるのかといった疑念は、残されたままになっている。知らなかったことへの救済、それを錯誤に求めるのか。さらには解釈の次元に委ねるのか。その対策に差こそあるにせよ、一律処理に対する対応の是非は、ともかくも考えておく必要はでてこよう

もっとも他方で、先にあげた物品税法違反の事例は、無知よりは無関心の類型に属するともいえる。ただ、予想の対象として、無関心の事例はむしろ少数派に属する。法律の不知といった観点からすれば、同じ不知でも無知よりも無視・無関心の方が責められるべき理由は多いといえるのかもしれない。一審判決を変更してまで有罪とした二審判決には、そうした思考がなかったともいえまい。法律の不知は許さずの法諺に素直であるのなら、二審判決の存在もわからないわけではない。

ただ他方で、この判決に対しては、無申告製造という構成要件的行為の有無として処理すべきであるといった所見もみられる(1)。そのかぎり、ことは錯誤の次元で処理されるのではなく、無申告製造という、構成要件的行為の段階での処理に移行することになってくる。論理的にはこちらが先行し、錯誤はそれに追随する地位にたつというのなら、こうしたいき方にも、敬意を表する必要があるのかもしれない。そうだとすれば、できるかぎり、構成要件の段階での処理によることになり、したがってこうしたいき方に視点を移動させる必要があるのかもしれない。そこでできるかぎり、ことは構成要件の段階での処理に委ねるのなら、それが錯誤論の縮小化にも結びつくものとして、拒否する理由もなくなってくる。

ただそうなると、一律処理に対する対策は、無知にのみ固有のものでもなくなってくる。ことを構成要件段階での処置に求めるというのなら、無知・無関心といった折角の類型化に拘束されることもなく、またそのいずれの所属なのかが、法律の不知に直接的に左右されるものでもないことになってくる。その意味では、あまり有意義な分類ではなかったのかもしれない。法律の不知を二類型にわけてはみたのは、それを錯誤の次元でことを考え、またその次元でのみ生きる類型化にとどまるはずである。そうではなかったのかと、そのようにいわれかねないからである。

自ら話題を提起しておきながら、その言葉が乾かぬうちに逆に消極的な発言をするようでは、こうした思考形式そのものに疑問をもたれることになってこよう。それを知らないわけではない。ただ、一律処理とする判例のいき方には批判的であり、そこからそれを極力避けようとするのなら、こうした多角的な視野からの検討が必要となってくると、そのようにも思われるし、またそれをいいたかっただけのことである。

かつて、こんな事件があった。もう九〇余年も前の関東大震災の折のことであった。震災発生後一週間ほど経過した九月の七日に、大正一二年勅令四〇五号として「暴利取締令」が発令され、同令は即日施行された。被告人が手持ちの石油缶を市価の一割余増で販売したのは、同令施行後の一〇日ごろのことであった。公布日と販売時との間には、三日ほどの落差があった。他方で、情報伝達の手段が極度に未熟な当時のこともあって、被告人がこの勅令を知ったのは、一四日過ぎのことであったとのことである。そこで、このタイム・ラグが当然のことながら、本件論争の核心となっていった。

「所論勅令第四百五号ハ発布ノ即日ヨリ施行スヘキモノニ属スルヲ以テ被告人カ本件行為ノ当時該勅令ノ発布ヲ了知セスマタ了知シ得ヘカラサル状態ニ在リタリトスルモ苟モ同勅令ノ内容ニ該当スル行為ヲ認識シテ之ヲ実行スルニ於テハ犯意ナシト謂フヘカラスソノ行為カ法令ニ違反スルコトヲ認識セルヤ否ヤハ固ヨリ犯罪ノ成立ニ消長ヲ来ササルモノトス然ラハ被告人カ本件犯行当時勅令ノ発布ヲ了知セサリシトスルモ其ノ勅令違反ノ行為ヲ処罰スルコトヲ妨ケス」[2]として、行政法規の不知があっても、同罪の故意を阻却することはないと判示した。

余計な記述なのかもしれないが、この事件があった当時の神奈川県橘樹郡中原村とは、現在の川崎市中原区にあたる。多摩川沿いの田舎であり、ラジオも時期的にはまだ、放送業務開始前のことであった（一九二五年三月一日、東京放送局による試験発信が最初。他方関東大震災は、大正一二年九月一日であった）。そこで、考えられる情報伝達の手段としては、日々に配達される新聞ぐらいしかなかった。でもそれも、交通機関等の機能が麻痺したことによって、順調に配達されていたのかどうかも定かではない。それだけに情報取得の手段には、多くの制約はあったであろうといえる。となると被告人は、勅令四〇五号を知ったうえで、石油の販売行為をしたといえるのであろうか。そういった疑問がでてくる。

弁護側は、当然のことながらこの点を指摘し、この勅令四〇五号の「発布ヲ知ルニ由ナク」として上告した。諸般の事情を考えれば、そのこと自身は理解しうるところである。だが、本件判旨は「同勅令ノ内容ニ該当スル行為ヲ認識シテ之ヲ実行」した以上は、故意がなかったとはいえないとして破棄自判している。

たしかに、七日付の勅令の施行に連動して、即日交付・施行された農商務省令臨時第一号によると、「暴利取締ニ該当スル行為ヲ認識ノ件ニ依リ生活必需品」の事例として、石油等の燃料品が指定されていたのは事実である。ということは、それによって暴利罪の構成要件の内容は明確化されていたといえる。法令を施行する側の、取締や処罰のために必要な基準となる客観的要件そのものの設定に欠けるところはなかった。法令適用のための各種要件の設定は済んでいた。だから勅令の発布を知らなくても、「同勅令ノ内容ニ該当スル行為ヲ認識」している以上、故意に欠けるところはないともいえる。判例理論を認めるのなら、ここまでは異論を述べるつもりもない。

一応の構成として、そうなるであろうとは思うが、それにしても、こともなげに「・・・ニ該当スル行為ヲ認識」しとされている点については違和感も残る。「勅令ノ内容ニ該当スル行為」、すなわち犯罪構成事実についての認識があったと、それほど単純にいいうるものなのか。釈然としないものを感じているからである。

客観的にみれば、被告人が「勅令ノ内容ニ該当スル行為」をしたのは事実であろう。ただ勅令そのもの、あるいは省令までをも認識しうる余裕はなかった。時間的あるいは物理的にみても、それが困難であった本件に対し、「・・・ニ該当スル行為ヲ認識」していたと答えるのには無理がある。あらためていうまでもないが「罪を犯す意思のない行為は、罰しない」とするのなら、犯罪構成事実の認識こそが不可欠の前提要件になってくるはずである。だが本件のばあい、なにがそこで要求される犯罪構成事実にあたるのか。あるいはそれがどう認識されていたのか。そのことの明確化こそが避けがたい課題のはずであった。にもかかわらず、こともなげに「勅令ノ内容」に当る行為の一言で済まされている。なにを指してそういえるのかは、改めて聞いておきたいことにもなってくる。換言すれば、本罪の犯罪構成事実とその認識の両者をあきらかにしないまま、勅令違反の行為を認識して行為していると、それほど容易にいいうるのかは問題視したいところである。

先述の物品税法違反の事案にあっては、無申告製造という構成要件自体は現在していた。だが本件が、暴利とされるために必要な省令は、少なくとも行為者の認識しうる範囲内にはなかった。そうだとすれば、前者を無視・無関心に介在させるにしても、後者を無知の類型に収めることはそれなりに容認されるところと思われる。ただ問題なのは、その後の処理・対応をどう考え、どう処理するかに求められることになってくる。

平時であれば石油をいくらで販売しようと、価格の決定は需要と供給とによって決定され、他から干渉される理由もない。でも、このときは違っていた。勅令によって、販売行為そのものが制約されていたからである。換言すれば、石油を販売したことではなくて、暴利で販売したことが暴利罪の構成要件的行為ということになっている。ということは、暴利販売こそが犯罪構成事実そのものであり、したがってそのことの認識が不可欠とされるはずである。いわば、石油を高値で販売することの認識なのではなく、その高値販売が勅令違反であることを認識しての販売であること。そのことこそが、まさしく同罪の構成要件的故意の内容となっている。

ということは、勅令の不知が故意の阻却につながるか否かの問題なのではなく、石油の通常価格を超えての販売が禁止されている。それを知ったうえでの販売こそが、同罪の構成要件的行為なのである。それなのに「苟モ同勅令ノ内容ニ該当セル行為ヲ認識」していた。だから故意があると断定している点には疑義を禁じえない。それを知ったうえでの販売こそが、同罪の構成要件に該当する行為だからである。それだけに「苟モ同勅令ノ内容ニ該当セル行為ヲ認識」していた。だから故意があると断定している点には問題ありとしたいわけである。その有無の確定こそが、本件の主題だからである。問に対する答えには正面からの答えであって欲しかった。

肝心の犯罪構成事実の確定が不明確なまま、「法令ニ違反スルコトヲ認識セルヤ否ヤハ固ヨリ犯罪ノ成立ニ消長ヲキタササルモノ」の一言で、故意の存在を認めるための根拠をもっぱらそこに求めているが、そのこと自身法律の不知に過重な負担を求めることにもなりかねない。なによりも大事なのは、犯罪構成事実とその認識の有無、その確定こそが先決事項のはずだからである。先の物品税法違反事件のように、製造が罪になるのではなくて、無申告製造がその構成要件的行為であったのと同じく、ここでもまた販売ではなく暴利販売が構成要件の内容であるとなれば、その点の認識が被告人にあったのかどうか。それが重要な要件となってくる。既述のように、時間的に格差があるのにもかかわらず、その時間・空間の枠を超えて、当然のように「・・・スル行為ヲ認識」していたと、どうしてそういえるのか。最も重要な点への配慮を欠いた判決であったといった感を避けられない。(3)

たしかに客観的というか、適用すべき法規側に遺漏はない。九月四日の段階で、暴利罪の構成要件は確立している。したがって、その違反が犯罪を構成するといえるのは事実である。ただ問題なのは、その認識があったのかどうかである。あるいは故意を抱くに足りる充分な条件があったといえるのか。それがここでの主題のはずである。だが事実は、暴利販売という行為に関する認識はあった。残るのは法律の不知だけであるとし、故意を阻却しないのは当然であるとされ、伝来的な判例理論によって処理されているが、法律の不知で処理すればたりる事案であったのか。それが、ここでの批判の核心になってくる。

要は犯罪構成事実の認識の有無、それが問題であるのもかかわらず、格別の論証をすることもなく、認識があったとの一言で処理されている。判例理論にとっては、事実の認識の有無よりは法律の不知の方が優先するのかともいいたくなってくる。どんな答えが返ってくるのかは不明であるが、そのいかんによっては法律の不知は故意を阻却しない。なぜなら、犯罪事実の認識があるからとする立論の基礎それ自体を、それなりに自戒する必要もでてこよう。それを計算にいれての法律の不知論であったのだろうか。

(1)　内藤　謙・刑法講義　総論（下）Ⅰ（一九九一年）一〇九七頁に、その趣旨の所見が展開されている。
(2)　大判大正一三年八月五日刑集三巻六一一頁。
(3)　かつて、この二審判決のいき方を肯認するような発言をしていた。無申告製造が構成要件的行為であるとすること自体を変更する意思はないが、課税物品の無申告製造の点を強調していなかったことを反省し、この機会に訂正しておきたい（香川・基本問題九五頁参照）。

二　ことは構成要件的行為の段階で処理しうる。あるいはそうすべきであった。にもかかわらず、その点の吟味を避け、一律に法律の錯誤で処理している。それが、この勅令四〇五号違反事件である。となると、同じ構成要件的行為の問題として、この勅令四〇五号違反事件は先述の物品税法違反事件との間に共通項があるといえるのか。それがさらなる問題ともなってくる。その疑問、わからぬわけではないが、そうだと断定する前に、この両者間には、微妙な差のある事実を予定しておかなければならないようである。

ともに法律の不知は許さずといった形で処理されているとはいうものの、後者のばあい、なにが課税物品に該当するかについては既に公示されていた。ただ、製造行為の対象であるその客体そのものが、その課税物品に該当するとは気が付かなかったという意味では、無関心・無視の枠内に位置づけられるにしても、勅令四〇五号違反事件はその点で趣を異にしているからである。

震災を契機に新設された勅令であり既存の物品税法違反とは、法令の存在時あるいはその有効時に差のある事実を看過しえない。その意味では、単に無関心であるにとどまらず、まったくの無知であったともいえるのが、この勅令四〇五号違反事件である。もっとも、無知であろうと無関心・無視であろうと、判例としては自己の鉄則を変更する意思はなく、法の不知は許さずの鉄則を曲げる意思はなかった。その意味では、無知か無関心・無視かの差を法諺に求めたにしても、そのこと自身、意味はなかったといえるのかもしれない。そこでもうひとつ、別個に例示して検討したいのが、有毒飲食物等取締令違反事件、通称メタノール事件がこれである。

「仮令『メチルアルコール』が法律上その所持又は譲渡を禁じられている『メタノール』と同一のものであることを知らなかったとしても、それは単なる法律の不知に過ぎないものであって、犯罪構成に必要な事実の認識に何等欠けるところがないから、犯意があったものと認むるに妨げない(4)」とされ、ここでもまた物品税法違反事件・勅令四〇五号違反事件の立論と同じく、知らなかったとは法規についてだけであり、犯罪構成事実の認識に欠けるところはないとの一点張りで処理され、法律の不知が鵺的な形で利用されている点での差異はなかった。その結果、「犯意があるとするためには犯罪構成要件に該当する具体的事実を認識すれば足り、その行為の違法性を認識することを要しない(5)」ということにもなってくる。

かつての有毒飲食物等取締令の一条二項には、飲料の目的で「メタノール」の販売・譲渡・製造・所持「スルコトヲ得ズ」とされ、この条項違反に対しては三年以上一五年以下の懲役または二千円以上一万円以下の罰金が科せられていた(同令四条一項)。ところで、そこで話題とされる同条項所定の「メタノール」が、メチルアルコールと同一物であることを知らなくても、そのこと自身が法律の不知にあたるため、故意を阻却しないとされていた。

行為か客体かの差にこだわらない一律処理である。ただ行為であれば、錯誤云々といった問題である以前に、犯罪構成事実あるいは構成要件的行為の次元での解決が可能である。そうだとすれば、本件もまた、分割・分業論を前提として、同様の立論が可能なのかとも考えてみたが、そういえるのかについては若干問題が残りそうである。

物品税法違反事件のばあい、無申告という行為に法律の不知を求めたのに対し、本件のばあい行為たとえば販売あるいは所持等が対象になっているわけではなく、販売等の客体すなわちメタノールが対象になっていたからである。犯罪構成事実と法律の不知との二本立てを前提とし、前者の認識があるかぎり後者のそれは不要とする筋立ては、判例理論が好んで用いる論法であり、先の物品税法に関する判決もまた、基本的には同じくこの線をでてはいなかった。「犯罪の構成に必要な事実の認識に何等缺くるところがない」とする前提自体が動揺することはなかったからである。たしかに、犯罪構成事実の認識があるのなら、罪を犯す意思に欠けるところはなく、したがってそれさえあれば、違法性の意識は不要とされるのもわからぬわけではない(6)。

だがこの立論には、一個の欠陥が内在していた。既に犯罪構成事実の認識があるから法律の不知は許されないとするのなら、そういいうるためには、当然のように犯罪構成事実そのものの存在と、そのことの認識があったという、両者の存在を前提としての立論であったはずである。だが、なにを基準に犯罪構成事実が存在したといえるのか。どこから、その犯罪構成事実の登場が可能になるとするのか。その出自についてはなにひとつ触れられていない。あるいは思考の範囲内にあるとも思えないからである。

先に、無申告が製造の違法性に結びついたように、ここでもまた所持等の対象となるメタノールが、メチルアルコールと同一物であること、そしてそれを知っていること、それが法律の不知に結びつくかあるいは結びつかなければならないはずである。またそのように解さなければ、法律という衣を纏った事実、すなわち犯罪構成事実とはなりえないはずだからである。そうだとすれば、とある事実が犯罪として構成されるというためには、まずは違法類型である法による規制が不可欠となり、また法によって規制された範囲で、その要件の認識が要求されるはずである。換言すれば、犯罪構成事実と法律の不知とは、あちらがあればこちらはいらないといった、そうした単純な発想で規制しうるものではない。犯罪構成事実とは、法律なくしてその規制などありうるものではないからである。またそうでなければ、犯罪構成事実といった表現は使えないし、また規制されているからこそ、その要件の認識が要求されるはずである。

その意味では逆に、メチルアルコールとメタノールとが同一物であることを知らなければ、犯罪構成事実の認識があったともいえなくなってくる。そうだとすると、メチルアルコールとメタノールとが同一物であることを知らなくても、それは単なる法律の不知に過ぎないとし、犯罪構成事実そのものの存在に、なんら影響するところがないと、それほど容易にいいうるものでもなくなってくる。

判旨のように、同一物であることを知らなくても、犯罪構成事実の認識に欠けるところがないとされるのなら、そこでの犯罪構成事実とは、どのような違法といった衣を纏っているのか。それは聞いておきたい課題となってくる。少なくとも、同一物であることを知らなかったことと、犯罪構成事実とは別であるとするのなら、そうした自認に対して自答する必要はでてこよう。

加えて、これまた余計のことなのかもしれないが、それとの関連でもうひとつ指摘しておきたいことがある。というのは、この前提が崩れたあとの対処の仕方がこれである。犯罪構成事実があるから法律の不知は無関係といえるのなら、逆に犯罪構成事実そのものではなく、単なる事実だけが存在するに過ぎなかったようなばあい、それだけでは犯罪構成事実ともいえないのか。さらにはそのことさえも知らなかったようなばあい、それらの事例の処理がどうなるのか。それが問題となってくるからである。もっとも、知らなければ故意を認めようもない。そのかぎり、きわめて愚問であったとされるそうである。それを知らないわけではない。それを知ったうえでの問題提起である。犯罪構成事実と単なる事実、分割・分業論の否定、そういった前提によるとき、愚問として放置しておくわけにもいかなくなってくる余地はある。

（4）　最判昭和二三年七月一四日刑集二巻八号八八九頁。事案は、有毒飲食物等取締令違反の案件であった。

（5）　最判昭和二六年一一月一五日刑集五巻二号二三五四頁。

（6）　なお、その詳細は後述するが、論争として著名な狸・狢事件について、福田教授は事実の認識、私のいう犯罪構成事実の認識に欠けることはなかったが、違法性の意識の可能性を欠いたため、無罪とされただけのことであるとされ、他方で、鼯鼠・もま事件にあっては、逆にその可能性があった。だから故意責任を問われるのは当然とされ、ともに事実の認識があった点で、両判決間に齟齬はないとされている（福田　平・事実の錯誤と法律の錯誤（総合判例研究叢書　刑法（15）昭和三六年）一一五頁参照）。

たしかに、違法性の意識の可能性の有無が故意の成立要件とされる範囲で、こうした形での救済は可能である。ただ、判例理論としては、違法性の意識の可能性論は必ずしも主流的な見解なのではない。それだけに、同じ土俵上にたっての批判を期待するといわれるのかもしれない。となるとそういった批判に答え、同一の土俵に立って考えたばあい、この両判決間には食い違いがあるといった、大方の傾向を是認しなければならないことになってくる。ただ、そう考えなければならないものなのか。それが、さらなる問題ともなってこよう。それだけに、学説間の対立の激しさもわからぬわけではないが、ただ基本的にいって、狸・狢事件とは、錯誤とくに事実の錯誤の問題として考えなければならない問題なのか。その点はやはり、指摘しておきたいところである。なお、その詳細は、後出五六頁以下参照。

先例として著名なこの両判決を、錯誤といった次元で、好対照として考慮することそれ自体に、私見としては疑問をもっている。もっともこうしたいい方が、既存の一般的な所見・理解に、真正面から対決することになることは知っている。それだけに、既往の学説による非難は避けられまい。もとよりそれは、計算のうちにはいっている。だがだからといって、自説を変える意思はない。

三　本件の行為者は、メタノールがメチルアルコールの別名であることを知っていたのかどうか。法規上は、単にメタノールとあるに過ぎないのなら、そのことの認識の有無こそが有意義となってくる。もとより、知っていれば問題にはならない。逆に、メチルアルコールと同一物とは夢にも思っていなかったとか、あるいはそのこと自身に疑心暗鬼ではあったが、あらためて確認することもしなかったようなばあい、換言すれば、まったくの無知であったような事例のほかに、気になりながらも無関心あるいは無視したばあいの二者が考えられる。

完全に無知であれば、たとえメチルアルコールを所持していても、したがって現に所持している液体が、メチルアルコールであるといった事実の認識はあるにしても、それが犯罪構成要件に該当する事実、すなわち犯罪構成事実であることの認識はない。そうだとすると、同令所定のメタノールではない。あるいはそうとは思わなかったという抗弁は可能となってくる。そのかぎり、法定のメタノールとする犯罪構成要素の認識に欠け、この段階で既に同条項違反の枠から離れることになってくる。無知と分類したことの効果が、そこにみられるともいえるが、現実は、ワン・クッションおいて法律の不知の次元にまでさがり、そこでの処理をとおして故意があったとされているのが先の判決であった。

ただ、法律の不知には無知のほかに、無視・無関心といった別個の態様もあるとし、——こうした区別自身、無用なものとして批判されるのかもしれないが——ここでの設例が、かりに無知に由来するというのなら、無知であったため、前提となる犯罪構成事実の認識に欠けている。にもかかわらず、当該行為者には故意ありとされ[7]、ことを法律の不知で処理することが適切なのかといった、既述のような疑問はでてくる。もとより、肯定的な回答がよせられるとは思わないが、法律の不知の援用によって、ことの処理をはかるのが判例理論であるというのなら、論理的にはそうならざるをえまい。ここでもまた、鵺的論理に困惑させられることにもなってくる。

だが、ここで現に援用されている法理とは、同条項所定のメタノールにはメチルアルコールを含む。したがって、両者は同一物であるといった認識が当然の前提とされ、そしてまたそう考えるのが一般的であるのなら、本件のばあい、当該行為者は無知ではなくて、無関心・無視の類型に属することにもなり、そのかぎり原則どおり、法律の不知で処理することが可能になるともいえる。そうだとすれば、格別とやかくいわれる理由もないと反論されそうである。それはわかる。わかるのなら、無用な発言は慎むべしとされるのかもしれないが、気になる点はやはり残るところである。窮鼠猫を噛むといわれるのかもしれないが、指摘だけはしておきたいことはある。

たとえば、メチルアルコールがメタノールに当るのにかかわらず、無関心かあるいは無視かが原因で、単純にメタノールには当たらないと誤解していたようなばあい、それは単なる「あてはめの錯誤が生じているに過ぎない」(8)から、故意が阻却されることはないとして、ことは容易に処理されうる余地があると、そのようにいわれるのかもしれないからである。だが逆にいつて、そのことが気にもなっている。

ここにいうあてはめの錯誤が、Subsumtionsirrtum の意味であるのなら、「行為者は、その構成要件所定の諸事情につき、その概念だけではなく、法律との関係までも認識している必要はない。行為者が認識していたところが、法律所定の概念規定にあわなくても、それは単にあてはめ、すなわち包摂の錯誤であるにとどまり、故意を阻却するものではない」(9)とされており、そしてまた、そのようにことを肯定的に解するのが通例だからである。

だがだからといって、一致してそういわれているわけでもない。異論のあるのもまた事実である。加えてこの概念自体が、必ずしも統一的に把握されているともいえない。ただ、メチルアルコールとメタノールとは条件なしに等記号で結びつきうる。だからあてはめの錯誤であり、あてはめの錯誤であるから故意を阻却しない。そう解するのが、ここでの大法廷判決の所見なのかもしれないが、それにしても、あてはめというのなら、この表現からは、あてはめられる「対象」とそのための「基準」、この二者の存在が不可欠の前提として登場してこなければなるまい。

そして、そこにいう基準とは、当然のことながら、ここでの法規そのものを意味することになってくる。

他方、包摂（Subsumtion）とは、単純にいって「大は小を含む」、多少論理学的な表現をするのなら、「類概念は種概念を包括する」という意味であり、そこから、unter einem Thema zusammenfassenされることに、その本来の機能があるということである。[10]ということは、受けいれ側すなわち「基準」それ自体に、そして大・類概念そのものが不明確であっては、「対象」すなわち小・種概念として zusammenfassen されることとの間に、心許なさを感ずることにもなりかねない。明確であってこそ「一個のテーマのもとに総括する」ことが許されるはずだからである。

ところで、ここでのこの基準・大・類概念に相応するのは、既述のとおり法規そのものに求めざるをえない。ということは、前提となる法規とくにメタノールが、対象であるメチルアルコールを zusammenfassen しうるのか。あるいはそうしているのか。その検討と明確化こそが、あてはめのための先決条件となってくる。換言すれば、あてはめられるための基準とはなにか。それが最大の課題のはずである。それにもかかわらず、その点を看過したまま、メチルアルコールとメタノールとは同一物、だからあてはめの錯誤は故意を阻却しないといった回答は、包摂の錯誤に対する正しい理解によるものとも思えない。それだけに、あてはめの錯誤の一言で処理しうるものなのか。去就に迷うところである。あてはめの錯誤だからというのなら、そのあてはめの主役となる基準・大・類概念の明確化こそが不可避となってくるはずである。それなくして、あてはめの錯誤を安易に使って欲しくない。

もっとも、現実界との平行評価（Parallelwertung in der Laiensphäre）[11]といった基準があると反論されるのかもしれない。それは予想している。ただ、それで満足できるというのなら、羨望の至りである。ことはそれほど単純なものではない。私見としても、メチルアルコールとメタノールとが同一物であることを知ってはいるが、だからといって、あてはめの一言で、ことの解決をはかろうとする意思はない。[12]

同じことの繰り返しになるのかもしれないが、そこにいう犯罪構成事実とはなんなのか。そのことの検討に還元される。というのは、同取締令一条二項にはメタノールとしか書かれていない。したがって、メタノールであることが客体の認識として不可欠であり、またそうであってはじめて同罪の構成要件は充足される。そこから逆に、その認識に欠けるとなれば、構成要件該当性を欠くといわざるをえなくなる。それが素直な理解のはずであるし、またそういえるのなら、その時点で故意はなかったといいえたはずである。だが現実は、そうはいかなかった。

法律の不知論が登場し、それによる処理がなされているからである。だがそれとても、メタノールとメチルアルコールとが同一物であるとする範囲で利用可能な立論であるに過ぎず、逆に同一物とは知らなかったばあい、それが無知の範疇に属するといえるのなら、そして完全に無知であったのなら、それらはどの段階での検討対象になるのかは、明確にしておいて欲しかった。法律の不知という名目で、鵺みたいに、どこにでも任意に登場しかねない、このような立論には戸惑いも感じている。

それでもメチルアルコールかメタノールかの違いは、法律の不知であるに過ぎないというのであれば、犯罪構成事実としてのメタノールには、メタノール以外の飲料物であっても、「犯罪構成事実の認識に欠けることはない」としなければなるまい。メチルアルコールのみが許容範囲に属し、その他であれば、当然のように「否」といわれる理由はないからである。法律の不知をメチルアルコールに限定する論拠も見当たらないからである。だが、法律の不知論適用の以前に、類概念であるメタノールの明確化をする。そのことこそが先決事項であり、そのあとで、だから犯罪構成事実およびその認識に欠けるところはないとして欲しかった。

それだけではない。判旨のように、この両者の差がそれほど自明の理であるといえるのなら、そのことが行為者の運命を左右しかねないだけに、一刀両断的に同一物とするについては、もう少し慎重さが欲しところである。でも現実は、遅疑することなく同一物であるとされている。そうであるのなら、本件の客体がメチルアルコールではなくて、カルビノールや木精であったようなばあい、同令所定のメタノールと同一物なのかとも聞きたくなってくるし、またどんな回答がよせられるのかは興味を感ずるところである。(13)

(7)　その詳細は、後出三三頁以下の乗車券事件につき、考えさせられる課題ともなってくる。

(8)　川崎一夫「事実の錯誤と違法性の錯誤の区別」創価法学三五巻二号三九頁。

(9)　長井長信「包摂の錯誤」阿部純二＝板倉　宏＝内田文昭＝香川＝川端　博＝曽根威彦編・刑法基本講座　第2巻　構成要件論第二巻（一九九四年）二九四頁は（以下、阿部等・基本講座と略記して引用する）、本件をもって事実の錯誤とはしているが、あてはめの錯誤のすべてを、統一的に解する通説とは距離を置いている（二九一頁参照）。

(10)　Duden, Deutshe Rechtschreibung, 20. Aufl. 1991, S. 696.

(11)　Vgl. Baumann, a.a.O., S. 408.

(12)　この大法廷判決の評釈を担当された小野博士も「実は評者も最近まで知らなかった」（小野清一郎・有毒飲食物等取締令一条二項と法律の不知」刑事判例研究会編・刑事判例評釈集第九巻（昭和二六年）一七九頁）とされ、そこから過失犯としての処断を主張されている。そして、過失犯による処罰規定があるのなら、犯罪構成事実の認識がないのにもかかわらず、法律の不知で故意責任を認めるといった、非論理的な経過を踏む必要もなくなってくる。過失といえども、不注意で犯罪構成事実の認識に欠けただけのことであり、それ自体、犯罪構成要件的事実の次元の問題だからである。

なお、平場安治「法律の錯誤」日本刑法学会編・刑事法講座第二巻三五四頁以下参照。

(13)　これもまた、メタノールである。すなわち、同一物に属する。そこで、かりに本件のメチルアルコールの代わりに、これらの飲料がそこでの対象となったばあい、大法廷は本件と同一の法理を展開し、ことを肯定的に解したのであろうか。本文既述のように、そういった興味は感じている。それだけに、いたずらに犯罪となることを予定したくなければ、類疑念の明確化は要請しておきたいところである。

第二節　法の不知と無知

一　無知の事例

一　そこでさらにもう一個、似ているようでそれとは異なる類型をも考えてみた。かつて、こんな事例を想定したことがある。一定の時間内であり、しかも同一方向に向かっての乗車であれば、乗り降りは何回でも自由といった乗車券があったとする。ただ、このことをまったく知らなかった外国人観光客Aは、ともかく素直に当該乗車券を購入して乗車した。ところが、たまたま車内で別グループの友人に会い、いわれるままに途中下車して久闊を叙し、そのあとで再び市電に乗車した。そのとき、突然車内での検札が行われ、迷わず先ほど購入した乗車券を提示したものの、その時点で既にAの乗車券は、所定の有効時間を経過していた。

当然、検札担当者からは、わが国流にいえば反則金の納付が請求される。「乗車券を持っています」という抗弁は成り立たない。気になって車内を見渡してみても、所定時間経過後の乗車券は無効であるといった趣旨の掲示は、どこを探してもみあたらない。またかりにあったとしても、その趣旨の文言の外国語を理解しうる能力はAにはなかったし、また少なくともAの母国語で認識しうるような状態にはなかった。それだけではない。乗車券に乗車時刻の刻印はあっても、有効時間を明示した文言はみあたらない。だが、どう弁明してもAは救済されることもなく、反則金を支払わなければならなかったというのがこれである。

設例があまりにもリアルなので、実体験なのかと疑われそうであるが体験談ではない。事前に知識をえていないかぎり、そのような行為にでることのない私にとって、こうした事態に遭遇することはありえなかったからである。

ただ、何度か車内で目撃したことを基礎にして案出したのが本設例である。[1]

無賃乗車ではない。ちゃんと乗車券は所持している。通常なら、なんら問題にならないAの行為である。加えて、所定の時間経過後の乗車は無効といった趣旨の掲示は、車内のどこをみても、Aの母国語による公示がなされてはいなかった。それでも、反則金の納付は義務づけられる。犯罪構成事実の認識があるから法律の不知は許されない。それが、わが国での判例理論の鉄則であるというのなら、逆に犯罪構成事実そのものの認識さえも欠いている、本件のような設例のばあいに、乗車券を所持して乗車するといった事実の認識はあるにしても、そのことが無賃乗車という犯罪構成事実に該当する、あるいはそうであることを知らなかったばあい、換言すれば、事実の認識はあっても犯罪構成事実の認識はなかった本設例のようなばあいに、わが国での判例理論によるかぎり、法律の不知は許さずとする鉄則により、なお自らの原則に固執することになるのであろうか。

前述した勅令四〇五号違反事件の例と同じく、行為者による違法性の認識の有無よりは、行政法規あるいは省令等の細則によって、どう規制されているのか。それによって当該行為の、あるいは違法類型としての構成要件の内容は規制される。したがってそれが、いつどんな方法で行われたかまでは認識する必要がないといえるのであれば、規制・細則についてまったく無知な、ここでの乗車券事件あるいは前述の勅令四〇五号違反事件についても、同じように法律の不知は許さずとして規制されることは可能なのかもしれない。

だが法律の不知にとっては、犯罪構成事実の認識が不可欠の前提であるとするのなら、逆にそれを欠いても単なる事実の認識さえあれば、法律の不知が万能薬として作用しうるといえるのであろうか。かりに「然り」とする回答がよせられるのなら、法律の不知は犯罪構成事実の認識を前提とするといった、これまでの要件あるいは命題自体の設定は崩れ、その間の不調和は避けられないことになってこよう。そこから命題維持のため、逆に「否」と回答されるのなら、まずは大前提として、なにが犯罪構成事実にあたるのか。そのことの確定こそが不可欠の課題となってくるはずである。と同時に、そのことの認識を避けることは許されまい。いかになすべきか。自らの襟を正すべきこととも思われるが、現に反則金の納入は強制され、反論が許されないのもまた事実である。となると、錯誤との関連で有意義なのは法律の不知であり、それにすべてが依存することになりかねないが、肯定的な回答がよせられるとも思えない。どう処理するつもりなのか。そんな印象を避けられない。

ただそうはいうものの、三八条三項の理解をめぐるわが国での判例理論が、法律の不知で一刀両断的に処理するといったいき方に対しては、他方で違法性の意識そのものは不要としながらも、その可能性の存在を期待する所見の展開となって現在し、また主張されている。(2) たしかに、普遍的な交通機関などであれば、進行すべき車道が右側通行か左側かの差異ぐらいは、国境の枠を超えて充分事前に認識しておくべきであったといえるであろうし、また認識しうるところではある。したがって、その国で犯した通行区分帯違反の案件に対し、この可能性の論理の援用によって、その罪責を問うことは容易であるといえるのかもしれない。

だが本設例は、そうはなっていない。Aは、僅か一日か二日といった短期間滞在の観光客であるに過ぎないし、またかりに車内に反則金の掲示があったとしても、当該掲示内容を理解しうるほどの語学力はなかった。加えて、Aの母国語による公示も、なにひとつなされてはいなかった。それでも可能性論は、Aによる反則金の納入はやむをえないとするのであろうか。犯罪構成事実の認識もなく違法性の意識の可能性も欠く。そして、そのように認識を欠いた契機は、法(本設例のばあい、行政法規)そのものの不知にあった。それでも、故意あるいは責任を問われるのか。とそのように反論してみても、現に反則金を強制的に納付させられる事実に変わりはなく、ことは肯定的に解するほかなくなってくる。そのことと可能性論との調整あるいは限界づけは、どのようになるのであろか。そういった課題をも考えなければならないことになってこよう。どのような回答がよせられることになるのであろうか。

そこで視点を変え、違法性に関する事実の錯誤に、その救援を求めてみたものの、それも筋違いであった。違法性の事実に関する錯誤であろうと法律の錯誤そのものであろうと、それらはともに犯罪構成事実の認識を前提としている。したがって本設例のように、事実の認識はあるにしても犯罪構成事実そのものの認識に欠けているようなばあい、あるいはそれがあるとはいいえないような、そういった不確定な事例に対し、それは利用可能な法理ではなかったからである。そこでやむなく、さらに視点を変え、先例となるいくつかの事例を想起してみた。だがそれらが、ここでの回答として役に立つのかどうかは、さらなる検討を必要とするようである。

仮想の、しかも異国での事例が二個続いて申し訳ないが、もう一個提示することを許されたい。たとえば、こんな例はどうであろう。ひとりでドイツ国内を短期間旅行中のBは、自己の見聞したその場所の記憶を正確に残しておくため、小型携帯用録音機にスウィッチをいれて常時所持したまま、旅先の印象を記録し続けてきた。途中、疲れて公園のベンチに座っていたら、隣りあわせに座った二人連れの話しあう声が聞こえてきた。スウィッチを切ろうかとは思ったものの、それもわざとらしいし、ドイツ語をまったく解しないBにとって、それは単なる音に過ぎなかったので、そのまま放置しておいたところ、彼らの会話のすべてが、当然のことながら録音されていたという事例がこれである。

これも仮想の設例であり実体験ではないが、乗車券の事案では行政法規が関連するのに対し、こちらは刑法典そのものに関する問題である。それだけにその詳細を知りえず、多少暗中模索の感があった行政法規違反の事例よりは、こちらのほうが使いやすい面もでてくる。そして、そのために選んだのがドイツ刑法二〇一条所定の本罪であった。

同条は、Verletzung der Vertraulichkeit des Wortes に関する処罰規定である。日本語で、どう訳すべきかについては、多少気になる個所もみられるところであり、とくにこの Wort という表現を、単純に「言葉」と訳してしまうと、「言葉の秘密の侵害」といった訳にもなり、意味不明な面が残るきらいもある。表現をつうじて犯罪の実態を把握し理解しようとするのには、困難を伴うことにもなりかねない。そこで、それ以外に適切な訳あるいは表現がないものかと思い直して調べてみたら、Wort には Ausdrück といった意味も含まれていた。[3] となるとこの条文は、言葉や会話をも含めて「表現の秘密に関する罪」とでも訳したほうがよいのではないかとも考えられ、そうすることにした。それが適訳であるかどうかの評価は別にして、以下これで進めていくことにする。

もっとも、同条違反との関係で、ここで直接的に問題となるのは同条一項一号所定の罪だけであり、他の条項にまで触れるつもりはない。[4] ともあれそこでの保護法益とは、お互いの公平な交流をつうじて、個人のプライヴァシーとその秘密とを保護する点にあるとされている。[5] そこから、本条項が予定する攻撃の客体は、das nichtöffentlich gesprochene Wort であるとのことである。となると問題なのは、nichtöffentlich の訳し方にある。そのいかんによっては、微妙なものが感ぜられることになるからである。ただこの言葉、gesprochen にかかる副詞であるため、話の仕方を修飾しているのはわかるが、この両者が結びついて Wort にかかるとなると、その Wort とはどんな態様で話されることになるのか。あるいは話されたばあいを予定しているのか。それが気になってくる。訳し方のいかんによっては、適用法条の枠にも変動が生ずるおそれがでてきかねないからである。

そこでともかくも、トレンデル＝フィシャーのコメントを参照すると、「一般に向けられることがなく、個人的なあるいは客観的な関係で区別され、したがって個人的な仲間の枠を超えていなければ、それが直ちに話された表現」[6] といえるとされている。そこで、「内々で話された言葉・会話・表現」といいうるのかとも考え、既述のように設例を「話しあっている」として表現してみたが、これが果して適切ないい方であったのかどうかは、多少疑心暗鬼の面も残るところである。というのは、この引用部分は、法にいうnichtöffentlichすなわち非公開についてのコメントではあっても、・・・gesprochene Wortについてのそれではなかった。こちらには"die in Lautgestalten der Sprache geäußerte Gedankenerklärung"といったコメントもみられ、(7)それだけに「内々で・・・」とする要件の設定で妨げないのか。そういった疑問もでてくるからである。

となると、二個の疑問が解決されなければならないことになってくる。設例としてあげた「話しあっている」という形態が、果してこの要件を満たしうるのか。構成要件の枠外とされるのではないのか。そうではなくて逆に、隣席の二人の会話を気にしながらも、スウィッチを切らずに録音してしまったBには、同罪の適用が可能になるとされるのか。そういった点についての危惧がこれであり、さらには表明される内容が、Gedankenとされている点も気になっている。それが思想の意味にかぎられるのなら、ここであげた設例は、設例としての能力を失うことにもなりかねないからである。それにしても、Gedanken＝思想といった訳が適訳なのかといった反省もあって、多少困惑している面もある。(8)

だが、この二個の疑問は無益な疑問のようであった。前者のin Lautgestaltenを音声の大小に関連づけるのなら、具体的には、たとえば高声による政権批判とでもせざるをえなくなってくるが、そのこと自体、保護法益との関連で愚訳ともなってくる。その意味では、別途の訳を考える必要もでてくる。他方で「しっかりした形で」といった訳もある。そうであるのなら、意思表示自体が明確であればたり、音声の大小とは無関係であるとはいえる。加えてそれが、Gedankenと結びつき、そのGedankenとは思想といった形苦しさだけではなく、単純に「考えて話し合う(unterhalten)」といった意味をもつのなら、「話し合い」がありさえすればたりるともいえ、そのかぎり困惑を感ずる必要はなかった。したがって、そのままの形で設例を維持することができるようである。

現にロクシンは、「たとえば、誰かが誰かに電話したとする。相手方が、その通話内容を録音されていることを知らなくても」、二〇一条の成立はあるとし、音声の大小にはこだわっていない。参考となしえよう。[9]ただ、そのいずれであるにもせよ、ドイツ語をまったく解しないBにとって、現に録音を継続しているといった認識しかなった点では共通している。

（1）　単なる例に過ぎないとして記載してみたが、同じようなことが、わが国でも現実に実行可能なようである。新聞記事からの引用なので恐縮だが、「乗り鉄」という乗車方法があるのだそうである（その詳細は、二〇一五年六月一九日朝日新聞朝刊二八頁参照）。具体的には、東京駅で初乗り料金一四〇円の切符を購入して同駅で京葉線に乗車。六九〇キロの旅を終えて、一八時間後に有楽町駅で下車したという乗車体験記がこれである。

同一方向であり、逆方向への乗車はしていない点で、ドイツの乗車券事件と同様である。ただ、ドイツにあっては、乗車時間に制約があったが、わが国のばあい乗車券の有効期間は最低一日であり、その旨乗車券に記載されている。したがって、設例のような時間超過後であっても、日付がかわらないかぎり、違法とされることはない。ただ、一八時間にわたる乗車時間中に検札があったら、一四〇円の乗車券を提示して、どう対応しどう弁明するのか。また、スイカによる乗車であったら、担当車掌はどう対応するのだろうか。そういった疑問もあるが、いずれにせよ他方で、「乗り鉄」マニアの間では、こうした乗車方法がなんらの抵抗もなく、なされているのもまた事実らしい。

加えて、乗車駅である京葉線の東京駅と下車駅である有楽町駅とは、同一路線上の隣駅の関係にはない。初乗り料金の乗車券で下車できる駅ではない。できるとすれば、改札が自動だからからなのか。あるいは、どこかを迂回しあるいは乗換でもしなければ可能ではないはずである。素直に承服しがたい報道ではあるが、こうしたことが行われているのも、また事実のようである。

無賃乗車に関する先例からいえば、素直に肯定しにくい例ともなってくるが、「乗り鉄」の経験談は、中央紙に掲載されている。その意味で、「乗り鉄」マニアにとっては、なんらの違和感もないらしい。そうだとすると、犯罪構成事実の認識も違法性の意識もない事例であるともいえ、その意味で、乗車券事件に似た事例であるともいえる。ドイツと類似の事例は、わが国でもありうるとはいえるようである。

（2）團藤重光・刑法綱要総論　第三版（一九九〇年）三一七頁以下参照。なお、戦後の不安定な時期に、いち早く法律の錯誤を対象とした論稿に、福田・違法性の錯誤（一九六〇年）がある。同著後半の「アメリカの判例法およびフランス法における法の錯誤」は貴重である。

ただ、犯罪構成事実についてまったく無知な者に、違法性の意識あるいはその可能性といった要件の認識を要求しうるものなのか。法律の不知は、犯罪事実の認識を前提にするといった方式によるかぎり、およそ愚問となってくるが、それにしてもその逆が、犯罪構成事実の認識に直結するともかぎらない。その意味で、逆必ずしも真ならずで、判例理論による一方通行的な発想には、再考する必要もでてこよう。

（3）Duden, Die deutsche Rechtschreibung, 20. Aufl., 1991, S. 808.

（4）ドイツ刑法一五章は、当面の対象である二〇一条を含めて、Verletzung des persönlichen Lebens und Geheimbereichs といった章名となっている。もっとも同条には、三個の構成要件が含まれ、その第三項には、公務員等を行為主体とする身分犯が法定されている。身分犯については、本書の直接的な対象とする予定はない。したがって残るのは、一項と二項だけである。ところでその一項には、録音と録音結果の利用が、二項には盗聴器による盗聴が対象とされている。そこから、この両法条間には、その意図する保護の方向に共通するものはないとみるのが通説のようである。

（5）Vgl. Hans-Joachim Rudolphi = Echard Horn = Erich Samson = Hans-Ludwig Günther, Systematischer Kommentar zum Strafgesetzbuch, Bd. II, Besonderer Teil, 2000, §201, Rdnr., 1. 以下、本書での引用は担当者名のみとし、書名も SK-StGB として引用する。

加えて、各法条ごとに当然のことながら、その客体を異にしている。それだけに、一口でプライヴァシーの保護と均一化するわけにもいかない。なお、その点については、Vgl. Reinhart Maurach = Friedrich Chrstian Schröder = Manfred Maiwald, Strafrecht, Besonderer Teil, Teilband, 8. Aufl., 1995, S. 282ff.

（6）Vgl. Tröndle = Fischer, Strafgesetzbuch, Rdnr., 2. ただ二項が、行為者の行為が思慮のないいき方を主として構成されているのに対し、一項は日常茶飯事であり、いつでも再現可能であるため、そのことの阻止を予定しての規定であることもあって、その間に微妙なニュアンスのあることは、考えておく必要があるようである（Vgl. Samson, SK-StGB, §201, Rdnr., 1.）。

（7）Vgl. Samson, SK-StGB., §201, Rdnr., 4.

（8）Vgl. Duden, Die Sinn-und sachverwandeter Wörterbuch, Bd., 8, 1986, S. 261.

（9）　Claus Roxin, Strafrecht, Allgemeiner Teil, Bd. 1, 1992, S. 585. 加えて、gesprochene Wort の意味についても、「実質的な秘密である必要もない」（Samson, SK-StGB. §201, Rdnr., 2）とされている。

二　ドイツ刑法三条は、属地主義を基本としている。そのかぎりBに、外国人旅行者であることを抗弁とする実益はない。適用範囲を理由に、その救済を求めても有効打とはなりえない。スウィッチを切ろうかと考えてはいたものの、わざとらしいと思い直して切らなかった。ために、結果的にそのすべてを録音してしまったのであれば、録音しただけで既遂になるのか。[10]録音した結果が他に公表され会話がもれたのならともかく、そうではない本設例のばあい、格別実害が発生しているわけでもない。とやかくいわれる理由はないといえば、最初に会話を聞いた折、その会話を継続して録音するつもりがあるのなら、その時点で同罪は既遂になるといわれるのかもしれない。事実、「録音する側にとって、その音響的な再生が可能になるような、そんな形で録音すれば足りる」[11]とされている。そのかぎり、設例が既遂とされるのは避けられなかった。加えて、録音結果の利用は別罪を構成する（本条二項参照）。したがって、実害云々まで考慮する必要はなかった。

他方で、継続犯である必要はないのかといった反論も無意味なものとなってくる。それなら、単純行為犯なのかと聞けば、同罪の未遂犯処罰規定も現在する。そのかぎり、形式犯の枠は越えている。となると、本罪の未遂時期とはいつなのかも気になるが、録音機が機能するようセットしたそのときと回答されている。[12]あらためてスウィッチに手を触れたわけではない。現に作動していただけのこととして、そこにB救済の道はないものかと考えてみたものの、あまり希望的ではなかった。

録音するだけで罪になるのなら、現に録音してしまった事実を否定することはできない。もっとも、自ら録音すべく積極的にスウィッチをいれたわけではなく、録音機が機能するようセットしたわけでもない。稼働中の録音機をとめなかっただけである。ただそうはいっても、とめなかった不作為が問題視される余地がないとはいえない。そしてそのようにいわれると、ことは八方ふさがりの感を避けられないようである。残る牙城としては、故意の有無に頼るしか方法はなくなってくる。ただ罪を犯す意思がなかったと擁護してみても、未必の故意でたりるとされるのなら、[13] Bにとっての弁明の余地は極度に制限されてくる。ためらいながらも録音しただけといった弁明しかでてこないようである。

同罪の成立にとって考えられる、いくつかの要件を各別に検討してみたが、基本的に考慮すべきもう一個の要件があった。それは「権限なしに（unbefugt）」に録音することである。そうだとすると、そうした権限の有無が、Bのいき方にどう影響することになるのかといった興味も感じられる。とはいうものの、正当化事由による不処罰の有無とは、権限の有無に関連しての措置であり、その権限自体についてまったく認識のないBに、私のいう無知の範疇に属するこの事例に、それが適用可能な法理になるといった帰結はでてこない。

ここまでくると、先にあげた乗車券事件と果たして同列に取り扱いうるものなのかといった課題もでてくる。無条件であり、弁明の余地さえ認められない乗車券事件のばあい、電車内にその趣旨の掲示がみられなくても、反則金の納入が義務づけられる事例との差が気になってくるからである。他方で録音事件のばあい、ベンチの傍らに録音禁止の掲示板があったとも考えられない。その点で、乗車券事件と同じと弁護してはみたものの、権限の有無といった大きな壁による差は意識しておかなければならなかった。報道機関関係者であるのならともかく、単なる旅行者に過ぎないBに、それを求める理由もないし、またそのことを知る由もなかったとなると、乗車券事件と同じく、その罪責は免れえないことにもなってくる。だが果たして、そう考えなければならないものなのだろうか。

そこでさらに、二個の課題がでてくる。そのひとつは法律の不知であり、他は作為義務がこれである。後者から先に検討する。本罪の成立にとって最大の決め手は、既述のとおり権限なしになされることである。権限の有無が、犯罪の成否に影響するのなら、権限のないことがそこでの主役を演ずる反面、主役を演ずる権限について「正当化事由があれば抵触することもない」[14]とされて、違法性の阻却が認められている。ただ問題なのは、それを先にも述べたように、Bに求めることが可能なのかである。不作為自体が二〇一条の構成要件に該当するといえても、Bにその作為義務違反を求めうるかは問題だからである。かりにその義務があるとしたにしても、その作為義務がどこからでてくるのかを、無知なBに対してどう説得するかの課題は残るところである。

そこで、最終的に考えられるのは法律の不知論しかない。権限の有無を認識しているか否かとは別に、Bはそのこと自身、すなわち録音自体を止めなかったことが法に触れる、そのことさえも知らなかった。私のいう無知の類型に属する例であるといえるのなら、権限の有無についての錯誤は、法律の錯誤に当るとして処理するほかないからである。ただ、わが国の判例理論所説のように、無知もまた法律の錯誤であり、故意を阻却しないとするのであれば、そこに救済を求めることもできなくなってくる。そのかぎり、無益な詮索であった。

万策尽きたかと思われたが、その反面、法律の錯誤は故意を阻却しないとする一点張りで妥当な処理が可能なのか。そういった疑問も残されている。その点は、問題視しなければならないし、それだけに、学説間の対立も顕著である。加えて、ここでの二事例自体は、ともにわが国の法制についてではない。したがって、それへの救援はドイツ刑法自体に求めるほかないが、同法一七条が救援の手を差し伸べてくれた。

同条が制定された背後には、責任説に対する配慮があってのこととされる。それもあってか、同条自体が責任の阻却と明定している。そうだとすれば、その錯誤が避けえなかった以上、たとえそれが事実、犯罪構成要件に該当し違法なものであっても、無罪判決を受けうることにもなってくる。ただその錯誤が、逆に避けえたものであれば責任が阻却されることなく、刑の減軽がなされるだけである（一七条二項）。法による、それなりの答えがでていることには敬意を表する。だがだからといって、素直にこのような帰結に達したわけではなかった。そこには、長い間の変動があり、今日でもまた争いのあるところではある。

一八七一年の現行刑法は、その五九条で単に事実の錯誤は故意を阻却するとするにとどまり、法律の錯誤については、なんら規制するところはなかった。そこから当時のライヒ裁判所は、錯誤を事実と法律の二者に区別し、事実に関する錯誤は通常故意を阻却すべきであるが、法律の錯誤は、さらに刑罰法規の錯誤と非刑罰法規の錯誤とに区別し、前者が等閑視されてはいたものの、非刑罰的法規のそれは事実の錯誤と同置され、故意の阻却事由とされてきた。

だが戦後の裁判所は、これまでのこうしたいき方を放棄し、一九五二年の連邦最高裁判所大法廷決定によって、歴史的な転換がなされることになった。それは単に、ライヒ裁判所に対する抵抗だけではなく、故意説に対しても対応するものでもあった。加えて責任説は、その後「一九六二年草案だけではなく新総則一七条としても具体化している」(15)として、責任説の歴史的な経過が強調されている。そしてこれが、ロクシンによれば、一七条誕生の経過の概略であると説明されている。

同条が、責任説反映の所産であるとするのはわかる。と同時に、故意説批判が顕著であるのも理解する。だがだからといって、責任説によらなければ、一七条の利用が許されえないわけのものでもあるまい。重要なのは、阻却される対象が責任か故意かであり、そのいずれをも排除するものではない点である。もっとも、同条自体は「行為者にとって、その錯誤が避けえないものであったのなら、責任は認められない」と明記しているため、責任説が自賛するのもわからぬわけではないが、さりとて故意の阻却事由として処理することが妨げられる理由もない。責任説のみにこだわらない、幅のある対応を期待してよいようである。いずれにせよ、わが国の判例理論のように、一律処理で杓子定規に考える必要はなかったとはいえるようである。

それだけに、避けえなかったかどうかに運命の分岐点があり、そこから問題はその避けえたかどうかの判断と、その基準に求められるのなら、なぜそんな間違いを犯したのか。あるいはなぜそうした思い違いをしたのか。そうした錯誤の回避可能性の有無こそが、ここでの焦点となってくる。したがって、Bにとって録音に必要な権限の有無など、およそ認識の対象外であったこの事例については、同条所定の避けることをえなかった否かに含まれるほかなくなてくる。そして、そのようにいいうるのかどうか。そこに依存することにもなってくる。

犯罪構成事実の認識があるから法律の不知は許されないのなら、逆に法律が不知であるのなら犯罪構成事実の認識はどうなるのか。後者が優先するといえるのなら、乗車券事件も録音事件も、容易に知ることをえなかったとされうる余地は多い。そこから、一律に故意阻却とされることなく、避けえたかどうかといった、もうひとつの判断基準が意味をもってくる。そしてこのように、ことは当該事情をめぐる具体的・個別的な検討を予定しての判断となるのなら、ことはドイツ刑法のみにとどまる理由もない。普遍的な故意あるいは責任をめぐる阻却事由として、再考し準拠することが可能となってくるし、またその辺に救済を求めるのが賢明ともなってくる。

（10）既遂である。となると、未遂時期はいつなのかといった疑問も残るが、録音に失敗しただけが例示されている。Vgl. Schönke = Schröder, Kommentar, §201, Rdnr., 11. Samson, Sk-StGB, §201, Rdnr., 3.

（11）Vgl. Schönke = Schröder, Kommentar, §201., Rdnr., 36.

（12）四項には未遂犯処罰規定が置かれているが、同条項はとくに mißglückte beendete Versuch との関係で有意義であるとされている（Vgl. Tröndle = Fischer, Kommentar, §201, Rdnr., 9）。
（13）Vgl. Schönke = Schröder, Kommentar, §201, Rdnr., 35.
（14）なお、その錯誤が正当化された権限についてのそれであれば、一六条類似の Erlaubstatbestandsirrtum かないしは法律の錯誤でありうる（Vgl. Schönke = Schröder, Kommentar, §201, Rdnr., 35 としている。
（15）Roxin, a.a.O., S. 585. 同頁以下の記載のダイジェスト版である。一応、ロクシンにしたがって記述したが、他方で一原亜貴子「違法性の錯誤と負担（一）関西大学法学論集五三巻六号一一七頁以下にも、その間の経過に触れた記述がある。加えて、話題とされた一九五二年三月一八日の連邦裁判所決定については、同一一九頁以下を参照されたい。

二　無知の処理

一　およそ法律の不知は、免責事由とはなりえないのか。判例理論によるかぎり、「然り」とせざるをえないようである。それだけに、法律の不知が快刀乱麻を切るような形で、何事にも優先して故意を阻却せずといった形で横行することにもなる。それだけに、そういったことが許されるのかといった反省もでてこよう。

先にも述べた六二年草案作成当時も、そういった反省もあってか同草案二二条の登場がみられ、結果として現行法の一七条として具体化していった。他方わが国にあっては、三八条三項そのものにそのような変更はないにしても、違法性の意識の可能性を要求する所見の登場は有力である。同じ思いに駆られてのことなのかもしれない。「法令の公布を知ることが不可能な状態にあった者にとって、自己の行為が違法であることを意識する可能性がなかったものといわなければならないのなら、その者の罪責は否定さるべき」(1)であるとされるのも自然である。責任か故意かは立場の違いはあるにしても、意図するところは共通する。

同じ意味で、まずはドイツのばあい、同刑法一七条による救済の余地を考慮する必要がでてくる。同条は、法律の不知があっても、それが避けがたいばあいであれば責任を阻却するとしている。一律に法律の不知は許さずとする判例理論よりは、こちらの方が行為者に対して好意的な面があるし優しさも感ずる。もっともそのためには、その錯誤が避けえなかったばあいにかぎられる（wenn er diesen Irrtum nicht vermeiden konnte）。それだけに、避けえなかったか避けえたかの差をめぐっての争いは避けられなかった。是認のための要件に、厳しさが残るのもやむをえなかったのかもしれない。それにしても、法律の不知は許さずとするローマ法以降の伝統的な思考に反し、一七条自体がこうした伝統に抵抗する論理として誕生したことは、それ自身歓迎したいところである。

そのための核心が、避けえなかったか否かにあるのなら、そしてそれが帰趨をわけているのなら、慎重な分析やメスが加えられる必要はあるであろう。それにしても、避けえたか避けえなかったかとする判断基準は国境を超える。このことは当面の課題である、たとえば勅令四〇五号違反事件のような新設の法令との関連でも、その認識の有無をめぐって、それへの適用を考えてもよい基準であるといえる。

この問題に対しシェンケ＝シュレーダーは、その注釈書のなかで「新設法規の解釈（Auslegung neuer Gesetze）」といった項目を設定して、つぎのようにいっている。(2)「新設規定のばあい、法律の錯誤は当該法規のもつ意味が、その表現から eindeutig であるばあいにのみ、通常避けることができたということになる」(3)としている。当面の課題に対するヒントとなりうるのではといった期待もでてくる。だがそのためには、なお検討しておかなければならない若干の問題もあった。

その第一が、対象となる法規に neu という形容詞が付加されていることである。ということは、新設規定にかぎられることなのか。そうではなくて、新たに法律を制定するときにはいつでもといった意味であって、制定時の過去・現在の差にこだわる趣旨ではなく、そのいずれの時点であろうと、ともかくも当該法規を制定するその時点で、

eindeutig であることが要求されるといった趣旨なのか。そのいずれの意味なのかは考慮に値する疑問である。

　およそ新設規定にかぎるべき理由もみいだせない。制定時の先後よって、判断を異にするのも論理的ではないからである。ただかりに、新設規定時にかぎられるとすると、先にあげた勅令四〇五号違反事件ならばともかく、乗車券事件・録音事件・メタノール事件等々は、いずれもがその対象外になりかねないことにもなってくる。そうだとすると、それは避けえたか避けえなかったかの選択以前の課題となり、ここでの主題から離れていくことにもなってくる。その意味では、たしかに勅令四〇五号違反事件のような新設規定にあっては、法律の錯誤が話題となりうる可能性は多いにしても、その間違いを新設規定のみにかぎるべき論拠も定かでなくなってくる。そうだとすれば、乗車券事件や録音事件さらにはメタノール事件についても、同列に処理することは許されよう。

　そして第二にまた、語学の時間になりかねないのかもしれないが、法文上の文言が eindeutig とされている点である。本来 eindeutig とは、klar とか unmißverständlich といった意味である。単純にいって、あきらかであり、誤解される余地のないといっていいのかもしれない。ということは、二義を許さずということになるのかとも思われる。keine andere Deutung ist mölich とするコメントは、その趣旨に理解される。そして、そのように解して妨げないのなら、先のメタノール事件をめぐる有毒飲食物等取締令一八条の規定については、その客体に明確性を欠くため問題ありとして、責任あるいは故意の阻却を容認しうる余地があったといえるのかもしれない。

　大分、我田引水的な理解を展開してきたようであるが、ここでもう一個の制約のあることを付記しておきたい。というのは、nur すなわち既述したような要件をクリアーしたばあいのみにかぎられている点である。その意味では、阻却の範囲も限定されているといえるからである。それが責任を阻却するのか否かの分水嶺になるだけに、慎重に行なわれなければならないようである。

他方、一七条と類似の規定を欠くわが国にあっては、ことは解釈に依存するほかはない。かつての期待可能性論誕生の経過と同じく、法律の錯誤・法律の不知についても、責任あるいは故意の阻却を求めえないものなのか。求めうるとしたにしても、そのための要件の設定には厳しいものがあるであろう。かつての期待可能性をめぐる論争の再現は避けられまい。でも今日現在、この理論を拒否する見解はみあたらない。一七条についても、同じことがいえないのだろうか。

法律の錯誤は、その錯誤が避けえなかったばあいのみを対象とし、その避けえたか避けえなかったかを基準とするのなら、この基準自体は国境の枠を超えて考えられてよい判断基準となりうるはずである。既述のように、期待可能性の有無と平行して考えられる余地もあるのなら、一七条をめぐる既述のコメントを、このような形で援用することも許されよう。

（1）福田・事実の錯誤と法律の錯誤一〇一頁。
（2）Schönke = Schröder, Kommentar, §17, Rdnr., 19.
（3）Schönke = Schröder, Kommentar, §17, Rdnr., 19.
（4）Duden, Das Stilwörtrbuch, 2, 1988, S. 216.

二　法律の不知は故意を阻却しない。なぜなら、犯罪構成事実の認識があるから。これが何度も繰り返してきたように、判例理論の予定する典型的な認識であった。「そうなの」といった抵抗の意味もあって例示したのが、先の乗車券事件であり録音事件であり、その他一連の私のいう無知の事例であった。乗車券を所持して乗っている、録音をとめていない等々、そのいずれにあっても、現にいま、この種の行為を自己が行っているといった事実の認識はある。だがそれが、犯罪を構成するとは夢想だにもしていなかった。そういった設例ばかりであったからである。

単なる事実と犯罪構成事実とは区別すべきであるとする発想によるかぎり、前者だけでも故意の不存在に結びつくと、そのようにいいたいところではあるが、そういったいい方は早計であった。単なる事実に過ぎないのではなく、法律の存在それ自体あるいは各種取締法規による補充そのものによって、それぞれに犯罪構成事実としての要件は具備している。換言すれば、法規そのものが客観的にみて、犯罪構成事実を明示している。だから、その不知は故意を阻却しないとしている、そのようにいわれかねないからである。

そうであることを否定しえないのかもしれない。ただここでの主題は、そこにあるのではない。行為者による錯誤が主題になっているからである。その事実を現におこなっている。それは承知している。だが、そのことが違法であるとは知らなかった。いわば、前提になる法律や取締規定により、犯罪構成事実としての特定化がなされてはいるものの、そのうちのひとつ、すなわち二本柱の片方である違法性について、そうであるとは知らなかったとしても、故意を阻却することはないということである。

事実と法規とによる規制といった二本立てにより、犯罪構成事実の存在を予定しておきながら、その一方を欠いても、なお故意を認めうるとするのなら、欠いた一方の要件である法律の不知が、積極・消極の両面において作用することの是認にも連なってくる。そのかぎり、典型的な分業・分割論を基礎にしているといわざるをえない。そこで、かりに鵺的法理といった表現を使ってみたが、それにしても抵抗感は避けられない。それもあって、既述の二事例のほか、いくつかの事例を提示し、それらにどう対応するのかを聞いているわけでもある。(5)

単なる旅行者に過ぎないAであっても反則金の納付が義務づけられ、録音それ自体も権限なしにすることは許されない。そのことを知らないBにとって、録音を止めなかったという事実の認識はあっても、権限の有無などは考慮の対象外であった。にもかかわらず、犯罪構成事実の認識があったとして、秘密を犯す罪に問われかねないことにもなってくる。物品税法違反事件や有毒飲食物等取締令違反事件、通称メタノール事件に、法律の不知が有罪への有効打として作用しているのと同じく、乗車券事件や録音事件もその枠から離れえないものなのだろうか。そんな感じを避けられない。

そこでさらに、ふたたび目をわが国に移すと、先の仮想の二事例に類似しているかとも思われるのが、実は仮想ではなくて、現に存在した古くて著名な先例であった。いわゆる鼯鼠・もま事件、狸・貉事件がこれであり、それだけに念入りに回顧してみることにしたい。もっとも、この両者をめぐっての論争には華やかなものがあり[6]、有罪あるいは無罪とした、それぞれの先例の帰結については賛意を表する所説のほかに、結論を異にするこの両判決に対し、先にも少しく触れておいたように、つぎのような調整案も提出されている。

ここでの両判決は有罪と無罪といった、それぞれにその袂をわけてはいるものの、この両判決はともにその前提とする「『事実の認識』について欠くるところはない」[7]とされて、相互に矛盾するとしてきた既存の他説に対し、その間の調整役を買ってでると同時に、結果として法律の錯誤論に軍配をあげている所説がみられるからである。ただ、これまでのこうした華麗な論争に対し、私見として介入するか否かは別にして、事実の認識（私のいう犯罪構成事実の意）をめぐって、この両者間に欠けることはないとされている点については、若干の遅疑と疑問も感じている。というのは、そこにいう事実の認識とする表現の意味を理解しかねているからである。

客体である獣の名称の理解をめぐって、その捉え方にこの両判決間に差があるのは事実としても、ともに禁猟期間中の捕獲である点に視点をおき、ともかくも犯罪構成事実の認識はあったとされる趣旨なのか。そのようにも解してみたが、それが同教授の真意に合うのかどうかは別である。ただかりに、誤解ではないとされるのなら、ともに事実の認識すなわち犯罪事実の認識はあった。だから、あとは法律の不知で処理すればたりるということになり、またそうした形での調整をなしうるとされている趣旨かとも思ってみた。(8) そうであるのなら、公式どおりの展開であり、格別異論を示すこともなくなってくる。

ただ、ともに犯罪構成事実の認識はあったと、当然のようにそういいうるものなのかについては、後述するような問題点のあることを指摘しておきたい面もあるが、(9) それはそれとして、かりにこのような理解によることができるとされるのであれば、逆にそれを欠く乗車券事件・録音事件との関連で、本件をその先例として引用するのは好ましいことでもなってくる。そうだとすれば、類似しているのか否かは、もう少し検討することが必要となるようである。(10)

たとえば、ともに禁猟期間中の狩猟であるのは事実であるとしたにしても、当該期間中、禁猟の対象とされる獣の範囲は限定され、決して包括的なわけではない。したがって、なにが捕獲を禁じられた獣であり、なにが許された獣なのか。その区別は意識してよい課題となってくる。そしてこの後者、すなわちなにが許されているのかは、当該客体がまったく取締法規の対象外であったばあいのほか、換言すれば客体それ自体として eindeutig であったばあいのほかに、規定そのものの誤解に由来してのこと、そういったばあいもありうるところであろう。そのいずれであるのかは別にして、少なくとも当該客体の捕獲といった認識自体がある以上、事実の認識そのものに欠けるところはないとはいえるようである。

問題なのはその認識が行政法規違反であり、犯罪になるとされるそのこと自体が想定外であったことである。そしてそうであるのなら、わが国での先例もまた犯罪構成事実の認識を欠いた事例だけではなく、単に事実の認識を欠いただけに過ぎない事例についても、法律の不知をめぐる所見の対立が避けられなかったということにもなってくる。だがそれにしても、乗車券事件・録音事件と同じように、それほど容易に犯罪構成事実の認識についての確定が可能なのか。そういった問題を意識せざるをえなくなってくる。

こうした問題意識が、ここでいう先行審議の要否にも関連してくる。というのは逆にいって、認識していたのは犯罪事実そのものではなく、単なる事実の認識に過ぎなかったことが、法律の不知との関連がどうなるのか。そういった疑問がでてくるからである。もっともそういえば、先にも述べたように、犯罪構成事実の認識があるから法律の不知は許されないとするのが鉄則である以上、前提となる犯罪構成事実そのものの認識の欠如については、法律の不知自体を考慮する実益さえも失わせる。そのかぎり、愚問であったとしなければなるまい。格別の検討を要する事項でもなかったのかもしれない。いわば、刑罰法規適用の枠外であるのなら、錯誤論の関与すべき事項でもなくなってくるからである。だがそれも、類型的には私のいう無知に属するといえるのなら、無知の処遇をめぐって、それなりの思考は避けられないとはいえるようである。

(5)　かつてに私が命名し、記載順に、物品税法違反事件（木工所事件）・有毒飲食物取締令違反事件（メタノール事件）・勅令四〇五号違反事件・乗車券事件・録音事件・狸・狢事件等を、あたかもランダムにあげただけのような印象を抱かれるのかもしれないが、これらがすべて錯誤、とくに法律の錯誤の次元で処理されなければならない事件なのか。かりにそうだとしても、法律の錯誤として一括処理することが可能なものなのか。錯誤論以外による処理方法はありえないものなのか等々、なお検討すべき課題は多いように思われる。

(6)　逐一紹介するまでもないが、たとえば事実の錯誤論に賛意を表する所見として、古く草野豹一郎「所謂狸狢の判決に就いて」刑事判例研究［第五巻］（一九四〇年）二三〇頁があり、戦後の文献に中　義勝・輓近錯誤理論の問題点（一九五八年）一一八頁以下。平野龍一・刑法総論Ⅰ（一九七二年）一七三頁等がある。他方法律の錯誤論は、かつて牧野英一・刑法研究のほか、團藤・

総論三二二頁、福田・事実の錯誤と法律の錯誤六四頁等によって主張されていた。加えて、多岐にわたる諸見解を三者に類型化し、それぞれの解明をおこなったものに、川端　博・正当化事由の錯誤（一九九八年）三三頁以下がある。そこには、詳細な記述がみられるので参照されたい。

ただ私見として、こうした所見あるいは類型化に対しては、あまり関心を示していない。論争自体に、その意味を感じていないからである。そして、そうした私見については後出五七頁以下参照。

（7）福田・事実の錯誤と法律の錯誤一〇一頁。

（8）この両判決の詳細とそのもつ問題点に関しては、従前の諸見解と私見との間には、その認識を異にするものがある。後出五七頁以下参照。

（9）後出五八頁以下参照。錯誤論にその解決を求めなければならない問題ではないと解しているからである。

（10）路面電車の乗車方法は、ドイツのばあい都市ごとに均一ではない。また乗車券の有効内容も、いまではもう、何十年か前のそれとは違っているのかもしれない。その点は充分考慮にいれて記載しているが、たとえ制度が変わった現在であっても、無賃乗車者に対する検札係の反則金（六〇〇〇円程度らしい）徴収の事実に変わりはないらしい。

居住者あるいは長期に滞在し、市電利用の機会が多いのであれば、知らなかったとして、反則金の徴収に抵抗できないとするのはわかる。ただ同じ法理を、短期間のそして初めての旅行者にも適用が可能であるといえるのか。いえるとすれば、その論拠はどこに求めうるのか。可能性論だけでは処理しえない感じも残る。どう処理したらいいのかは、問題視したい点でもある。どう同時に、それへの救済はどうなるのか。それを考えたのが本書でもある。

第三節　焦点の明確化

一　錯誤論と法規

一　これまでに、二個の話題を意識しながら記述してきた。すなわち、錯誤を事実の錯誤と法律の錯誤の二者に区別するのはよい。ただ、そのいずれに属するかによって、その後の運命が左右されるのなら、それぞれの守備範囲とその効果については明確化されるものがなければなるまい。そしてその結果、前提となる犯罪構成事実の枠づけがなされたあとに、事実の錯誤は故意を阻却するが法律の不知は故意を阻却しないという命題が生きてくる。これが、少なくとも判例理論による通常の構成であり、若干の例外は別にして、この帰結はその大筋において変更されることはなかったといえる。そしてこの帰結の代表例が、先にあげた狸・狢事件と鼯鼠・もま事件をめぐる両判決であり、事実の錯誤と解した前者は故意を阻却するとしたのに対し、法律の錯誤と解した後者は故意の阻却を認めないといった、そうした公式どおりの答えが提示されていた。と同時に、この両判決に対応しては、学説の対立もまた顕著なものとして現在におよんでいる。そうした対立・論争を経験しながら、錯誤論はそれなりに自己を形成し、それなりに整理されてきたといえるのかもしれないが、それとても判例理論を前提とする範囲内でといった条件付きのことであり、ことはそれほど単純なものではなかった。

鼯鼠・もま事件をもって法律の錯誤とする判例の立場に賛意を表しながらも、「法規の解釈を誤って法的に許される」と誤解したのであれば、それは法律の錯誤であっても故意が阻却されるとも説かれている。(1) 厳格故意説に準拠してのことである。視点を異にすれば、その結論に変動が生ずるのも自然のなりゆきである。それにしても、それだけにこの両判決が、どれだけ痛痒を感じているのかは別個の問題となってくる。それにしても、一点だけ気になることがある。

というのは、この「法規の解釈を誤って」とする表現についての理解がこれである。

解釈を誤るということは、法規の存在それ自体が前提となり、その存在自身の認識はあるといった趣旨に理解できる。そうだとすれば、犯罪構成事実の認識に欠けるところはない。したがって、通常であれば法律の不知は許さずによって処理されることになるのであろう。だがだからといって、つねに故意が肯定されるというわけではなく、ときにより、それが否定されるばあいもありうるというのが、その所見の概略であり、それが厳格故意説に準拠しての帰結であることは理解する。だがだからといって、これまでの設例すなわち既述した乗車券事件や録音事件の解釈に、それが利用可能な法理であるとも思われない。宿題は、未解決のままである。[2]

もうひとつ、この両判決に対しては大岡裁きであるといった評価がなされているとのことである。[3]具体的にいって、誰の所見であるのか。その引用がなされていないため、とやかくいうについては遅疑する面もあるが、ただ後述する論点とも密接に関連する面もあるので、あえて触れる気になった。

この両判決は、既存の学説がシリアスに対峙するほど、あるいはそのようなものとして理解しなければならないとするほど、熾烈な対決を予定した判決として捉えなければならないものなのか。逆に、およそ両者は無関係であり、それをあえて錯誤に結びつけて論争するほどのこともなかったし、そのことにそれほどの意味があるものでもなかった。単純にいえば、無益な論争をしてきたのではなかったのか。そんな感じも抱いている。もっとも、格別の論拠もなしに、こうした発言をしているわけではない。後述するように、[4]法律の錯誤か事実の錯誤かの選択それ自身が、無益な論争であったとする自説を展開する、そのための意図もありあるいはそれへの伏線の意味もあって、あえてこの出典不明の大岡裁きといった評価を、ここに提示してみたわけでもある。ということは、逆にいって大岡裁きといいうるほどの先例でもなんでもない。それをいいたくてのことである。その理由は、つぎの点に求められる。

狸・狢事件と鼯鼠・もま事件の両者は、時間的な経過からいえば、鼯鼠・もま事件の方が先行する。その先発組である鼯鼠・もま事件は、法律の錯誤と解するところから、その故意責任は免れないとした。そこから逆に、故意の阻却を認めた狸・狢事件との間の齟齬が問題視され、学説間の対立を生んだ。それが、これまでの論争の簡単な経過であった。ただ私見として、こうした認識あるいは論争自体については疑問を持っている。それだけに、正面切って既往の論争に介入する意思もない。したがって、一点だけ指摘しておくことにする。

狸・狢事件は事実の錯誤であり、ために無罪であるとされている。そして、そのように解するのが通例であるが、同判決は、果たして錯誤とくに事実の錯誤にその主眼をおいての判示であったのだろうか。無罪とされた理由は、構成要件段階で処理されているにとどまり、決して事実の錯誤があったとして、責任の分野にまで待って処理されているわけではない。それだけに、大岡裁きとされる理由もない。もっとも、通常は責任の次元にまで待って、錯誤の問題として処理され、またそれによって無罪判決がでたものと理解されているが、同判決自身には、そこまで待つ意思は毛頭なかったし、錯誤としての処理を予定してのものではなかった。となると、大岡裁きといわれて一番驚いているのは、この判決をだした同法廷そのものではなかったのか。

ただ、錯誤の次元にまで待つことに主眼があったわけではないといえば、奇異な印象を抱かれるのかもしれない。だがだからといって、私自身が格別独自の特異な見解を主張しているわけでもないし、またそのつもりもない。要は、判決文自体からでてくる自然な帰結を、そのまま素直にそして自明の理として紹介しているだけのことである。ということは、これまでの論争がいかに本判決の本旨から離れていたか。学説の多くが、あまりにも原点から離れ曲解したまま今日に至っていたか。それを指摘したかったところであるし、またそれに尽きるといえるのかもしれない。と同時に、主役の地位から追放されて脇役にまわされ、要点は錯誤の問題であるとして予想外の分野で論議され、錯誤論にその地位を譲らざるをえなかった本件判旨の名誉回復・敗者復活を願ってのことでもある。一言で表現すれば、果して論争に拍車をかける原因となりうるような先例ではなかった。それをいいたかっただけである。原点に帰る必要さを感ずると同時に、もう一度論争の絶えない学説に反省を求めたいところである。

（1）日高義博・刑法における錯誤論の新展開（一九九一年）二三一頁に、こうした所見が展開されている。
（2）存在しているのにもかかわらず、誤解していたというばあいに、この日高理論が有効なのはわかる。大きな救援策であるとはいえる。だが、刑罰法規は存在する。ただ、その存在さえも知らなかったばあい、知らなかたことと誤解したこととが同視できるとすれば、日高理論にその救援を求めることは可能である。だが逆に、同一視は不可といわれれば、そこに救援を求めるわけにもいかなくなってくる。
いれにせよ、もともとは私自身が自ら提示した宿題である。自問自答というか、私なりの答えは準備しておかなければならない。後出六六頁以下参照。
（3）日高・前掲書二三〇頁参照。ただ、この大岡裁きという表現を引用されてはいるものの、その出典が誰なのか。それがわからない。出典が不明であるため批判しにくい面もあるが、基本的にみて大岡裁きという概念で評価しうるのかといった疑問はある。もっとも、なにを大岡裁きというのか、その概念自体も定かでないが、かりに巷間にみられる「子争い」を予定してのことであるのなら、選ばれた子供は事実の錯誤なのか法律の錯誤なのか。時間的には狸・狢事件が後行する。したがって、大岡裁きとして選ばれたのは後者なのか。そうではない。通常大岡裁きとは公正な人情味のある裁定の意味であり、子争いのことではないとしたにしても、公正な裁定とは、事実の錯誤なのか法律の錯誤なのか。それも判断に迷うことになる。こうした表現の利用が、実態の表現として必ずしも当を得たものともいいがたい。そんな感想を抱かされる。
誰の所説か不明としながら、余計な記述であったが、この評価が定着すると、これまでの論争の姿にさえ、変貌させかねないことにもなってくる。それを危惧している。他方、日高教授は厳格故意説に準拠されてのことであり、視点を異にされている。
（4）後出二以下参照。

二　そこで、ここで強調したいのは、狸・狢事件が問題視されたのは、単純にいって傍論の枠にこだわってのことであり、本筋に触れるものではなかった。その傍論の枠にとどまるものが、なぜ主流的な課題として論議されるのか。そのことの非を指摘しておきたかった点である。もっともこの点は、あらためて指摘するまでもなく、当該判決文を読めば自づからあきらかなところであり、主要点がどこにあったのかは一目瞭然に理解できたはずである。

にもかかわらず、結果として脇役が論争の主役を演ずるようになっている。だが、そのことに既往の学説は、なんらの違和感をも抱いていなかったのであろうか。そんな奇異な感じはもっている。

ただ、傍論（obiter dictum）といったいい方は、英米法との関連もあって、誤解されかねない表現なのかもしれない。ただ、そうはいうものの、傍論とは要は判決理由の核心（vatio decitenti）に触れるものではない、といった趣旨の意味であるに過ぎないのなら[5]、本判決をめぐる錯誤論の展開もまた、判決理由の核心に触れるものではなかった。やはり傍論であったとはいえるようである。もっともそれにしても、どうしてそういえるのかといった反論はでてこよう。つぎのような理由があってのことである。

大正一三年の一月二八日に狩猟免許を取得した被告人甲は、その一か月後の二月の二九日に、狩猟のため近くの山にはいり、そこで狸二頭を発見したので、所携の村田銃で射撃したものの目的を達せず、狸は岩窟内に逃避してしまった。ためにやむなくこの岩窟の入り口を石塊で防ぎ、狸が逃げないようにしてその日は帰宅した。なか二日たった三月三日に、ふたたび現地を訪れ、先の石塊を取り除くと同時に、猟犬をけしかけ自らも村田銃を発射して、右の狸二頭を咬殺させたというのが事案の概略である。

もっともその前に、この事案との関連でここでもまた、もう一言触れておかなければならないことがあった。本件事案発生当時の狩猟法施行規則二条二項によれば、前年の一二月一日から翌年の二月末日までであれば、狸の捕獲が許されるとされていた。ところで、狸二頭を岩窟に閉じ込めたのが二月末日、咬殺させたのが三月三日のことである。そこから、禁猟期間開始時の三月一日を間に挟んで、この前後四日間が微妙な問題を残すことになってきた。すなわち、三日であれば狩猟法による禁止期間中のこととなり、二九日までであれば同法の制約を受けることはない。いずれにせよその期間中、継続して二頭の狸は岩窟内に拘束されていた。この事実そのものにかわりはなかった。そしてこの点に関して、本件判旨の主張はつぎのようなものであった。少し長い感じもするが、そのまま引用することにする。

「被告人カ狩猟ノ目的ヲ以テ野生ノ狸ヲ発見シテ射撃シ之ヲ追跡シテ・・・狭隘ナル岩窟中ニ竄入石塊ヲ以テ其ノ入口ヲ閉塞シ逸走スルコト能ハサル施設ヲ為シタル以上ハ被告人ノ執リタル手段方法ハ狸ノ占有ニ必要ナル管理可能性ト排他性トヲ具備スルモノト謂フ可ク被告人ハ自然ノ岩窟ヲ利用シ狸ニ対シテ事実上ノ支配力ヲ獲得シ確実ニ之ヲ先占シタルモノニシテ此ノ事実ハ狩猟法ニ所謂捕獲ニ外ナラス(6)」とするのがこれである。

この判決文をどう読むのかは、個人差があるのかもしれないが、旧狩猟法にいう「捕獲」の意義に関する本件判旨には、きわめて明快なものがあったと私はそう思っている。というのは、当初存在した捕獲意思が禁猟期間開始以降にもおよぶとか、あるいは捕獲といいうるためには、ある程度の継続性が必要とされるとか、そうした余計な要件を設定することもなく、二月末日に岩窟内に拘束したその時点で「狩猟法ニ所謂捕獲」の開始があり、かつそのときをもって完了したとしているからである。

そうだとすれば、たとえその捕獲したあとの状態が、禁猟期間開始後である三月一日以降におよんだとしても、あるいはどれだけ拘束状態が継続されようとも、禁猟期間開始以前になされ、かつ完了した当該捕獲行為それ自体について、旧狩猟法所定の責を問われることは許されないことになってくる。だからこそ、「右捕獲ハ前段説明ノ如ク大正十三年二月二十九日ニ完了シタルモノナルヲ以テ狩猟法施行規則第二条第二項ニ定ムル狸ノ狩猟期間中ノ行為ニシテ毫モ違法ニアラス」としているわけである。きわめて明快な判決であった。

それだけではない。本件判旨は、事案との関係もあって、その目的語を狸にかぎっているが、その狸が学説上の大論争を惹き起した狢と同一物であるのかどうかとは一切無関係であるとし、またかりに同一物であるとしたにしても、所詮は狩猟禁止期間中の捕獲にあたるものではない以上、構成要件該当性を欠く意味では共通し、したがって無罪であるとした。ただそれだけのことに過ぎなかったと同時に、このことは強調しておきたいところである。捕獲の定義自体も正確になされ、その捕獲行為が被告人によってなされたことも否定してはいない。ただその捕獲とは、禁猟期間中になされることが構成要件的行為として意味があり、それ以外の問題ではありえない。したがって禁猟期間中であれば、事実狸か貉かの差は重大事となってくるにしても、当該期間外であれば、この区別にこだわる実益もない。たとえ狸と貉が同一物であったにしても、禁猟期間外の捕獲が罪に問われる理由はなにもないのは当然であり、また逆に狸と狢とは別物であるとしたにしても、旧狩猟法は別物である狢にまで対象とはしていなかった。あるいはかりに対象になるとしたにしても、禁猟期間内の捕獲には当らないのなら、そこで錯誤を論ずる実益は皆無のはずであった。所詮、捕獲とする構成要件的行為に該当しない以上、無罪判決がでるのは当然のことであった。

これが狸・狢事件に関する私なりの理解であり、独自の意見である。ただ、独自というのは、既存の所見に対して批判的であるというよりは、そのこと自身、本件判旨の趣旨を的確に把握し、一抹も反することのない完全な理解であると自認してのことである。だが、異論がでてきた(7)。

(5)　高柳賢一＝末延三次・英米法辞典（一九九〇年）三三一頁には、「判決する必要のない法律問題に関して述べた判事の意見にして、判例中において先例としてなんらの拘束力を持たない部分をさす」とされている。なお、Vgl. Duden, Das Fremdwörterbuch, Bd., 1990, S. 542.

(6)　大判大正一四年六月九日刑集四巻三七八頁。

(7)　内田文昭「『たぬき・むじな』事件と『もま・むっさび』事件について」研修四六五号三頁以下がこれである。判旨を的確に把握していないと、私見に対する批判には厳しいものがあった。関心をもたれないよりは、もたれた方が執筆した甲斐はある。そして、それへの回答の詳細は、後出二に譲ずるが、本件判旨にいう狩猟法所定の捕獲の意味を、どう把握するのか。その辺に批判をうける運命の分かれ目があったといえるようである。ただ私見として、判旨を的確に把握していないとは思っていない。勝算我にありといった自負は持っている。

こうしたいい方が良いのかどうかは若干迷うところではあるが、禁猟期間開始の三月一日をなかに挟んで、いうなれば「禁猟期間外の捕獲」と「禁猟期間内の捕獲」との区別を是認するかどうかに、ことは依存しているようである。そして、そう解するのなら、「3月3日の捕獲は、禁止された『捕獲』であり、それゆえにこそ『錯誤』の登場をまたなければならなかった事例』に当る」（内田・前掲論文五頁）といいうる余地はでてくる。ただそれも、連続した拘禁中の「禁猟期間内の捕獲」のみが対象になり、二九日の「禁猟期間外の捕獲」をまったく無視して初めて可能な立論である。三月三日の捕獲は、禁止された『捕獲』であり、だから錯誤論の登場が可能とされるのなら、二九日の捕獲はどうなるのといった疑問に答えておくのが先決ともなろう。だがそれへの回答はみられない。

少なくとも本件判旨は、この「拘禁期間外の捕獲」をも「狩猟法ニ所謂捕獲」に当ると判示しているからである。それに対し、禁猟期間の内外で捕獲の意味が変わるとされるのなら、内田批判もわからぬわけではない。しかし本件判旨は、そうした思考をまったく考慮にいれていない。四日間にわたる拘禁を纏めて捕獲と解しているだけである。「判旨を的確に把握した」（内田・前掲論文八頁）ものではないとする批判は、私見に対するそれではないようである。

二　批判に答えて

一　大方の所見が、ともに禁猟期間中の捕獲であるとする認識にたっての論議であった。それだけに、[1]私見のような異説の登場に対しては、批判が提示されるのもわからぬわけではない。ただそうした批判に対し、ここで最初にいいたいことは、判決文自身をもう一度熟読し直して欲しいという、ただそれだけのことである。狸の捕獲は、判決文自体からもあきらかなように、禁猟期間とは無関係なときになされた行為であった。別のいい方をすれば、捕獲したことに間違いはないにしても、それが狩猟禁止期間中の捕獲ではなかった。それだけのことである。

その意味で、狸・狢事件と鼯鼠・もま事件とは、比較すべき共通項に欠いている。いわば、比較それ自体がノンセンスであったといえるわけである。少なくとも、私見としてはそう理解している。こうした認識は、かつて公表したことがあったが[2]、本書においても変わらないし、また変える意思もない。ただ、比較すること自身が無意味であると指摘してから、もう多くの歳月が流れていった。でも、注目に値するほどの所見ではなかったらしい。無視されてしまったようである。無視自体を責めるわけにもいかないが、だからといって、無視したままで済まされる問題であるとは思えない。それだけに、内田教授の批判に同調する所見の登場により、さらなる批判の展開があればと期待したものの、格別の反応もなかった。四海波穏やかなものである。

こうしたいい方が、既往の諸先輩に対して礼を失することになるのかもしれないが、前提となる条件の差を無視して、なぜ旧態依然として昔ながらの論争に専心されるのか。狸・狢事件について、その理解をめぐって誤解のあったことを、なぜ素直に認めようとはされないのか。それとも、「一犬虚に吠ゆれば、万犬その実を伝う」の譬えのように、いつの間にか虚が真実の課題とされてきてしまったため、そこからの離脱をなしえなかったからなのか。それだけに、こうした風潮に対しては、私なりに抵抗の意思表示をしたわけでもある。

とはいうものの、反応は鈍かった。虚が真実の課題とされてきてしまったため、そこからの離脱をなしえなかったようである。それだけに、こうした風潮に対しては、私なりに抵抗の意思表示をしてみたものの、一旦できあがった既成の理解に反省を求めること、抵抗することの空しさを感じさせられただけであった。でも、孤高を持するに不安はなかつた。自説を変えるつもりは毛頭なかったからである。

その後、私見に対して批判的な所見に接することができた[3]。賛否のいかんにかかわらず、反応のあったことは歓迎すべきことである。そしてその批判の核心は、つぎのような点に求められていた。その趣旨は、左記に引用するとおりである。「事案と判旨を的確に把握したものとはいい難い」といった厳しい表現から始まって、先にも紹介しておいたように、「3月3日の捕獲は禁止された『捕獲』であり、それゆえにこそ『錯誤論の登場をまたなければならなか事例』にあたる」(4)とされ、錯誤の問題ではないとする私見に正面から対峙されている。

ただ、引用はしてみたものの、錯誤の問題ではないとした私見のどこに不備があるのか。その意図を理解するのには若干の困惑さも感じている。もっとも、困惑しているのは私一人だけではなかったが(5)、察するに基本的な発想として、前注（7）にも記載しておいたような、発想ないしは思考に準拠にしてのことなのかとも推測している。単純にいえば、四日間にわたる捕獲をまとめてのことなのか。逆に三月一日をなかはさんで、その前後を分割して考えるのか。その辺に岐路があったようである。

ともあれ「今一度辿ってみる」(6)として、二段階に分けて本件判旨のフォローをされているが、そのことと私見による分析との間に、格別非難されるような格差がみられるわけでもない。にもかかわらず、判旨を的確に理解していないといわれると、ことはもはや読解力に起因してのことなのかとも思われるし、あるいは、どうしてでも錯誤の分野に導入したい。そういった意欲の結果としての発言なのか。川端教授と同じく、私としてもその趣旨が不明な点については、もどかしさを感じている。

そこで既述のように、禁猟期間の内外にわたる捕獲といった構成を考え、その趣旨の発想によるものなのかと推測し、三月三日の岩窟内での咬殺による確保の方にこそ、その基本があるとされる趣旨なのかと、そのようにも解してみた。たしかに、三月三日の捕獲が「禁止された捕獲であり、だから錯誤の問題」であるとされる表現は、こうした理解を妨げる理由にはならないようである。

だがそれにしても、ここでもう一度判決文を読み直し、的確に把握していただきたいことがある。というのは、二月二九日に閉じ込めた時点で、狸に対する実力支配の設定は終わっている。したがって、その後の拘束がどれほど続こうとも、そのすべてが狩猟法にいう一個の捕獲であることにかわりはない。いわば二月二九日の段階で、すでに捕獲の開始があり、と同時に、その時点で捕獲行為は完了している。判決文の表現を借りれば「狸ノ占有ニ必要ナル管理可能性ト排他性トヲ具備シ・・・事実上ノ支配力ヲ獲得シ確実ニ之ヲ占有シタル」とされるのがこれである。そうだとすれば、捕獲行為の完了後の拘束、あるいはその状態がどれほど長く続こうとも、そのこと自身が問題視される理由はないのは当然である。そうではないのだろうか。

ともあれ、念を押す意味もあってもう一度、判決文に帰ることにしよう。三月三日に狸を「咬絞セシメタル所為ハ其ノ時ニ於テ狸ノ捕獲行為ヲ完了シタルモノニアラスシテ寧ロ適法ナル捕獲行為完了後ニ於ケル狸ノ処分行為ノ事実ニ係ルモノト断定スルヲ妥当ナリトス」と明言していることも看過しないで欲しい。だから、完了した時点での捕獲に無罪判決がでた以上、無罪とされた効果は一個の捕獲行為の全般におよぶと解するのが素直であり、またそう解する以外に方法もないはずである。ことはきわめて明白な論理で終わっている。

もっともかりに、狸が言葉を解することができたのなら、自分たちは二九日から三日までの四日間、ずっと拘束されていた。そのなかで、二九日だけを取りあげるのは不合理であり、一日以降も内田教授のいわれるように、「禁止された『捕獲』」として、錯誤論による処理をして欲しかった」というのかもしれない。それはわかる。でも、本件判旨は、三月一日をなかにして、その前後で捕獲行為を分割して考えているわけではない。捕獲行為を各別に区分して考える発想はもちあわせていなかった。同一客体に対する占有の設定は、設定した時点でそのすべてが終了している。あとあとまで引きずる性質のものではない。だから内田教授のいわれるように、一日以降を禁止された捕獲の意味と解る根拠は皆無であり、したがって錯誤論登場の契機は失われていたといえるわけである。(7)

（1）　私見以外の所説は皆そうであり、その意味で私見は極端なほどの少数説である。正確にいえば、私一人きりであるといえるのかもしれない。ニーチェではないが、まさしくEinsamkeit, du meine Heimat, Einsamkeit の心境下にあるといえる。ただそうはいうものの、最近はたとえば川端・正当化事情の錯誤四三頁以下のように、好意的なみかたも散見される。

（2）　香川「たぬき・むじな事件」法学教室（第二期　一八八頁以下。なお、本稿は、香川・刑法解釈学の基本問題（一九八二年）七五頁以下に再録してある。

（3）　内田・前掲論文三頁以下。

（4）　内田・前掲論文八頁。

（5）　川端・正当化事情の錯誤四三頁参照。

（6）　内田・前掲論文五頁。

（7）　それもあってか、狸・狢事件についても「やはり狩猟期間中」のこととして、それが鼯鼠・もま事件と同様の前提条件であることを問題とされ、それがまた学会での大勢となっているとされながらも（佐久間　修・大コンメンタール刑法第二巻（一九八九年）二五頁）、著者自身は、必ずしも同一条件下の問題ではないことは自覚されている。一般的な傾向として、そうであるとしているだけである。多少、風向きが変わってきたかなとも思われる。なお、川端・正当化事情の錯誤四三頁も、錯誤論争に素材を提供した意味では、私見を買うとして、条件つきで賛成されているだけであり、全面的に過去からの離脱に積極的であるわけではない。

二　ところで問題の鼯鼠・もま事件とは、本件より少し早い大正一三年四月にだされた大審院判決であった。「判示弁疎ノ如ク鼯鼠ト『もま』トハ同一ノ物ナルニ拘ラス単ニ其ノ同一ナルコトヲ知ラス『もま』ハ之ヲ捕獲スルモ罪ニナラストシテ捕獲シタルニ過キサル場合ニ於テハ法律ヲ以テ捕獲ヲ禁シタル鼯鼠即チ『もま』ヲ『もま』トシリテ捕獲シタルモノニシテ犯罪構成ニ必要ナル事実ノ認識ニ何等ノ欠缺アルコトナク唯其行為ノ違法ナルコトヲ知ラサルニ止ルモノナルカ故ニ右弁疎ハ畢竟同条第三項ニ法律ノ不知ヲ主張スルモノニ外ナラサレハ…結局法律ヲ知ラサルコトニ帰スルヲ以テ罪ヲ犯スノ意ナシト為スヲ得サル・・・」としている。

両者ともに狩猟法を対象とし、そこでの捕獲行為に関連しての案件であった。加えて、当該捕獲行為の対象となる獣は、同法上それぞれ鼯鼠・狸と法定されているが、方言としては、もま・狢といった呼称も通例であった。それだけに、法規上の表現と通称との差から生じた思い違いをめぐって、その帰結を異にする両判決が登場することになったし、またそのように両判決の存在は理解されている。それだけに、そのことの是非をめぐり、錯誤の問題として学説間に論争を惹き起することになったのは事実である。

たしかに結論だけをみれば、事実の錯誤で故意阻却とする狸・狢事件と法律の不知は許さずの原則どおり、故意を認めた鼯鼠・もま事件との間には、狩猟法所定の捕獲との関連で、相互に相反するものがあったといえるのかもしれない。それだけに、それぞれの判旨に好意的な所見の対立が顕著なのもわかぬわけではない。加えて、法規上の表現と方言とのギャップに配慮し、そこから法律の不知に結びつけて鼯鼠・もま事件に軍配をあげ、既往の論争に終止符を打とうとする所見もみられた。

これがこれまでの経過の概略である。だがそれに対し、私見として賛意を表しているわけではない。前項で少し触れておいたように、狸・狢事件とは、既往の学説が理解しているように、錯誤に関する判示なのではないと解しているからである。もっとも本判決が、錯誤の問題をまったくとりあげていなかったのかといわれれば、そうともいえない。禁猟期間内の捕獲であると「仮定スルモ・・・」として、一歩さがって補充的に錯誤を対象としているのは事実だからである。だがそれが、決してそこでの主題として意識されているわけではなかった。だからこそ、傍論に過ぎないのではないのかとしているわけである。

ただ、法規上の表現と方言との差については、「単ニ狸ナル名称ヲ掲ケテ其ノ内ニ当然狢ヲ包含セシメ我国古来ノ習俗上ノ観念ニ従ヒ狢ヲ以テ狸ト別物ナリト思惟シ之ヲ捕獲シタル者ニ対シ刑罰ノ制裁ヲ以テ之ヲ臨ムカ如キハ決シテ其ノ当ヲ得タルモノト謂フヲ得ス」とし、法規と方言との格差に触れると同時に、それが大きな役割を果たしている旨を付記しているが、この辺に両判決が袂をわかつきっかけが認められる。

法規上の表現と方言との調整、そのいずれが正解であるかについて答える能力は私にはない。ただ、狸・狢事件の理解が正しいとするのなら事実の錯誤となるであろうし、逆に鼯鼠・もま事件の理解に忠実であるのなら、法律の不知で処理されることになるであろう。厳しい論争があったのは事実としても、問題発祥の原因はそれだけのことであるに過ぎなかった。しかも前者は、「仮二」といった前提で問題の提起がなされているだけのことであって、それが判決内容の核心を形成していたわけでもなかった。私のいう傍論の枠をでるものではなかった。加えて、事実の錯誤があれば故意が阻却されるとは、通常認められているところであり、したがって、狸と狢とは別物とするのが「古来竝存シ我国ノ習俗亦此ノ二者ヲ区別シ毫モ怪マサル所」であるのなら、この判文自体に容喙する余地もなくなってくる。

先にも少しく触れておいたように、本判決の核心は捕獲行為の有無に求められ、しかもその捕獲が禁止されるのは、当然のことながら禁猟期間中のそれにかぎられる。したがって、逆に禁猟期間外であれば、その客体が狸であろうと狢であろうと、あるいは狸と狢とを誤解したばあいであろうと、およそ当該捕獲行為自体は狩猟法所定の構成要件該当性を欠き、無罪とされて当然のことであった。

このように、無罪とする帰結に変動がないのなら、それとは別途に、かりに錯誤の問題であったとしたにしても、その錯誤論への移行が、当然ように法律の不知に結びつく必然性は皆無である。構成要件的行為に欠け、したがって無罪となしえた事案を、もう一度法律の不知を理由に有罪となしうる余地はないはずだからである。逆に、それでもなお、なしうるとするのなら、先に述べた乗車券事件と同じことになるが、それを知っての法律の不知であったのだろうか。鼎の軽重を問われかねないことにもなってこよう。法規と方言の調整をめぐり、その認識に格段の差のある事実を看過しえない。そしてさらに、法律の不知に結びつける理由もなく、所詮比較されることそれ自身に問題があった(8)。

(8) なお、論稿としては余分な指摘なのかも知れないが、本判決文によれば、狸捕獲の当日は大正一三年二月二九日となっている。他方、狩猟の許される最終日は二月末日。したがって、被告人の行為は許容期間内のそれであったに過ぎないが、二月二九日は、この年が閏年であったことからでてくる数値であって、平年であれば三月の一日であり禁猟期間開始のその最初の日に当たることになる。この時点で捕獲の有無を争う余地はない。焦点は、方言との乖離にどう対応するかだけに集約される。それだけに、その対応は気にもなってくる。

第四節　結びへの展望

一　法律と行為者

一　法律それ自体は客観的な存在として、統一ある解釈のなされることを期待する。統一性を欠いた法律の解釈・運用は、公平の理念にも反するからである。ただ、そうはいうものの他面で、公平性の維持による画一的な処遇が、具体的・個別的な事案との関連で、その救済としての妥当性に欠けることはない、といった保証があるわけでもない。行為者個人に対する配慮も必要となってくる。法律と行為者、この両者の調整をどう処理すべきかは、法律を専攻する者に与えられた宿命であるともいえる。もっとも、どのようにしてその間の調整の機能を果すことができるのかは、それほど容易にでてくる帰結ではない。

かつては、暴れ馬事件を契機として、期待可能性の理論の登場をもたらした。刑法理論におけるヒューマニズムの台頭として歓迎された(1)。ただ、この理論が責任の阻却事由として現実化するについては、なお一九世紀にまで待たなければならなかった。他方、錯誤による責任の不阻却は、古くローマ法に起因する。事実の錯誤は故意を阻却するが、法の不知は許されないとされてきた。多少の制約はあったにしても、法諺としてこの両者は今日に生いている。その意味では、法律の不知は許さずの生命は長い。だがそうはいうものの、まがりなりにも、行為者のもつ個別的な事情への配慮はなされてきた。好んで間違えたわけではないともなれば、その画一的な処理が公平といえるのかは、やはり問題視される余地があったからである。

ただ、わが国での判例理論の大勢は、そうした配慮を事実の錯誤のみに限定し、こと法律の錯誤については、法律の不知は許さずとする鉄則を固執し続けてきた。ローマ法以降の法諺に抵抗する意思はなかったようである。もとより、例外がなかったとはいわないが、大方の流れとしてこの傾向に変わりはなかった。しかし、法律の不知は許さずといった法諺のもとに、そこからつねに単一の処置を求める。そのこと自体が妥当なのかどうか。そういった発想もあって原初に帰り、そこでの法律の不知を無視・無関心と無知にわけてみた。単一の処理に対する反省を求めよう、そういった意図あるいは思考があってのことである。判例理論所説のように、その間の区別をすることなしに処理していくか。逆に、各個の事例による区別との関連を考慮にいれ、法律の不知は許さずに、修正・変更を求めていくか。その選択の契機となるのが、乗車券事件であり録音事件であった。

もっともこの二件は、現実に事件として係属していたわけではない。まったくの想像上の範囲内にあるだけのことである。ただそれにしても、短期滞在者であるため、その意味ではまったく乗車手続きの知識のないAから反則金の徴収がなされ、あるいはBが二〇一条の適用を免れないことの論拠はなんなのか。それを検討し反省する余地は、充分にあるように思われる。

たとえば、その処分が不当であるとして訴訟に持ち込むにことも考えられる。だが、短期旅行者にそのための時間的な余裕があるとも考えられない。録音事件であれば、国外逃亡の恐れありとして勾留でもされないかぎり、滞在期間を延長するのも無理である。それだけに、事例としての適切さに欠けると批判されそうである。だがそれはそれとして、ともに自己の行為が違法であることすら知らなかったこの二件については、私のいう無知といえる余地はあり、それを法律の不知で一活して処理しうるものなのかの問題は残されている。

画一的な判例理論に批判的であるのなら、そしてそのために、この法諺を無知と無視・無関心とにわけるのなら、ここでのこの二事件は、ともに無知であるため、判例理論の軍門にくだるほかないものなのか。それが、主要な課題となってくる。とはいうもののこの二件は、わが国との関連で想定された事例なのではない。それだけに、まずはとりあえず本籍地に帰えって、そこでの検討がなされることが不可避となってくる。先にも触れたように、ドイツ刑法一七条との関連がこれである。

（1）　わが国で、その間の経過の詳細に触れた論稿に、佐伯千仭・刑法における期待可能性の思想　上巻（一九四八年）下巻（一九四八年）がある。それが刑法におけるヒューマニズムの導入として、高く評価されているのは事実であるが、その基準となる可能性の有無とその判断をめぐっては論議のわかれるところであった。救いを一七条に求めたにしても、それなりの論争は予定しておかなければならないのかもしれない。

二　一七条とは、行為者が自己の行為の違法性についてその意識を欠いたばあいに、その欠いたことが避けえなかったのであれば、責任は阻却されるとする趣旨の規定である。ということは、避けえたか避けえなかったかにその命運は委ねられ、避けえなかったのであれば法律の不知があっても許されるということである。そうだとすれば、避けえたか避けえなかったか。そのことに主導権が委ねられることにもなってくる。

主導権行使の一因として、eindeutig であることが要求される。このことは既述した。(2) 行為者の不知を責めるのなら、攻める側にも自らの襟を正すべきである。そういった発想があっての eindeutig であったのかもしれない。それだけではなかった。それに加えて、Anspannung seines Gewissens であることが、さらなる要件とされている。(3) そのこと自体否定しえないところであるが、それにしても、ここで直ち浮上してくるのか、つぎのような二個の疑問点である。そのひとつは、なぜこれが基準として対象になりうるのかであり、二番目にどう訳するのが適訳なのかがこれである。適訳といえるためには、その訳が実態にあわなければなるまい。そうだとすれば、その内容をも含めて適切な表現をどう表示すればよいのか。そういった課題が意識されてくるからである。

一七条は、避けえなかったとするだけであって、それ以上の要件を法定しているわけではない。ただ、そこに法定されている、避けえたか避けえなかったかの判断基準として、Anspannung seines Gewissens があり、それがあげられているだけに過ぎない。(4) それにしても、そこに主導権が委ねられているのなら、それなりの解明の必要さは意識せざるをえなくなってくる。それへの回答は求めたいところであった。

もっとも、一七条の要件として話題になる以前から、この要件すなわち Gewissenansapanne――まだ、私自身の訳は決めかねているが――という表現は、先にあげた五二年決定に由来していた。(4) そして、そこにいうこの表現は、(5) さらに Gewissensanspannung とも呼ばれて普及し、わが国でも「良心の緊張」(6) といった訳がなされている。それもひとつの訳し方であり、正面から拒否するつもりもない。だが、良心の緊張とする訳そのものが法の解釈に影響し、さらには特定の効果をもたらす機能をもつだけに、訳語として適切なのかとも思われ、釈然としないものを感じている。もっともこの決定自身、行為者自身の認識能力とその道徳的な価値の認識とを考慮するとしているところからみると、[7]そこにこうした要件あるいは配慮が要求されるのは当然のことともいえ、それだけに、私の理解の不充分さが指摘されることになるのかもしれない。反省の必要は感じている。だがどうしても、「良心」の登場が気になっている。良心すなわち善悪の判断といった道徳的機能の登場を待たなければ、法律の不知は許されないものなのだろうか。そういった疑念を抱いているからである。そこで、私なりに合理的な訳ができないものかといった思いもあって、つぎのように、かつて記述したことがある。

　私たちは、つねに良心を緊張させながら法に対応する。それが順法精神である。あるいはそれが、あるべき姿であるとされるのかもしれない。だが、ここで話題となっているのは、そうしたsollenの世界での問題なのだろうか。必要なのは、できたかできなかったのか、避けえたか避けえなかったのか。法文上は、まさしくそのように表現されているのなら、それはkönnenの次元での問題であるにとどまるともいえ、したがってそこに、sollenあるいはそれを予測させるような、良心といった表現を持ち込むことには戸惑いをも感じる。ほかの訳し方はないものなのか。

それもあって、かつて提示した批判とは、左記のようなものであった。

　Mit alle Kräfte ansapann といった用語例が、「全力を尽くす」とか「懸命に」といった熟語であることを思いだし、そういった形で行為者に期待されるGewissenとは、むしろ「あることへの関知」を予定しての表現のように理解してみた。その意味では、行為者の対応の仕方あるいはその態様が、避けえたかどうかを左右する。そのように意訳しておいた方が無難なのかもしれない。

これが旧稿に記載した私見であった。そこでいま、本書に転載するに当り、気にもなるのでもう一度調べてみた。こんな解説がみられた。「行為者にとって、自己の計画（目論見）やその能力についての配慮が、きっかけになっているのでなければならない」[8]とするのがこれである。そればかりではない。そこには配慮の必要さは要求されていても、倫理的な要素が予定されているわけではなかった。そればかりではない。「法の不知が避けえなかったのであれば、行為者に対する非難はなしえないのは、行為者は、自己の行為の不法を見通し（einsehen）しうる状態にはなかったから」[9]といったい方もなされている。いわば、予測の可能性が重視されることはあっても、そこに良心が介入しうる余地はなかった。そのように解すると、私が感じていた一抹の不安、すなわち乗車券事件・録音事件についても、一七条適用の可否についての答えもでてくる。私流の理解が、必ずしも破天荒な理解であるともいえなそうである。

もとより、そのことがラテン語の conscientia に由来していることも知っている。[10]したがってそこに、良心といった意味のある事実を否定する訳にもいかないが、同時にその内容が、「行為者の当該事案に対する事情および生活圏や職業等に依存する」[11]というのなら、それぞれの行為者が、それぞれの場において、どれだけ懸命に知ろうとしていたか。いわば関知の仕方そのものが有意義となってくるともいえよう。

ただ先例にみられた基準を、私なりに理解し整理してはみたものの、学説の反応は予想外に厳しく、批判続出の状態であった。[12]私見としては、法律の不知についての判例理論に反し、その緩和化の方向を意図しているが、ともあれ私なりの既述のような基準によるのなら、ここでの二事件すなわち乗車券事件・録音事件における主体、すなわちAおよびBについても、その行為事情や生活の現状等から、ことの当否を判断していく以外に方法はなくなってくるのかもしれない。もっとも、この二人についてはまったく無知の類型に属するとしてきたが、そうした無知をこの一七条を予定してのことなのかとなると問題もでてきそうであるが、それが必ずしも不可能でないことは既述した。

わが国の先例にもみられるように、およそ国民であれば知っているべきだとする sollen からいえば、その責めを問うことも可能になってこよう。でも、ここでは sollen が有意義なのではなく、können が対象であるのなら、当事者であるＡやＢに、そういった形での法への関与を期待しえたか否かに核心があることにもなってくる。そのかぎり、消極的にならざるをえまい。やはり法律の不知は故意を阻却するといえるようである。

（2）　前出四七頁参照。

（3）　こうした思考自体は一九六二年草案に登場しているが、Anspannung という表現は一九五二年三月一八日の連邦裁判所決定に起因してのことである。そしてその間の事情については、一原亜紀子「違法性の錯誤と負担の分担（1）」関西大学法学論集五三巻六号一一七頁以下参照。なお、五二年以前の判例の変遷と学説の詳細については、福田・違法性の錯誤（一九六〇年）があり、同著後半の「アメリカ判例法およびフランス法における法の錯誤」二六六頁以下参照。

（4）　一原・前掲論文一二〇頁以下参照。

（5）　Hans-Heinrich Jescheck = Thomas Weigend, Lehrbuch des Strafrechts, 5. Aufl., 1995, S. 457.

（6）　一原・前掲論文一二一頁参照。といって、この訳出に疑問を示しているわけではない。それを区別の基準とすることに危惧を抱いているだけのことである。一原・前掲論文一二一頁も、その点に疑問を抱かれている。

（7）　Vgl. Tröndle = Fisher, Strafgesetzbuch, §17, Rdnr., Aa).

（8）　Schönke = Schröder, Kommentar, §17, Rdnr., 17.

（9）　Jescheck = Weigend, a.a.O., S. 457.

（10）　Vgl. Duden, Der Herkunftswörteruch, Bd., 7, S. 241.

（11）　Schönke = Schröder, Kommentar, §17, Rdnr., 17.

（12）　その論争の経過についても、一原・前掲論文一二〇頁以下が詳細である。

二　思い違いの行方へ

一　これまでに錯誤とされている、いくつかの事例を対象に検討してきたが、そこから自づからなる方向性を見出しえたとはいえるようである。換言すれば、ともに法律の不知として一括されるにしても、そしてともに無知として類型化されるにしても、それがつねに錯誤の分野での処理に委ねられるわけのものではない。そこには既に二個の極が認められたということであった。というのは、同じ無知からの登場ではあっても、その一方が法の解釈そのもの次元に移行するのに対し、他方ではなお、法律の錯誤に残留しているといえる事例の存在がこれである。狸・狢事件は前者に属し、架空の事例と自認する乗車券・録音の二事件については後者に属する。

そして前者であれば、錯誤論にその救済を求める必要はなく、構成要件の段階での解釈で処理しえた。それに対して後者にあっては、純然たる法律の錯誤の問題である。そしてそうであるといえるのなら、先にも紹介しておいたように、他国民といえども、その例外とはなりえないとされ、さらには免責事由に当らないとされる。そのようにいわれかねないことにもなってくる(1)。法諺どおりの効果は避けられない。その意味では、たとえば法の誤解までは厳格故意説によって、その救済が可能であるとしたにしても、外国人による乗車券事件は、それによって救われるわけではない。違法性の意識あるいはその可能性にまで譲歩したにしても、法律の不知とその誤解とを等記号で結ぶわけにはいかないからである。ただだからといって、単純に法律の不知は許さずとして済まされるものではない。一七条のような救済も予定されている。その適用が可能ということになれば、責任あるいは故意の阻却が認められるからである。ともに阻却事由として共通しながらも、それへの道程は必ずしも同一ではなかった。

この両極端の間に介在するのが、物品税法違反事件・有毒飲食物等取締令違反事件・勅令四〇五号違反事件の三者であった。もっともそのように、その中間に位置するとしてはみたものの、残されたこの三個の事件の間に共通するものがあるわけではない。私のいう無関心あるいは無視の類型もあれば無知の事例もある。したがって、どう対応しどう処置していくかの課題は残されている。それらがすべて法律の不知であると一律に処理しうるのなら、格別に論議を展開する必要はない。それで、ことは終わるはずだからである。そうだとすれば、物品税法違反事件を筆頭に、これまでに掲記してきた各種の事件には、どんな意味があってのことなのか。そのような非難を誘致しかねない。でも、理由なしにあげていたわけではなかった。個々に理由があってのことである。

他の極に属する狸・狢事件の詳細については先にも述べた。そしてこの事件のばあい、所詮、客体が狸か狢かの認識の差に意味があるのではなく、禁猟期間中に拘束されたか否かの事案であった。そこから禁猟期間外であるのなら、その客体が狸であろうと狢であろうと、あるいはそれ以外であろうと、およそ法令の適用を受けなければならない事案なのではない。ということは、客体についての認識とその錯誤が問題視されなければならない事案なのではなく、まさしく禁猟期間中の捕獲といえるのかどうかに焦点があっての事案であった。換言すれば、錯誤で処理する以前に、構成要件的行為の段階で済む問題であった。そこから構成要件次元での処理が可能であるのなら、錯誤まで戻る必要はなかった。どの次元での課題であるのかを、まずはとりあえず明確に意識しておくべき課題であった。(2)

(1)　前出二頁参照。

(2)　別の機会に述べることがあるのかもしれないが、遺棄事件に関し、行為者が親であればその不作為すなわち置き去りは、二一八条による処罰を避けられない。だが親でなければ、場所的移転のみが処罰の対象とされるにとどまる。これが通説的見解である。そこでわが子と思って置き去りにしたら、実はわが子ではなかったという設例は、錯誤論による解決が可能であるのかといった問題もでてこよう。その詳細については、第二章後出二三四頁以下で取り扱う予定である。

二　それに対し、そうした振るい分けを経て錯誤の登場が許されるのなら、乗車券事件・録音事件は無条件に錯誤の問題となり、狸・狢事件の対極としてその最右翼に位置しているといえる。そしてそのように、法律の解釈と法律の不知といった両極端の存在を前提にするのなら、その両者の間に介在するのが物品税法違反事件であり、有毒飲食物取締令違反事件でありまた勅令四〇五号違反事件であった。基本的には錯誤の枠内で処理され、構成要件の解釈で処理しえたはずといえる類型ではなかった。ただそうはいうものの、法律の錯誤の一辺倒で妨げないものなのか。もう少し綿密な思考があってもよかったのではといった反省はある。個別的な検討はしておきたい。

ただ両極端の中間に介在するとはいえ、例示した三個の事例間には、既述のように必ずしも共通する要素があるわけでもない。私見としても、とくに物品税法違反事件については、それを無関心・無視の類型に所属させている。それだけに、避けようとする懸命な努力といった基準による救済を求めがたい事例でもある。原則どおり二審判決が、故意を阻却しないと変更したことも肯けないわけではない。

折角、救援の手を他国の法条一七条に求め、それと類似の思考を予定してみたが、それは無駄な努力に終わったようである。四面楚歌の悲哀を感ずるなかで、他に救いの道はなかったのか。そんな思いも抱かされる。唯一の考えられるのは、物品税法違反の事例は、製造ではなくて無申告製造そのものが有意義なのではなかったのか。そしてそう考えると、結果として狸・狢事件に近接し、あるいは構成要件段階での救済がなされる余地がでてくるのかもしれない。残るのは有毒飲食物等取締令違反事件と勅令四〇五号違反事件との二者がこれである。

ドイツ刑法一七条所定のように、法の不知があっても、なお故意の阻却を認めうるとする要因のひとつに、法規上の文言の eindeutig であることが要求されている。eindeutig すなわち「あきらか」であれば、誤解を生ずることもない。不明確だからこそ誤解も生じる。したがって、不明確のため生じた誤解については、それが避けえたはずとして、誤解した側を非難する理由もなくなってくる。そうだとすれば、こうした思考は一七条の解釈のみにとどまらず、法律の錯誤一般の処遇についても考慮に値する基準であったといえる。

となると、ここで当然のことながら有毒飲食物等取締令違反事件、通称メタノール事件が登場してくる。法定のメタノールと巷間にいうメチルアルコールとの同一性をめぐっての争いであった。戦後のカストリ時代に生きた私たちにとって、この両者が同一物であり有毒であり、失明の危険のあることは知悉していた。したがって、同一物とは知らなかったとする抗弁をたてにくい世代である。でも、知らなかったとされる発言もある。(3) もともと錯誤とは、個人的な枠内での問題であるのなら、この間の差に目くじら立てる必要はないのかも知れないが、メタノールとメチルアルコーとが同一物とする世代も、カルチノールとメタノールとはと聞かれると、即答しにくくなってくる。実は同一物であることに変わりはないが、迷わされることもまた事実である。その意味では、eindeutig であることが、避けえたか避けえなかったかのメルクマールであるのなら、可及的に論議を避けるためにも、法規の明確化そのものに依存し期待するほかなくなってくるようである。

最後に残ったのが勅令四〇五号違反事件である。農商務省令一号は、対象となる暴利禁止の商品を明記していた。eindeutig の要件に欠けることはなかった。となると、eindeutig を理由に、避けえなかったとして救済される余地はなくなってくる。先例が故意を阻却せずとしたのも、そのためかとも考えられないわけではない。救いようがないようである。ただ、Anspannung がそれへの救いの手を差しのべてくれた。当該事情や生活圏をも考慮にいれるとされているからである。震災当時の事情下で、(4) 農商務省令まで知りえたと期待しえたであろうか。判旨とは逆に、やはり消極的に解さざるをえなくなってくる。

（3）前出三二頁注（12）参照。
（4）前出一八頁以下参照。

第二章　事実の錯誤と故意の個数

第一節　原則と例外

一　原則と例外

一　事実の錯誤は故意を阻却するが、法律の錯誤は許されない。これがローマ法伝来の確立された原理であるとされて今日におよんでいる。とはいうものの、そのこと自体に疑義もある。どのような疑義なのかについては、既にその一部については公表してきた。ただ、そこでの主題は後者に関連することはあっても、前者についてのそれではなかった(1)。そこから、残る前者の処理が問題視されてくる。ただその点をめぐる、これまでの大方の所見は、事実の錯誤そのものを抽象的と具体的、さらには重なり合いといった区分にわけ、加えて客体・方法・因果関係の錯誤等々の類型化をおこないながら、またそれぞれとの関連で、その例外となりうるために必要な論拠を求めての展開がなされ、さらには複雑な論議の争いさえも反復展開されてきている。それがこれまでの現状であると同時に、その経過でもありまた定番でもあった(2)。それだけに、既往の学説による多岐な対立がもたらされ、そのいずれに準拠するかによって、自づからその結論にも差がでてくることを避けられなかった(3)。そうした華麗な既存の論争が存在してきている。そのこと自体、既成事実としてを否定するつもりもないが、他方でなんのために、そういった類型化と複雑な学説の対立がなされなければならなかったのか。そういった疑惑も抱かされる。

もっとも考えようによっては、それへの回答は極めて単純であったのかもしれない。こうしたいい方が、適切であるのかどうかの評価は別にして、いずれにせよ事実の錯誤のもたらす故意あるいは責任の阻却といった基本線に、なんらかの修正を求めてのことであったとはいえるからである。もとよりこうしたいい方が、大方の批判を免れないのかもしれないが、それなら逆に、決してそのための立論ではなかったと断言しうるのかとは、改めて聞いておきたいところともなってくる。ただ、前提となるローマ法以降の法諺によれば、事実の錯誤は故意を阻却するとされてきた。しかもそれが、伝統的な思考であるとされ、またそうであるともいわれてきた。そうだとすれば、そのこととその例外を是認することの間に、なんらの違和感をも覚えなかったのであろうか。

法の不知は許さずとする法諺に、ドイツ刑法一七条所定のような例外事由があるように、事実の錯誤についても、その阻却を認めないといった例外事由がありうる余地はでてこよう。そう考えれば、ことは結果的に肯定的に解さざるをえなくなってくる。ただそうはいうものの、ローマ法伝来の法諺とは、それほど軟弱な存在であったのか。そういった反省もないわけではない。いずれにせよ、例外的な課題であるのなら自制的な理解が要請され、可及的に広く解されるいき方に対しては自重する必要がでてこよう。さもないかぎり、例外の原則化といった現象をもたらしかねないし、それは決して好ましいことではないからである。

（1）　香川「法律の不知と判例理論」学習院大学法学会雑誌五一巻二号一頁以下がこれであり、本稿は、本書の一頁以下に、この旧稿に全面的な補筆訂正を加えたうえで掲載しておいた。

（2）　確定的な論拠とするつもりもないが、八〇余年前のリスト＝シュミットの教科書にも、すでに方法の錯誤（aberratio icutus）

と客体の錯誤（error in objecto）といった区別はなされていたし、そこで示された例もまた、その多くは人身犯があげられていた。そして、それがまた通例であったし（Vgl. Franz von Liszt = Eberhard Schmidt, Lehrbuch des deutschen Strafrechts, 26. Aufl. 1932, S. 269）、いまでも変わらないといえるようである。ただ私見としては、錯誤を論ずるうえで、こうした区別にこだわることが、あまり有意義なものとも思っていない。往年の諸碩学に抵抗するようで申し訳ないが、これまでの錯誤をめぐる論争が、それほど実益のあるものともいい難いようにも思われるからである。

別の視角からする構成が許されえないものなのか。そういった反省が、本書起草の動機ともなっている。ただ、どこまで辿りつきうるのかは未定であり、格別高邁な見通しがあってのことではない。一段一段と歩を進めていく以外に方法はないのかもしれない。

本章の話題である故意の個数も、故意は一個とすることによって、具体的事実の錯誤をめぐる論争の縮小化、それを可能となしうるのではないのか。加えて故意の個数は、従前の方法の錯誤にかぎって話題にされているが、錯誤は方法の錯誤のみが対象になるものでもない。客体の錯誤についても、故意の個数が話題にならないといった保証もない。それのみではない。錯誤とは、特定の犯罪類型についてのみ特有の問題なのでもなく、それぞれの犯罪構成要件の予定する故意に対応して生ずる課題である。と同時にまた、その単複が考えられなければならないはずである。

さらに、法制を異にする英米法にあっても、思い違い・間違い自体はありうるはずである。そして事実、事実の錯誤と法律の錯誤といった区別は認められている。たとえば、Ignorance of the law, the defense of mistake of fact といった表現がこれである（cf. Peter Gillies, Criminal Law, 3. ed., 1993, pp. 283, 294. 執筆者については、わが国での馴染みは薄いが、前章七頁でも触れたように、同書執筆当時、オーストラリアのマッコーリー大学（Macquarie University）の准教授である）。そうだとすれば、それぞれに例外をどんな形でその処遇を認めるのか。それを考える必要もでてこよう。後出八七頁以下参照。

(3)　既存の類型化を基礎に問題の解明に当ったものに、荘子邦雄「法定的符合説」日本刑法学会編集・刑法講座　3巻（一九七〇年）一〇七頁以下があり、また日独における論争の経過については、佐久間　修・刑法における事実の錯誤（一九八七年）を参照されたい。なお、柏木千秋「法定的符合説と罪数」平場安治＝平野龍一＝高田卓爾＝福田　平＝大塚　仁＝香川＝内藤　謙＝松尾浩也編・團藤重光博士古稀祝賀論文集　第二巻（一九八四年）には、ここでの関心事である過去へ詳細な回顧がなされている。それもあって、以下に引用する機会が多い。そこで、柏木「罪数」團藤古稀と省略して引用することにする。

二　ともあれ、例外として故意の存在を是認するというのなら、そのための承認・不承認の区分の基準とはなんなのか。どのような前提要件を満たせば例外となりうるのか。それが考えられなければならないことになってくる。そして、その帰趨を決める要件のひとつに、故意の個数をめぐる対立が考えられる。この点については、かつて触れたことがある。(4)一故意犯説にこだわってのことであった。この所見、いまでも変えるつもりはない。およそ故意とは、構成要件に該当する事実の認識をいうとするのであれば、そこで予定される故意とは、当該構成要件ごとに一個しかありえないはずだからである。もっとも故意の内容として、複数の事実を認識することはありうるにしても、それとても種概念としての差であるにとどまり、類概念としての故意に、その単複が認められるわけではない。

ただかつて、つぎのような所見に接したことがあった。二四〇条に関する方法の錯誤の判示として著名な、昭和五三年の最高裁判決がこれであり、同判決をめぐっては、そのことの当否についての論争が避けられなかった。そのこと自体、本書での主要な課題でもあり、その詳細は後述するが、(5)いずれにせよ同判決が、二個の強盗殺人罪が成立するとしたことの根拠は、同罪が結合犯だからとする点にあった。だがそれが、講学上の“zusammengesetzes Delikt”を認識したうえでの判示であったのかどうか。単に結びつきうるあるいは結びついている。ただそれをいいたかっただけのことに過ぎなかったのか。換言すれば、結合犯とはなにか。結合犯とすることによって生ずる効果等々について、それなりの理解があっての判示であったのか。正直にいって、そういった素朴な印象を避けられなかった。(6)ただかりに、結合犯だからとする前提を認めたにしても、そこから昭和五三年判決それ自身をどう評価するのかは、見解のわかれるところである。そうしたなかで、内田教授のつぎのような発言に興味を抱かされる。

結合犯だからという前提で、判示のような結果がでてくるのは「甲に対する『強盗』の故意と『殺人』の故意という、いわば『二個の故意』を、乙に対する関係で『法定的に符合』させ、かつ、それぞれを『符合』させたものといわざるをえない」(7)とされるのがこれである。そして、この批判によるかぎり、本判決は強盗殺人罪という一個の罪のなかには、強盗の故意と殺人の故意といった二個の故意の存在を予定している。またそのように解さないかぎり、それはでてこない帰結であるといえる。換言すれば、この昭和五三年判決は自らの判旨をとおして、数故意犯説を是認しているともいえ、また是認しないかぎり、そうはいえないということになってくる。だからこそ、数故意犯説の論者は本判決にこだわるのかもしれない。ただ私は、別の意味で本判決にはこだわりたいことがある。内田教授が解説されているように、それが数故意犯説に結びつきかねないのなら、それは持論である、すなわち一個の構成要件に故意はつねに一個、といった鉄則が崩れかねないことにもなってくる。それだけに、昭和五三年判決とその行を共にする意思はない。

やはり内田教授によって指摘された点を考慮にいれ、一個の構成要件には一個の故意といった基本線は維持していきたい。もっともそういえば、いやそれは違う。ここでは類概念としての故意の単複を問題視しているだけであると、さらなる反論が提示されることになるのかもしれない。そうだとすれば、反省する必要もでてこよう。ただそれにしても、およそ故意の単複論とは、故意一般についての課題であり、個別的な構成要件との関連で考慮されるべき論点なのではない、とそのようにいわれるのか。そうだとすれば、単複論といった論争の焦点がどこにあるのか。それが、明確に意識される必要はあるということにもなってくる。これまでの故意の単複をめぐる論争は、それらの点への配慮に欠けることはなかったのか。不満を抱かされるところでもある。

ただ、個別的な制約を超えて、およそ故意とは複数でありうるとし、その具体的な適用例が観念的競合による処理であるとする数故意犯説の主流は(8)、個々の構成要件が予定する各別の故意に制約されることなく、およそ故意とはといった形で、ことの処理にあたっているのかとも思われる。もっともそういえば、それは誤解であり、基本的にみて、一個の構成要件には一個の故意のみが認められるに過ぎない。この事実を否定するものではない。ただ、その内容が包括的であるため、事情によってはその複数をも認めうることになってくる。そういった意味で、複数論を主張しているだけであると、そのように反論されるのかもしれない。

いずれにせよ、故意の複数論を展開する所説は、それが複数とされるばあいの守備範囲を、まずは最初に明示しておくべきであったろう。その点への反省もなしに、観念的競合論をもちだすのでは、理論的な整合性よりも科刑への配慮にもとづくものといわざるをえず、主客転倒の立論であるといった批判を免れまい。

（4）　香川「数故意犯説批判」刑法解釈学の理論（一九八九年）五四頁以下参照。中野判事による数故意犯説に対して、異論を述べたものである。その後、中野次雄「方法の錯誤――香川達夫教授の批判に答えて――」北海学園大学法学研究二一巻三号二八一頁以下で、私の批判に対する反論に接することができた。そこでさらに、それに答えて、香川「一故意犯説――中野判事の批判に答えて――」（学習院大学法学部研究年報二三号）で、もう一度中野判事の批判に御返事してみたが、この段階で論争は終わっている。それ以上の継続を、中野判事が好まれなかったからである。学会の裏話みたいなことを書いて申し訳ないが、論争がそれ以上に進まなかったのは、そうした事情があってのことであった。

こうした相互の対立を「中野＝香川論争」と位置づけると同時に、法定的符合説の立場から、一故意犯説をとりあげ、数故意犯説を俎上に載せた論稿に、福田「方法の錯誤と故意の個数についての覚書」刑法解釈学の諸問題（二〇〇七年）四一頁以下がある。福田教授のいわれる中野＝香川論争は、私たち二人の間にとどまらなかった。後述するように、柏木教授もまた、数故意犯説には消極的であった（後出注（5）参照）。いずれを選択すべきか。そのこと自体、大きな論点のひとつではあるが、そのための条件も暫時整備されつつあり、数故意犯説か一故意犯説かの対峙する論点は熟してきている。老人の繰り言みたいな発言で恐縮であるが、最近は事情もかわってきた。佐久間・刑法総論（二〇一五年）一三〇頁、日高義博・刑法総論（二〇一五年）三〇八頁以下、山口　厚・刑法総論（二〇〇一年）一八七頁、山中敬一・刑法総論［第二版（二〇〇八年）三二二頁等にも、この論争に関する記述がみられるようになってきた。論争の焦点があきらかになりつつあるだけに、数故意犯説からの詳細な反論を期待したいことにもなってくる。なお、前出の拙稿は、以下、香川「数故意犯説」理論と略して引用する。

（5）　後出一四八頁、一七七頁以下等参照。
（6）　その詳細は、香川「結果的加重犯と錯誤」学習院大学法学部研究年報14（一九七九年）参照。本稿はその後、香川・刑法解釈学の諸問題（一九八一年）四六頁以下に収録してある。なお、結合犯それ自体については、香川「結合犯概念の再検討」刑事法学の総合的検討（上）、福田　平＝大塚　仁博士・古稀祝賀（一九九三年）三八九頁以下に譲る。なお、結合犯論そのものについては、いまでも気になっている。資料を集め一部執筆中であるが、その後の行く末については未知数である。
（7）　内田文昭「強盗殺人未遂罪といわゆる『打撃に錯誤』」昭和五三年度重要判例解説　一六七頁。
（8）　團藤重光・刑法綱要総論　第三版（一九九〇年）二八一頁、中野「方法の錯誤といわゆる故意の個数」團藤古稀二〇一頁以下参照。以下、中野「故意の個数」團藤古稀と略記して引用する。

そこで、中野判事は自らの所見を数故意犯説と自称され、それが少数であることを自認されながらも、「團藤博士とわたくしとがほとんど時を同じくして・・・公けにした」（中野「故意の個数」團藤古稀二〇二頁）として、そのレーゾン・デートルを主張されている。そうだとすれば、一故意犯説・数故意犯説の論争は、この頃から始まったといえるのかもしれない。

なお当時から、この数故意犯説に対し正面から批判的であったのが、注（4）記載の拙稿であった。批判の要点は、当然のことながら二個にわかれていた。そのひとつは故意の捉え方であり、他は観念的競合の理解の仕方についてであった（その詳細は、この後出一四四頁以下に譲る）。その二点を契機に、より論点の明確化を期待していたが、それも果敢ない結果に終わってしまったという経過がある。既述のように、それ以上の展開を望まれなかったからである。それ以降、論争の相手方を失ってしまったが、数故意犯説そのものの妥当性に関する疑問は消えることがなかった。本書は、その思いの再現であるといえるのかもしれない。

なお、柏木教授もまた数故意犯説には批判的である。その理由は、中野判事のいう故意の個数の捉え方の「あいまい」さにあるとされ、そのことに疑念を提示されてのことであった（柏木「罪数」團藤古稀二五一頁）。その点は、私見としても賛成である。そして、その詳細についても、後出二以下に記述しておいた。

二　「転換」か「及ぶ」か

一　故意が一個であるからこそ、その故意のもたらす結果との関連での食い違いあるいは思い違い、すなわち錯誤の生ずることを避けられなかった。だからこそ、それをどうするのか。そこに錯誤論のもつ本質的な課題があったはずである。そこから、一個とする前提に甘んじ、それによって、ことの処理・解決を図ろうとしたのが往年の具体的符合説であり、(1)逆にその枠を超えても妨げないとしたのが、単純にいって抽象的符合説であったといえる。だが現状は、それのみにとどまらず、加えてその内容が必ずしも統一されることもなく、より華麗な論争の展開がなされしかも複雑化している。具体的符合説の枠を超える具体的法定的符合説や、(2)さらには法定的符合説等の登場がこれである。そして、こうした具体的法定的符合説や法定的符合説等の登場は、概括的にいって、予想外の発生した結果との関連でなんとか故意を認めようとする、そういった方向を志向するものであった。そのこと自身は否定しえないところであるが、それが同時に、例外事由の拡大化につながりかねないだけに、問題なのはそのことの基礎づけ、あるいは限界づけにあるといえる。

数故意犯説の登場も、そのための立論であったといえる。当初予定した故意とその故意とは無関係な、いわば想定外の結果が発生したという事例についても、ともに故意を認めようとする、あるいは認めうるとしているからである。つねに複数の故意責任を問いうる意味では、有効な立論であるのかもしれないが、なぜ当初の故意が想定外の結果との関連で、その想定外の結果に対応する故意といいうるのか。そのことの論証は必ずしもあきらかなものではなく、それだけに充分知りたいところであり、またそのことの証明こそが不可欠となってくるはずである。

この課題、数故意犯説にとって、最も重要な宿題になるとも思われるのだが、快刀乱麻を断つといえるほどの明快な回答・基礎づけがよせられているとも思われない。思いは柏木教授も同じであった。甲負傷・乙死亡といった事例をあげられ、甲に対する殺意を乙に認めるとするにしても、「乙の方にも『及ぶ』のと乙に『転換』するのでは異なる」(3)とされ、中野判事所説の数故意犯説とは、そのいずれなのかとされたのち、前者すなわち「及ぶ」とされる趣旨であろうと推測されている。

たしかに、「転換」と「及ぶ」との差は認めなければならない。「転換」というのであれば、ものそのものがそのままの形で他に移動する、ひらたくいえば転がっていくといった、そういった動きが予想されるのに対し、後者すなわち「及ぶ」であれば、当初の故意そのものの移動が前提となるのではなく、故意の現在地点から、そのものが伸長・拡大・延長していくといった意味に理解されるからである。そしてそのような理解が許されるのなら、「及ぶ」とは伸張あるいは拡大に伴って、故意自体が徐々に希薄化していくといった、そういった現象を起こしかねない。伸ばすというのなら、そのようにいわざるをえないはずだからである。

そうではないのかといえば、そのようにはいってはいないと回答されるのかもしれない。ただそうだとすると、基本的に一個の故意が希薄化することもなく、複数化するといった形で伸長する。そのことをどう説明すればよいのか。そういった点への配慮が必要となってこよう。もっともその点について、中野判事自身が直接的に答えられているわけではないし、また触れられているわけでもなかった。だが私見としては、一個の故意がその性格を変えることなく複数化するというのなら、それによる希薄化といった現象・変化は避けられないはずと思い、だからまたそのように批判しているところである。いずれにせよ、故意としての同質性を失うことなく拡大・伸長させようとするのなら、どういった形でそのことの実現が可能になるとされるのか。それへの詳細な回答が欲しかったところである。

細胞分裂とでもいった表現にでもよらなければ、故意の完全な複数化を説明しえないのではないのかとは、かつて指摘しておいたところである(4)。後述するように、墨絵論といったいい方も、そのことの別の表現であるともいえる。いわば「及ぶ」とすることの意味を、私なりに理解し表徴的に表現してみたものである。考えてみたら、いろんないい方がでてきたが、名付け親はすべてが私である。中野理論をなんとか正確に理解し紹介しようとする、そのための努力の表れであったのかもしれない。

ただ一個しかない、すなわち単数の故意の複数化を意図するのなら、柏木教授のいわれるように、「転換」とするか「及ぶ」とするか。私流の表現によれば、後者を細胞分裂・墨絵論と称し、そうした選択肢にでも落ち着かせないかぎり、それはでてこない帰結のはずであるとした。いずれにせよ、数故意犯説の論拠を私なりに推測するのなら、こうした二者のいずれかといった推定しかでてこないのもまた事実である。

ともあれ、「転換」と「及ぶ」との間には、こうしたあるいは後述するような実質的な差があるのなら、柏木教授による、数故意犯説とは「及ぶ」とする趣旨であろうとされる推測には、私見としても賛意を表したい。そこからさらに、そのように推測された柏木教授は、「それなら二個の故意犯ではなくて甲乙二人に対する一個の故意犯(5)」とすべきではなかったのかと批判されている。私もまた、なぜ複数となりうるとされるのか。数故意犯説の論拠については、充分解明し理解しえないままに終わっているが、「及ぶ」とする選択肢であろうとする推測には賛成である。ただ、なぜそういいうるのか。その詳細については後述するところに譲る(6)が、いずれにせよ複数化の論拠をめぐり、中野判事の所説に関心をよせた私たち二人が、ともに「及ぶ」とする趣旨であろうとした推定で共存しえたことには安堵している。

多少でも、柏木教授のいわれる「あいまいさ」を避け、その明確化への針路を見出しえたことは可としなければならないようである。ただそれとても、それは推定した側の理解ではあっても、推定された側すなわち主張する側からでてきた回答ではなかった。それだけに、近時台頭し一般化しつつある数故意犯説の論者は、中野判事の所見を継承しながら数故意犯説に準拠するのなら、同説の骨格である複数化の根拠、すなわち「及ぶ」とする機能の根拠を、所見を異にする他の論者にも素直に理解できるよう、充分に基礎づける責務を負うということになってこよう。それを願うこと切なるものがある。単に一か複数かといった、二者択一の課題として処理すればたりる。そういった問題意識で終わる課題なのではないからである。処罰の必要さのみが重視され、そうした先行思考によってことは処理されないよう願うだけである。

（1）　こうしたいい方がきわめて概括的であり、正確でないことは知っている。そこで初期の、あるいは典型的なとも思われる既存の諸学説の整理が必要になってくる。そして、こうした要望に答えた文献として、内田「法定的符合説」（團藤・古稀二一九頁以下（以下、内田「法定的符合説」團藤古稀と略記して引用する）および柏木「罪数」團藤古稀二三五頁以下が詳細である。

（2）　平野教授の創設にかかわるようであるし、またそのように自認されているところでもある（平野龍一・刑法総論（一九七二年）一七頁）。そして、山口・総論一八四頁以下もまた、その継承的な発展のうえに自説を構成している。最近、有力な所説でもある。ただ、それらの概略とその批判については、第三章で（一八五頁以下）、別途に論評する予定である。

（3）　柏木「罪数」團藤古稀二五一頁。

（4）　香川「数故意犯説」理論五八頁以下参照。甲に対する故意が、その故意としての性格を変えることなく、乙にも移行するというのなら、「及ぶ」といった表現で足りるのかもしれない。ただそれが、乙・丙・・・と客体の複数化にともなって、多数の故意となって展開していくとされるとなると、もともと一個しかない故意が、なんらの制約もなしに無条件で逐次複数化していくと、どうしてそのようにいいうるのか。逆にそれでもなお、複数化しうるとするのなら、当初の故意がそのままの形で、いわば性格を変えることなく、さらには希薄化されることなく他に「及ぶ」としなければ、複数化の論拠も薄弱なものとなってこよう。そこで、そうした非難を避けるためには、細胞分裂といった捉え方あるいはそうしたいい方しかでてこないであろうとして、かつてこうした表現を使ってみたわけである。

（5）　柏木「罪数」團藤古稀二五一頁。なお私見として、数故意犯説によるつもりは毛頭ない。ただ、その概要と私なりに理解し、またそれへの批判については、後出一四四頁以下参照。

（6）数故意犯説展開の基礎として、「転換」と「及ぶ」の二者が考えられるなかで、前者すなわち転換という選択の、基礎づけになっているであろう故意移転の原則については、故意の移転前と移転後の処理との間に不明確なものを残す。したがって、頼るのなら「及ぶ」とする選択肢だけであろうとしたわけである。その詳細は、後出九四頁以下参照。

二　突然、視点が変わったと批判されるのかもしれないが、錯誤すなわち思い違いは国境を超えておこりうるし、現に法律の錯誤と事実の錯誤といった区分は、他の異なった法制度圏においても認められている。(7) となるとここでの課題、すなわち故意の単複論も、それに平行して考えられてよい課題ともなってくる。どのような対応が示されているのかは、気になるところである。

そしてこうした疑問に対し、木村教授によれば「移転犯意（transferred malice）の原則」というのが、アメリカ等ではみられるとのことである。(8) ほかの方の研究結果を引用しながら、一言余計なことをいうようで申し訳ないが、二点ほど気になることがある。そのひとつは、この訳語を別の日本語訳に変更して妨げないものなのかである。というのは、これまでの本書のなかで、犯意といった表現は一度も使っていない。そこで、ここに突然犯意が登場するとなると、唐突な感じを避けられないことになってくる。そこからそれを避けるためには、「故意移転の原則」といったいい方に変えた方が、私にとっては好都合であるし、またそのようにいい変えたからといって、叱責をうけることもないかと思い、以下そうした表現で記述していくことにする。

そしてもうひとつは、この原則のもつ機能あるいはその性格が気になっている。いわゆる英米法制においては、それが当然の前提として是認されているのであろうとは思うものの、(9) 問題なのは単に原則として存在しているだけでなく、現在するこの原則が、どういった機能を現有して展開されているのか。そのことの反省も必要になってくる。その点が気にもなっているからである。

ところで、この原則の適用例としてあげられているのは、わが国でいう方法の錯誤あるいは客体の錯誤の事例と同じであった。そのかぎり、英米法制下にあっても事情は同様なのかと納得しかねないことにもなってくる。だが、それにしても、なお考えなければならない若干の問題もあった。そのひとつが、この故意移転の原則とは、柏木教授のいわれる「転換」なのか「及ぶ」なのか。そのいずれを指す趣旨なのかがこれである。わが国での数故意犯説、少なくとも中野理論の核心は［及ぶ］の趣旨であろうとは既述した。ならば、この故意移転の原則とは、それと同趣旨に理解して妨げないものなのか。あるいは逆に、それは許されないものなのか。そのどちらと解するのが正解なのか。それが問題となってくる。

こんな解説がなされていた。「故意移転の原則とは、行為者の意図したことが他の人に生じたばあい、別の言葉でいえば、行為者は特定の結果を予定していたのに、予想していなかった客体（人身かあるいは財産）のうえに結果が生じたとしても、故意があったといいうる。行為者の当初の故意は、予想したものから生じた結果へと、法律上の推定（a legal fiction）によって移動する」(10)とするのがこれである。この原則の是非については論議のわかれるところであるが、かりに是認するということにでもなれば、このような効果が期待でき、またそのための立論であったとはいえるようである。そこから、この原則を肯定する所見が、その効果をこのように解説するのなら、そのことの当否は別にして、そのこと自身はそうであろうとしなければなるまい。ただそれにしても、一言気になる表現はある。「法律上の推定によって」ということの言葉の意味がこれである。そこにいう「法律上の推定」という表現が、英米法制上どのような機能が期待されているのか。それが定かではない面がある。そこで辞書に頼ってみた。「特定の目的のために、ある真実ならざる事柄を真実とし又は不存在の事実を実在と擬制すること」(11)とあった。擬制であるのなら、その論拠は必要とされないのか。あるいはまったく反証を許すことなく、予想外の結果にも故意があるとする趣旨でそういっているのか。そうではなく、他に理由があってのことなのか。そのいずれであるのかは、擬制という表現からは必ずしもあきらかとなるものでもなく、逆に問答無用といった感さえ抱かされる。ということはこの原則、あきらかに柏木教授のいわれる「転換」の類型に無条件に所属するといえる。したがって、いったん転換を許しておきながら、換言すれば、法律上それを許しておきながら、その反証がさらに可能であるあるいは期待しうるとするのも、あまり論理的ではないことにもなってくる。だからこそ、「判例はすべての客体につき謀殺罪を認めることになる」(12)とされているのかもしれない。また転換の論理と把握すれば、そうなるのかもしれない。

その性格づけなり機能なりの意味が、必ずしも定かではないが、この原則はまた、團藤教授によっても既に紹介されている。(13)他方で教授自身は、数故意犯説の代表者でもある。これらの事実を併考すると、同教授が故意移転の原則を紹介されるについては、それなりの思いがあってのことであったろうと推測している。とくに、予想外の結果の発生との関連で、この原則を引用されていることを考えると、単なる紹介の枠内にとどまることなく、この原則が自説強化への一環として援用されている、とそのように解することも許されそうである。そうだとすると、そこから直ちに、二個の疑問がでてくる。

一故意犯説を説く側にしてみれば、なぜ一個しかない故意がその形を変えることもなく、他に transfer していくのか。あるいはいけるとするのか。それが一番知りたい点であった。だがそれへの回答は、創設者である中野判事や團藤教授によっても、納得しうるような形で聞かされることはなかった。それだけに「論拠・論拠」と、くどいくらい繰り返してきているわけでもあるが、少なくとも transfer といった表現を、移転の意味と素直に理解するのなら、「転換」か「及ぶ」かといった選択のなかで、どう考えてもそれは、前者の趣旨と解さざるをえないことにもなってくる。そうだとすると、ここでさらに、もう一個の問題が発生してくる。

先に、中野理論は［及ぶ］の意味であろうと推定したが、他方で故意移転の原則に好意的な團藤教授の所説は、「転換」に結びつく可能性をもっている。ということは、数故意犯説に対して求めた論拠としての回答は、決して単一なものではなかったということにもなってくる。換言すれば、数故意犯説の論拠は二個にわかれ、「転換」論でもあり「及ぶ」論でもあるといった重複のほか、「転換」論でも論拠づけうるし「及び」論によっても良しといった、多元的な論拠づけが可能であるとする趣旨にも理解される。そのようにいわれかねない面がでてくるが、そう解して妨げないのだろうか。そういった疑問がこれである。

折角、提示した「転換」か「及ぶ」の選択も、その回答のいかんよっては、自説の強化とは逆に、数故意犯説にとって、自説の複雑化をもたらしかねないことにもなってくる。そのようにいわれかねない。となると、ことは振出しにもどらなければならないのだろうか。少なくとも中野判事については、「及ぶ」の趣旨であろうと好意的に解したことが、水泡に帰する結果ともなりかねないからである。いずれにせよ、そのどちらなのか。それへの明確な回答は期待したいところであるし、逆に自らの立論の基礎を明示しないのであれば、こうした質問とは別に、数故意犯説といえども一枚岩ではなかったとはいえるようである。そして、そのように批判したら、どんな回答がよせられるのであろうか。

もうひとつあった。典型的な方法の錯誤の事例との関連で、團藤教授は「規範の問題を与えられていた」(14)。だから予想外の客体にも故意を認めうるとされているが、そのことから故意移転の原則を是認され、また法定的符合説によっても一般化しうるとされる趣旨なのだろうか。というのは、特定の設例だけが錯誤のすべてではない。他方で、いかなる犯罪であっても、およそそれが犯罪であるかぎり、規範との対決を避けて通れないはずである。そうだとすると、そうした規範との対決を契機に、すべての故意はどのような犯罪であっても移動することが可能になるとされるのであろうか。肯定的な答えがよせられないかぎり、規範との対決を前面にだすことは許されないであろうし、またポジティブに解しないかぎり、その前提と食い違ってくるきらいを避けられまい。ただそれにしても、規範との対決をしたからといって、当然のように故意の移動が可能になるといえるわけでもない。この事実だけは指摘しておきたいところである。(15)

（7）　cf. James Frizjames Stephen, A Digest of Criminal Law, 9. ed., 1950, pp. 11–13; Jerome Hall, General Principle of Criminal Law, 1947, p. 343ff.
（8）　木村光江・主観的犯罪要素の研究（一九九二年）一二七頁以下。なお、手持ちの資料によっても、この原則の流布度は認識しうるところである。cf. Glanville L. Williams, Criminal Law, General Part, 1951, pp. 3-5 : Peter Gillies, Criminal Law, 3. ed., 1993, p. 74 : John C. Smith Brian, Criminal Law, 6. ed., 1993, pp. 653-654. この原則に関する記述は、のちほどまた、検討してみたいと思っている。以下、木村・主観的犯罪要素と略記して引用する。
（9）　この原則を是認しうるのかどうかをめぐっては、論争がみられるようである。木村・主観的犯罪要素一三四頁参照。
（10）　Williams, op. cite, pp. 101, 11-13 : Hall, op. cite. 343.
（11）　高柳賢三＝末延三次・英米法辞典〈一九五二年〉一八二頁。
（12）　木村・主観的犯罪要素一二七頁以下には、この原則あるいはそれへの批判等に関する詳細な紹介がある。そこから、この故意移転の原則に対して、教授自身がどう対応される趣旨なのか。それが気になってくる。「現在なお厳然としてその地位を保っている」（木村・主観的犯罪要素一五九頁）とされ、一定の方向性を指摘しているが、それは教授自身が「私もこう考える」といった意見の表明なのか。そうではなくて、ただ客観的な事実の紹介にとどまるつもりなのか。そのこと自身が定かではない。ことを肯定的に解される趣旨であろうと推測はしているが、それなら本文既述のように、転換論と故意の個数との結びつきについて、一言触れておいて欲しかった。
（13）　團藤・総論三〇〇頁参照。

(14)　團藤・総論二九八頁。

(15)　保護法益を基礎として故意の移動を説くのは、専属的法益あるいは個人的法益であれば説明しやすいのは事実である。だが同時に、それ以外の法益をめぐっての故意の移動論はどうなるのか。それが疑問視される余地もでてこよう。先のウイリアムスのように、財産犯と人身犯のみを対象にしてのことなら、それ以外に故意の移動はありえないとでもされる趣旨なのだろうか。そこから他法益については、その錯誤を論ずる余地がないとされるのなら、それで足りるのかもしれない。だが、錯誤は法益を選ばない。すべての法益との関連で生じうる課題である。錯誤もそしてその折に保護法益を主体に、故意の移動もつねに説かれることになるのであろうか。あるいはそれが可能であるとされる趣旨なのだろうか。個人的法益のみを例示するのはわかるが、それにかたよっての立論が適切であるのかはそれ自身、反省される必要もでてこよう。

加えて目的犯は、法益のいかんによって制約されることはない。逆に、制約されるとすれば、当該目的による故意への制約だけである。そのかぎり、反規範的人格態度で故意の個数がきめられないわけでもない。やはり、各個の構成要件ごとに、その錯誤を考えていく以外に方法はない。既存の学説が、既存の設例のみにこだわるだけでは、錯誤の問題は解決しえないこととなってくる。

三　故意移転の原則

一　そしてさらに、この故意移転の原則とは、先にあげたウイリアムスの設例にこだわっての引用なのか。あるいはすべての犯罪についてのそれなのか。それが気になっている。法制上のこともあってのことなのかもしれないが、先の引用部分からは、結果として人身犯と財産犯だけが例示されているに過ぎなかった。わが国での事例が偏っているのと同じく、説明のし易さから限定的な例示になっているが、それのみにかぎる趣旨なのか。そうではなくて逆に、普遍的な原則としてそういっているのか。そのこと自身、引用した部分からは必ずしもあきらかではなく、そのいかんによっては、さらなる回答を求めたい疑問も残る。いずれにせよ、そこにあげられた事例に関するかぎり格別問題視する必要もないし、それがまたここでの課題となっているわけではない。問題なのは、当初予定した客体にもさらには予想外の客体にも、ともに予定したとおりの結果、あるいはその未遂の結果が生じたようなばあいに対して、故意移転の原則はどのような回答を準備しているのだろうか。その点には疑問を感じている。

この点、すべての結果との関連で故意ありとされる。そういった回答のあることは既述した。だが、ここで聞きたいのは、そうした結論についてなのではない。故意移転の原則といった転換論を前提にしながら、なぜ一個の故意が複数の故意になるといえるのか。なぜ複数回の転換をしていけるのか。それを聞いているからである。結果として木村教授のいうように、複数の故意を認めるのが判例であるとするのは事実であろう。ただ問題なのは、なぜ一個しかない故意が、複数の結果に対応して複数化していけるのか。そのことの論拠こそが――同じ質問を繰り返すようであるが――、ここで聞いておきたいことなのである。にもかかわらず、その一番大事な、この問題に対する回答を推測させるような契機はみあたらない。それが、この故意移転の原則の実態である。換言すれば、「すべての客体につき謀殺罪を認める」ことの論拠が明示されていない。知りたいのは結果ではなくて、そのための論拠である。もっともそういえば、故意の移動そのものが、それへの回答になっているといわれるのかもしれないが、それで充分であるともいえないからこそ、その論拠はと、くどいくらい同じ質問を繰り返しているわけでもある。どのように反論されるのだろうか。

この点で、わが国での数故意犯説も同様である。だが、そこに問題があるからこそ、「転換」なのか「及ぶ」なのかといった疑義を提起した経緯がある。結果として「及ぶ」であろうとして好意的に解してみたが、他方で予想に反して、故意移転の原則のよるとされるのなら、「及ぶ」に結びつく保証もなく、ことは「転換」に傾いている形になってくる。折角、好意的に解してはみたものの、無駄な対応であったようである

たしかに原文は transferred malice とあって、客体となる malice に「移動」といった修飾語がそえられている。

ところでまた、語学の時間になりそうであるが、移動とは物あるいは人がその形態を変えることなく、ある地点から他の地点に移行することをいう。いわばそれは、場所的な移転の意味にとどまり、移転そのものによって、移動するそのものの実質に、なんらかの変動・変質が予定されうるものではないはずである。だからこそ、数故意犯説に批判的な柏木教授も、一歩さがって「転換」なのかとされていたことと思う。となると、わが国での数故意犯説は「及ぶ」が基礎になり、アメリカでの判例では「転換」がその論拠にされている。そのようにいえるのかもしれない。そのかぎり、やはり二本立てなのかといった、そのような理解をせざるをえなくなってくる。

数故意犯説にいう複数化の論拠とは、それほど多様なものなのだろうか。別のいい方をすれば、数故意犯説が「及ぶ」とするのならともかく、こうした故意移転の原則をもって「転換」の論理であるとし、またそのようにそれを自説の根拠とされるのなら、そのこと自体を批判するつもりもないが、なぜ一個の故意が複数化しうるのかといった、ここでの最重要な課題に対し、故意移転の原則でその説明責任を果たしているといいうるのか。そのようにはいえるようである。

というのは、いったん故意そのものが、故意そのものとして変わるとなく他に移転する、すなわち転換するというのなら、たとえば本来意図しながら、結果として当らなかった客体との関連で、たとえ未遂犯処罰規定があったとしても、着手未遂の責を問うことは許されなくなってくるはずである。なぜなら、当初の一個の故意は、結果として生じた他の客体に形を変えることなく「移転」し、当初意図した客体との関連で、その残影さえも残していないはずだからである。だからこそ移転であり、転換であるといいうるわけである。そうだとすれば、すべての犯罪との関係で、その刑責を問いうるとする帰結は、この意味での転換論からはでてこないことにもなってくる。

わが国での法定的符合説が、当初予定した客体との関連で着手未遂を認めるのか認めないのか。その点については、必ずしも明確な意思表示がなされているわけではないが、そのこととアメリカの判例との間には、大幅な差異がみられるともいえるようである。なんらの迷いもなく「すべての客体」に故意ありとされているからである。だが、予想外の結果との関係で、transfer するというのがこの原則であるのなら、それは当初の故意がそのままの形で、その姿を変えることなく転換する、すなわち他に移動すると解さざるをえなくなってくる。そうだとすれば、一個の故意が一個の故意として、そのまま他に移動するとしながら、当初予定した客体との関連で、当初の故意が移動することなく残存するというのでは、非論理的であるといった批判と感想を免れないしまた筋がとおらないことにもなってくる。残存しながら移動するとは、どういう趣旨なのか。そのことの回答が必要となってこよう。「移転犯意の理論は、原則として意図され客体に結果が発生したか否かにかかわらず、他に発生した結果にも適用される」[1]とのことであり、それが同説の結論であるとするのはわかるが、そうした帰結が誕生することの論拠の説明役とはなっていない。

（1）　木村・主観的犯罪要素一二三四頁。

二　「転換」か「及ぶ」かの選択のなかで、前者の選択には前項で記述したような無理がみられる。そうだとすれば、ことは「及ぶ」とする共通項のもとに、一故意犯説か数故意犯説かの論争として考えていくほかなくなってこよう。ただそうはいうものの、やはり数故意犯説に準拠し、どうしても予想外の結果との関連で故意があるとされるのなら、それは結果の発生を待って判断するということにもなりかねないが、真実そのつもりなのか。どんな答えが返ってくるかは予測の範囲外であるが、かりにそうだとすると、それは結果責任を認めるための法理なのかといった疑問もでてこよう。

だが、そうはいえまい。およそ故意とは、行為の前にその存在が要件とされているはずだからである。そのこと自身、きわめて初歩的な発想であるにしても、どういった回答がよせられるのかは、気になるところでもある。換言すれば、数故意犯説そのものの論拠は、どう基礎づけられるのか。その論証の必要さは残されている。だが現実は、既述のようにそれは未確定のままというか、理解しえないままに終わっている。複数の故意とされるのは、「転換」あるいは「及ぶ」のいずれなのか。後者の趣旨であろうと推測してはいるものの、他方で英米法の影響をうけ團藤教授のように、故意移転の原則に準拠する所見も説かれている。それだけに、批判する側の混迷の度合いが希薄化することはない。それが最も肝心な点であると思料しているだけに、これまでの回顧は、そのいずれもが回答としての明確さを欠いている。それだけに、不満も残るところである。

もう一個残された宿題があった。錯誤を論ずるとき、故意の個数のほかに、必ずといってもよいくらい利用されるのが人身犯であった。あるいは故意の個数を論議するうえで人身犯が利用しやすかった。そういった事情があってのことなのかもしれない。だが、設例の多くが人身犯をあげているのは、故意の個数が問題視され、さらにはこの両説が展開される以前からの現象であった。

ただ正直にいって、こうした既往のいき方に対しては、なぜ人身犯が多く論議の焦点となるのか。そういったわだかまりは感じていた。[2] それが専属的法益の保護に結びつくため、比較的容易にその単複を確定しえたからなのか。あるいはその客体が「人」であるため、人から人への移動を説明しやすかったからなのか。奈辺に、その原因があるのかは詳らかにしえないが、そういった傾向のあったことは否定しえないところである。

もっともそういえば、それは単なる例示であるに過ぎないと弁明されるのかもしれない。ただ、例示に過ぎないとしたにしても、例示の普遍化は客観性に欠けるし、また錯誤それ自体が——これまた、同じことの繰り返しになるが——人身犯のみに特有の現象なのでもない。すべての犯罪、とくにすべての故意犯について予想しうるところであるのなら、例示のみに論争の焦点が集約されるといった、そのような印象を与えかねないいき方に対しては、警鐘を発しておかなければならないことにもなってくる(3)。

ともあれ、通常は殺人罪が例にあげられ、同罪所定の法定要件とは「人」であればたり、特定の人たとえば甲であるとか乙であるとかにこだわらない。したがって、甲殺害の目的で乙が死亡したのであっても、甲も乙もともに「人」である事実に変わりがない以上、対甲に対する故意は、対乙の殺人罪として処断するのを妨げるものではないとされている。少なくとも法定的符合説によるかぎり、こう解するのが通例である。ただそれが、「転換」あるいは故意移転の原則と符牒をあわせたうえでの結論であったのか。あるいは「及ぶ」と解するからなのか。その間の結びつきについては、明確な回答が準備されているわけではない。もっともそういえるのも、数故意犯説を念頭におくから、そうした批判がでてくるだけのことであって、法定的符合説は決して数故意犯説を予定した立論ではないといわれるのかもしれない。そのとおりである。

たしかに人であればたり、その人が甲か乙かは問わないとするのが法定的符合説であり、それは規範との対決を前提にしているからというのであれば、故意の単複とは直接的に関連することがないのかもしれない。ただ規範との対決で「人」を認識し、結果として「人」に死の結果が発生したというのなら、加えて規範との対決をつうじて、あるいは対決という公分母をつうじて殺人罪が成立するというのなら、予定した人と、結果としての人とが別人であるにしても、それは法の予定する「人を殺してはならない」とする規範に対決したうえでの結果の発生となってくる。したがって、対乙に対する故意の移転・転換が可能となるとするのはわかぬわけではない。

だが同時に、素朴な質問もでてくる。そのどこに錯誤があるといえるのか。そういった疑問がこれである。規範と対決しながら、その対決したとおりの結果を生じながら、別のいい方をすれば、規範という路線のうえを、その路線にしたがって甲から乙に移転しただけなのに、そのどこに錯誤があったといえるのか。とそのようにいわれかねないからである。その意味でも、法定的符合説と数故意犯説、とくに故意移転の原則との関連で、それらを規範に結びつけて考えるのには無理があるのではといった、そうした疑問もでてくるようである。

考えようによっては、錯誤の次元から離脱しかねないが、それでもやはり、それは錯誤の課題であると反論されることであろう。だがそれとても、客体が甲か乙かの選択の範囲内での回答であるにとどまり、甲か乙・丙かあるいは甲も乙もといった事例についてまで、その援用が可能な法理なのだろうか。それとも逆に、規範との対決を全能の神であるとして、ことはすべて肯定的に解しうることになるのであろうか。加えて、当初予定されていた甲に対する結果の不発生がどう処理されるのか。その課題も残り、それが等閑視されたままになっている所見もみられる。その点では故意移転の原則ほど、その帰結が明確でないといわれかねない面もある。法定的符合説といった一言で、甲に対する着手未遂が無視されて妨げない理由も定かではない。そういった問題が絡んでくるし、それらが納得のいく形で処理されているわけでもない。

生命といった専属的法益とは、およそ個人の枠を超えて普遍化され流動化されうる性格のものではない。そうだとすれば、対甲に対する故意が、なぜ乙あるいは丙にまで、あるいはその双方にもおよぶといいうるのか。法定の「人」という公分母と専属的法益であるといった認識とが、法定的符合説所説のように、楯の両面として素直に併存しうるものなのかどうかは残された課題とはなってくる。

ただ他方で、概括的故意による処理をどうするのかといった反論はでてこよう。概括的故意それ自体については、後述するように再考する余地はある。そのこと自体避けられない課題であるが、ともあれ既往の所見によるのなら、それは不確定的故意の一種であるとされている。ただ、確定的であろうと不確定的であろうと、およそともに故意であることに変わりがないのなら、故意の単複の問題もさらには錯誤の処理も、とくに別個に区別して考慮されるべき必然性はないはずである。そしてそうであるのなら、数故意犯説がここに概括的故意を持ちだすことの意味も失われる。

（2）　柏木「罪数」團藤古稀二三六頁には、「放火ならどうなるであろうか」として、ことは人身犯あるいは個人的法益の枠内のみにとどまらないことを示唆し、その解明のなされることを期待されている。そのこと自身、私見としても同感である。ただ、どうなるであろうかとして反省を求められたのは、放火にかぎってのことなのか。そうではなくて、すべての構成要件とくに故意犯についてなのか。その点についての明言はされていないが、それがどうなるのかは気になっている。およそ故意犯であるかぎり、その思い違いすなわち錯誤を排除する理由はないと考えると、そのすべて、すなわち個人・社会・国家のすべてについて、配慮する必要は避けられない。

ともあれ、例示された放火罪については、「公共の危険が罪数の基準」（柏木「罪数」團藤古稀二六三頁）になるとされている。そのこと自身に異論を述べるつもりはない。問題なのは、柏木教授の指摘が単に社会的法益だけにとどまるつもりなのか。あるいは、それを超えられる予定であったのか。その点への所見を聞きたかっただけである。

すべての法益の関連で肯定的に解される趣旨での発言であるのなら、——そのこと自体、否とはいわないが——他方で、現に国家的法益についても、考えなければならい事例も予想される（後出一三九頁以下参照）。そこでは、法益だけが罪数確定の基準として、万能であるともなしがたい事例も予想されるからである。さらにのちほど、またその詳細について述べるつもりであるが、法益が必ずしもひとつとして把握されていないような犯罪類型があるとすれば、その罪数確定の基準を法益に求めることの当否は再考される必要もでてくる。

（3）　たとえば、柏木「罪数」團藤古稀二五八頁参照。もっとも柏木教授が、それも一個の問題となるとされているのではなく、予想の範囲内としているだけのことである。同教授は一故意犯説の主張者だからである。

第二節　概括的故意

一　概念の整理

一　ここで講義調になって恐縮だが、概括的故意の問題が登場してくるとなると、しばらくは視線をその方向に移動させる必要もでてくる。そのことが、終局的には数故意犯説批判として、絶妙の効果をあげてくれるからである。それもあって、多少脇道にそれることを許されたい。

通常、概括的故意には二種類のパターンがあるとされている(1)。ここまでは問題がないとしても、どのようなパターンがどんな形で、そこに内在しているのか。さらには、その原語との関係で、どう規制されどう位置づけられることになるのか。そういった思いつくいくつかの疑問点がでてくる。そのこと自身、必ずしも明確に整理されているとも思えないし、未整理のままになっているともいえる。そうなると、この表現あるいはこの概念をめぐっては、多少考えさせられることもでてくる。それだけに、困惑している面もある。そこで、ことは整理から始める必要も感じている。

そうしたなかにあって、比較的わかりやすく整理された分類としては、植松教授によるそれが貴重である。空間的な概括と時間的な概括といった二者を区分されたあと、この両者を概括的故意といった類概念のもとに統括するとされているからである(2)。いわばこの両者は、それぞれに別個に各別の種概念として位置づけられると同時に、概括的故意といった上位概念のもとに統括されている。そういった発想によっているものと考えられるからである。それだけに、わかりやすい類型化となっている。ただそうはいうものの、この二者はそれぞれに別個のものとして総括されなければならないものなのか。そういった疑問も最初にでてくる。植松教授のいわれる時間的概括と空間的概括のうち、前者をどう名づけるのかは別にして、ともかく前者はこの概念から除外し、後者すなわち空間的概括のみに、この表現・名称を与えたいと考えているからである。もっとも、そうすることの是非については批判もあるであろうし、それだけにまずは入り口で、ひとつの壁に遭遇することになってくる。

ただ基本的にいって、この二者が併存するといった路線そのものに、変更が加えられるとも思われない。それだけに、上位概念として概括的故意を予定し、そこにまたこの二個の類型を所属させるという所見自体も理解しうるし、加えてその範囲で、整理されている事実を否定しようとは思わない。したがってまた、それで可であるとも考えてはいるものの、ただ問題なのは、そうした整理が必ずしも安定的な形で承認されているわけではなく、その理解に個人差がみられる点が気になっている。

というのは、これまでの概括的故意という日本語による表示には、その占める体系的な地位をめぐって不安定なものがあり、また流動的なきらいのあるのを免れなかったからである。既述のように、植松教授のばあい、それに類概念としての地位を与え、したがって種概念として把握されることもなく、そのことと空間的概括とは別とされていた。ために、その間に迷いを生ずることもなく明確に整備されていた。私見としても、同行をお願いしたいところだが、通常はそれほど容易に理解されるよう整備されているわけではなかった。それだけに、整理の必要さが課題ともなってくる。と同時に、そのことの指摘が本書の本質にもかかわってくる。

たとえば、概括的故意といった表現が、そのまま日本語として利用されているだけのことならともかく、そこにdolus generalisといった原語が添付され、dolus generalis＝概括的故意といった形で併記され、それによって上位概念すなわち類概念として位置づけられるとなると、そうした位置づけについては、一個の疑問が登場してくるのを避けられなかった。というのは、ここでいう概括的故意すなわちdolus generalisといった上位概念のもとに、植松教授の説く時間的概括、いわゆるウェーバー的故意をあげるのなら、同教授によって分類された残りの空間的な概括とは、どんなラテン語による名称が付与されることになるのか。さらにはそれが、どこにどう位置づけられることになるのか。そういった疑問を抱かされるからである。

少なくとも、「概括的故意と呼ばれるものがある[3]」として、この空間的概括・時間的概括の両者を併存させようとするのなら、そしてその併存させた一方に、概括的故意といった表現を使用したのなら、残された他の概括にこの表現を使うことは許されえないはずである。なぜなら、そこでの概括的故意とは、この二者を包括する上位概念であるにしても、時間的概括すなわちウェーバー的故意に対応する他極として、そこに統合されているわけではないからである。となると、この未整理の他方の極をなんと呼べばよいのか。そうした疑問がでてくるのも自然である。それだけに、その間の整理が必ずしも充分になされていないといった印象を避けられないし、どんな回答がよせられるのかといった興味も感じられる。

返ってくる答えとしては、やはり同じくdolus generalisという回答であろうといった予測は可能である。だがそうだとすると、この表現は上位概念であると同時に、並置された一方の極の表現でもあるといった、二面で利用されていることにもなり、いわば類でもあり種でもあるということにもなりかねない。それでも妨げないといわれるのかもしれないが、緻密さを要求される刑法理論にとって、この甘さは素直に認めにくいところである。それだけに、植松教授による「紛らわしい[4]」とされた批判には同感の意を表したい。もっとも、紛らわしいと指摘しただけで、ことが終わるわけではない。そこからさらに、二個の課題がでてくることを避けられなかった。

そのひとつは、なぜこうした紛らわしさが生じたのかであり、そしてかりに、そうした紛らわしさに目をつむったにしても、現に説かれているこの両者の処遇はどうなるのか。それがさらに考えられなければならないからである。もとより、この二者が現に共存して説かれているともなれば、それらは相互に別であり、したがってそのそれぞれについて、触れておかなければならなくなるのはわかる。だが逆に、二者の共存自体が間違いであったということにでもなれば、なぜそれらが当然のように、概括的故意といった表現のもとで、講学上論議されているのか。それは、反省される必要もでてこよう。したがって、なんらの違和感を感ずることもなく、これまでにこうした二個の態様が、無抵抗で述べられてきたことには疑問符を提示したいことにもなるし、またそのこと自身許されるところであろう。

そこでともかくも、ここで問題視される dolus generalis といった概念の先例となるドイツでのいき方を、回顧してみることにした。そしてそこには、つぎのような解説が添えられていた。「さらに、特別な形として因果関係の錯誤、いわゆる dolus generalis がある」(5) とするのがこれである。そして、そこにいう dolus generalis とは、植松教授のいわれる時間的な概括を予定しているものの、空間的な概括を前提としての概念ではなかったのは明白である。ということは、どうってことはなかった。少なくともわが国のように、同一表現のもとに二個の態様を予定するといった発想はみられず、因果関係の錯誤すなわちウェーバー的故意と dolus generalis とは、完全に等記号で処理されている。それだけのことだからである。このように、両者が等記号で結ばれるのなら、そこに二種類があるといったと発想は無縁なものとなり、したがってまた不必要なものとなってくる。

日独双方に目をとおし、同時に時の経過をも考慮にいれて反省してみた結果、わが国での紛らわしさの原因は、本来的にいって時間的な概括のみを予定していたこの概念に、空間的なそれをも導入させて併記した点にあったといえるようである。そんな印象を抱かされる。そうではなかったのかといえば、どんな反応が返ってくるのだろうか。そしてここまでくると、野次馬的な発想と揶揄されるのかもしれないが、どこかで誰かが、その切り替えに齟齬をもたらしたからと考えるほかなくなってくる。そうだとすれば、それは誰なのか。そういった関心と興味とを抱かされる。

斎藤教授によれば、前者の意味での概括的故意といった表現を、最初にわが国で使われたのは牧野博士であるとされている[6]。となると、そのときそこで訳出された、こうした訳語の原語とはなんであったのか。それが問題になってくるが、当然のことながらそれは、dolus generalis を対象にしての訳であった。そうだとすると、改めていうまでもないが、牧野博士によって訳出された概括的故意とは、植松教授のいう空間的概括の意味であるにとどまり、時間的なそれ、すなわちウェーバー的故意を対象としてのことであったのかどうか。それが必ずしも定かでないといった疑問もでてくる。ということは、ここで既に紛らわしさの芽生えがあったといえるのかもしれない。牧野博士によって訳出された dolus generalis には、そうした疑問も抱かされる。そこで、残るのは後者だけとなってくる。

（1）もっとも、内田「もう一つの『概括的故意』について」犯罪構成要件該当性の理論（一九九二年）一八四頁には、とある事件（最判昭和三二年一一月八日刑集一一巻一二号三〇六一頁）を契機に、もうひとつの概括的故意の存在を指摘し、その検討を表明されている。そこで与えられた課題を検討する必要のあることは理解する。ただ、後述するように、前提となる概括的故意概念自体の実態が必ずしも明確ではない。そこにさらに、新たなものを導入して考えなければならないのかは、別個の問題となってくる。中　義勝「概括的故意についての一事例」團藤古稀一八四頁、香川「概括的故意」刑法解釈の理論（一九八九年）三三頁以下は、ともにウェーバー的故意のみを対象としての論稿であった。以下、香川「概括的故意」理論と略記して引用する。ただ、私見としては、この概念を概括的故意といった名称下に位置づけることには否定的である（香川「概括的故意」理論四一頁以下参照）。

（2）植松　正・再訂刑法概論　Ⅰ（一九七四年）二五九頁。

（3）　團藤・総論二九七頁。二種類が内在するといった所説の存在そのものを否定するつもりはないが、上位概念として dolus generalis をおくのなら、内在する一方すなわち空間的概括をどう表現するのか。そういった疑問もでてこよう。これもまた、概括的故意と称する趣旨の所見もみられるが、紛らわしさに変わりはない。逆に、原点である dolus generalis に帰るとすれば、それは本文中に指摘しておいたように、時間的概括の意味に限定されている。それがドイツでの現状である。この方が紛らわしさがなくなり、またわかりやすい。

（4）　植松・総論二五八頁参照。

（5）　Adolf Schönke = Horst Schröder, Strafgesetzbuch, Kommentar, 26. Aufl. 2002, §15, Rdnr. 58. なお、念のため、古い時代も対象にしてみたら、「テキストに展開された基本原則によると、ウェーバーによって名づけられた dolus generalis を考えなければならない」(Franz von Liszt = Eberhad Schmidt, Lehrbuch des deutshen Strafrehts, Allgemeiner Teil, 26. Aufl., 1932, S. 267, n. 7.) とあった。昔から変わらないようである。なお、Vgl. Paul Bockelmann, Strafrecht, Allgemeiner Teil, 3. Aufl., 1979, S. 74. これらによるのなら、どう考えてもこの両者は同一とする考えを変更することはできない。ミスはわが国にあったといわざるをえないようである。

（6）　斎藤教授によれば、概括的故意といった表現を使ったのは、牧野博士が最初であるとされている（斎藤誠二「概括的故意について（一）」警察研究五〇巻一二号一九頁以下参照）。ただ、そこにいう概括的故意が時間的な概括なのか空間的なそれにとどまるのか。それが必ずしも定かでないことは指摘しておいた（香川「概括的故意」理論三四頁参照）。もっとも、牧野・重訂日本刑法上巻総論（一九三八年）一九七頁に記載されている概括的故意とは、空間的な概括の意であった。となると、同博士にとって、時間的なそれは無視されていたのかといえば、必ずしもそうでもない（牧野・総論二〇一頁参照）。その辺あたりに、紛らわしさの原因があったのかとも推測している。

　ここで、ささやかな私見をひとつ。ウェーバー的故意の創始者は、ウェーバーではなくてクラインであったことは、以前指摘しておいたことがある（香川「概括的故意」理論三四頁参照）。でも、認知されなかったようである。現在でも、ウェーバー的故意といった呼び方に変わることはなかったからである。いったん確定した概念に、その変更を求めるのは難事であるらしい。なお、この課題をめぐるドイツでの詳細な経過については、内田・犯罪構成要件該当性の理論一四五頁以下を参照されたい。

二　それはともかく、さらに第二の課題が残されていた。そのことの可否は別にして、ともかくもこうした二種類の態様があるとするのなら、そのそれぞれについての処遇・取扱いはどうなるのか。それがさらに、考えられなければならないからである。ただ、時間的な概括については、すでに別途に私見としての意思表示はしている。(7) そして既述のように、そこでいう dolus generalis の意味が、ウェーバー的故意と同一であるのなら、二態様の検討といったここでの課題から離れ、それ自身単独でウェーバー的故意として考慮すればたりることにもなってくる。したがってそれを、ここでとりあげる必要も薄れてくる。

ただ他方で、この二者を一応の前提としながらも、換言すれば概括的故意とする表現のもとに、その統一化を意図しながらも、その実態は統一化からはほど遠く、混乱を招いていたことも事実である。そこから、たとえば植松教授のように、否定されたウェーバー的故意を時間的概括と表現し、いわば因果関係の錯誤といった別枠で処理され、しかもことは消極的に解されている。(8) 紛らわしさを避けようとされたことの結果であり、またことを否定的に解された点は、既述のように私見としても賛成である。ドイツの通説もまたそうであることは既述した。

ただわが国にあっては、不確定的故意といった意味での概括的故意、すなわち植松教授のいわれる空間的な概括については、dolus generalis といった表現のもとに概括的故意と呼ばれて健在であり、一定範囲の誰かを問わないといった形で肯認されている。一定の範囲内であればたり、客体が誰であるかを問わないとする意味では、数故意犯説によって歓迎され、そのことがまた同説を基礎づけるための有力な根拠になるとされている。そのこと自身わからぬわけではないが、そこで前提とされ基礎づけとされているこの概念、すなわち空間的概括といった意味でのこの概括的故意概念について、どれだけ正確な理解があってことなのか。数故意犯説自身どれだけの自覚があって、自説への援軍として援用しているのか。そういった疑念は消えることがなかった。それだけに、ここでもう一点反省して欲しいことがある。

というのは、故意概念を確定的な故意と不確定なそれとに区分するというのなら、そこで区分された確定的故意と不確定的故意との間には、もはや共通項を欠くから区別されているということなのか。そうではなくて、公分母を共有したうえでの区分なのか。換言すれば、異質なのか同質なのかといった問題がこれである。かりに、異質であっても妨げないとするのなら、異質とされるこの両者を故意という上位概念のもとに総括することが許されるものなのか。そういった疑問はでてくるし、それに答えるところがなければなるまい。さもないかぎり、およそ合理的ではないとされかねないからである。

そこでこの両者間には、確定的か不確定的かの差こそあれ、それらはともに故意として総括されているというのなら、その間には共通するなにかがあるとしなければなるまい。そのように考えるのが素直であろう。そうだとすれば、それはなんなのか。故意としては、ともに一個である。それしか正解はでてこない。ともに一個であり、ただその内容すなわち認識の内容や程度に、確定か不確定かの差があるというだけの差であるに過ぎない。それだけのことである。そのように思考するし、またその点は強調しておきたいところでもある。(9)

ただ、後述するように、ドイツでの不確定的故意は私見とは異なり、そのようには理解されてはいない。不確定故意の確定化によって生ずる、その後の処理をどう考えるか。その点に認識の差がみられるからである。換言すれば、不確定の確定化がなされたあと、確定化されなかった自余の部分との関連で、なお故意ありと解するのか否か、その点をめぐる認識の違いである。(10)

そのかぎり、表現は同一であっても基本的な認識においては、その間に格段の差のある事実は指摘しておきたいところである。したがって、数故意犯説が自己を正当化するための根拠として、この意味での不確定的故意すなわち概括的故意を利用しようとするのなら、わが国でいわれる概括的故意には別れを告げ、ドイツ流のそれと行を共にするのが賢明ともなってくる。となると逆に、その点への明確な意思表示を避けたまま数故意犯説を主張するのは、そのこと自体が論理的ではないことにもなってくる。この点は、数故意犯説の論者に認識しておいて欲しいところである。そこで項を改め、そのことの論証をさらに進めていくことにしたい。

(7) 香川「概括的故意」理論三三頁以下。
(8) 植松・総論二五九頁は、本文既述のように「紛らわしい」と批判され、そこから空間的概括と時間的概括の二者に整理されている。この方が誤解される余地も少ない。
(9) こうしたいい方に対し、どのような反論がでてくるのか。そのこと自体不明ななかで、余計な記述になる可能性もあるが、かりにでてきたばあいを予想して答えておきたい課題がある。二四〇条は強盗殺人罪すなわち強盗罪と殺人罪とを結合して一個の犯罪を構成するとされているし、またそう解する判例もある（後出一七九頁以下参照）。そうだとすれば、強盗殺人罪という一個の構成要件中に、強盗と殺人といった二個の故意の存在を、判例としては是認していることになるが、そのことと一個の構成要件には一個の故意とする所見との関連で、どう対応することになるのか。そういった問題も残されることになる。
　もうひとつあった。一〇八条所定の現住建造物等放火罪のばあい、現住であればたり、放火時にその客体に人の現在することを要件とはしていない。そこから逆に、人の現在を知りながら、怨恨もあって同人殺焼の意思をもって放火したのなら、一〇八条の適用のみでたりるのか。別途に、一九九条の適用が可能になるとするのか。そういった問題もでてくる。放火罪のほかに、殺人罪の適用があるとするのなら格別のこともない。もっとも、この二個の故意犯が観念的競合なのか、牽連犯なのかの選択は残るにしても、いずれにしても別罪とするかぎり、ここで格別とりあげることもない。二個の故意犯がそれぞれ別個に存在しているからである。

　だが逆に、法定刑の極限が死刑であり、下限も重いことを考慮し（現在は同じ）、放火殺人もまた一〇八条一罪の適用のみでたりるといった所見が考えられないわけではない。そこで、かりにそうした立論によるのなら、ことは二四〇条所定の強盗殺人罪と同一の構成が可能ということにもなり、二四〇条と同じく、放火と殺人といった二個の故意が、一〇八条には内在するといわれかねないことにもなってくる。現に、そういいうるのか、あるいはそうした所見の有無については別にして、考えておくべき課題とはなりそうである。

そこで気になる課題がでてくる。二四〇条も一〇八条も、ともに一個の故意犯として共通して殺人罪を含むとするのなら、この両罪間の平仄はあうことにもなってくる。そこから、二個の故意を認めるのかという批判は、一〇八条にもついても生きてくることになる。だが、それを拒否するため、通説は観念的競合としているのかもしれないし、そのこと自身、相当の理由があってのことと解されるが、問題はそれで終わらなかった。罪数や法益をめぐって考えなければならない課題もいくつかでてくるからである。

その詳細については、後出一八三頁注（4）参照。

(10) 詳細は、後出一二七頁以下で記述するが、概括的故意の定義との関連で微妙な差がでてくる点は、前もって指摘しておきたい。というのは、一定範囲内の誰かと定義するのは可としても、その「誰か」に対する故意の存在が確定されたばあい、前提となっている、その一定範囲内に残された「他の者」に対しても故意ありとするのか、あるいは逆に故意なしとするのか。要するに概括的故意とは、誰かにかぎるのか。残された他の者に対しても故意ありとするのかが問題視される。

定義自体が、そのいずれを予定してのことなのか。その辺の理解の仕方に課題があり、またそれが論点になるであろうし、ばあいによっては数故意犯説にとって、この概括的故意が自説強化への牙城となりうることにもなってくる。あとでまた取り上げる予定であるが、択一といった表現の理解についても、日独間で格差があるようである。日本語的発想によれば、二者のうちから、そのひとつを選ぶ、いわば小選挙区制みたいなものであり、一人の当選者以外はすべて議員とはなりえない、単なる候補者であったに過ぎない。そういった意味では単純明快であるが、他方で「択一」ではなくて「二者」に重点をおくのなら、換言すれば、その他の者も姿を消すことなく残ると解することも、それもまた概括的故意の枠内となってくるし、またそう解するのがドイツであるともいえる。その間の差は意識しておく必要もある。後出一二〇頁以下参照。

三　そこでさらに、ますます講義調になって申し訳ないが、反省の一環としてドイツでのそれを回顧してみることにしよう。ただ既述のように、時間的概括といった意味での概括的故意概念は、既に他の領域に放逐されていたし、私見としても、それを概括的故意概念の枠内にとどめる意思はない。したがって、ここで参照しようとするのは、空間的なそれにかぎられることになってくる。ただそれにしても、もうひとつ触れておかなければならない条件があった。それは後述するように[11]、択一的故意は概括的故意をも包含すると、そのように解するのがわが国での有力説である。したがって事後、頻繁に登場する択一的故意とは、空間的概括の意での概括的故意をも含めての表示であるということになってくる。もっとも、これから紹介しようとするドイツでの所見が、そこまで予定して記述しているのかどうかは保証のかぎりではないが、いずれにせよ頼りになるのは dolus alternativus とする表現だけである。

ともあれ、それによると「行為者は、二個の別々の構成要件中のいずれかを実現する、そのことをわからぬままに、一定の行為を意欲していた」[12]とするのがこれである。とそのように定義をすると同時に、つぎのような例をあげられている。行為者は、野生の動物[13]そのものが、だれの管轄下にあるのかあるいは無主物であるのか。それを知らないまま行為したにしても、そのいずれか一方の構成要件を実現してさえいれば、この両者は補充関係（Subsidiarität）にたつといえ、またそのように解するのが通説であるとのことである。[14]

ここまでは、多少の差のあることを無視すれば、わが国での択一的故意（概括的故意）との間で、さほどの差があるともいえない。したがってそのかぎり、それ以上の記述をする必要はなかったとも思われる。だが、現状はそれのみにとどまらなかった。論争があるとして、ことをさらに複雑化していった論者がおり、その一人にロクシンがいた。「行為者が意図したか、あるいはそれにともなって、一個のまたは他の構成要件のいずれかの実現を予定しているばあい、それを択一的故意という」[15]とするのは可としても、同時に、そのこと自身に争いのあることを認め、つぎのようにいっているからである。

この定義をめぐっては、二個の類型が予定されているとし、そのひとつの類型について、つぎのような事例を掲記している。すなわち「当該事案との関連で、構成要件上重要な疑義があるばあいであり・・・、たとえば交通事故にあい、道端で意識を失って倒れている被害者の上衣から、その財布を抜き取ったが、その折、倒れていた相手方が、真実意識を喪失していたのか、あるいは既に、こと切れていたのかまでは知らなかった」とか「他人の狩猟圏内で撃たれた獲物なのかどうか、個人の保管場所から逃げ出したのかどうか。その点について認識のない行為者は、二九二条・二四六条との関連で、そのいずれか一方の故意があるとされる」(16)とする例がこれである。

この点、先の事例とその適用が予想される法条と、結果的にその法条を同じくしている。その意味では、格別とやかくいう必要はなかったが、それでことが終わったわけではない。さらに第二の類型が登場してくるからである。つぎのような問題が提起されている。

木の間隠れに狙った客体が、野生の動物なのか散歩中の人なのかがわからなかったのであれば、二九二条の故意と二一一条あるいは二一二条の故意があったといえる。ただそれにしても、この事例を若干変更して、たとえば野生の動物を狙っていたが、その折同時に、傍らにいた人にもあたるかもしれないとは気がついていたとしたらどうであろう。典型的な択一的故意に若干の修正が加えられている。それだけに所見はわかれるところだが、提案者であるロクシンは、それに対しつぎのように回答している。

既述のような条件下で銃を発射したのであれば、それが当った客体との関係で既遂となり、当らなかった客体に対しては未遂が認められ、双方ともにその処罰を避けられない。だが他方で、まったく結果がでなかったのであっても（人にも野獣にも当たらなかった）、二種類の未遂犯が成立する。それがこの事例に対する帰結であり、そのこと自身に賛成できるとしている。(17)

前半までは好意的に解してきたが、ここまでいわれると、それが択一的故意の問題なのかといった疑義を避けられない。当った客体が野生の動物なのか人なのか。その結果との状況によって、人になったり野生の動物になったりするのはわかる。したがって、そのいずれか一方に故意責任を問うというのであれば、それが択一的故意概念に相応するともいえ、そこまでは理解することができる。問題なのはそこから外れた部分、私はそれを既述のように残余の部分と呼んでいるが、その残余の部分に対しては当然のように未遂になるとされている点については、納得しがたいものがある。

この点は、双方ともに当らなくても未遂とされている点についても向けられる。ただ、未遂といえるためには故意の先行が要求される。先行する故意を欠いても未遂になるなどとは、およそナンセンスだからである。その意味で、当れば既遂当らなければ未遂とする、そのこと自身は当然のこととは思うが、それが択一的故意の概念とどう結びつくのか。それを択一と呼べるのかといった疑問は消えることはない。もっとも、双方ともに認識しえたからといわれれば、拒否する理由もなくなってくるが、そのことと択一的故意とは次元を異にする。少なくとも私はそう考える。

他方、双方ともに当たらなかったばあい、したがって結果がでてなかったのであれば、二様の未遂が存在しうるとされている。ただ未遂とするなら、故意は二個としなければ、そうはいえないはずである。したがって、本来、故意は一個ではなかったのかと反論してみても、「択一的故意とは、ともにならんで（nebeneinander）存在しうる。なぜなら、少なくとも未必の故意の形でありうるからである」(18)とされ、先のような疑問は愚問であるとして一蹴されることにもなってくるようである。ついにきたるべきものがきた。そんな感じを受けている。

あとでまたその詳細に触れるが、大正六年の大審院判決との関係で、残された家人については未必の故意を認めたと解すれば足りると、そのように私見としては理解している。(19)その意味では、未必の故意があちこちに登場してくることは事実である。そうだとすると、ロクシンが未必の故意をあげたからといって、格別非難する理由はないといわれるのかもしれない。だがそれは違う。私見のばあい、故意は一個。したがって択一して一個の故意が確定した以上、それから漏れた残余の部分は、この概念からは離脱してその姿を消してゆく。もはやそれは択一的故意概念とは、別個の無縁の存在となってくると解している。

　だからこそ大正六年判決が、一個の故意を確定したあとに、その他の家人に対する殺意を認めたのは、決して択一的故意概念の延長としてのことではなく、それとは別個に残余の部分に対し、未必的故意が認められるからとしているだけのことであって、択一的故意とは別次元にたっての判示であった。択一的故意とは、その表現どおり、いずれか一方の選択によってその役割を終え、それ以上の詮索は不要になってくるからである。でもロクシンは、それをこの概念に包含させている。それが、択一とする前提に反することは強調してきたが、逆にいってこうした思考は、数故意犯説の歓迎するところとなるのかもしれないし、日独間の把握の違いとして、認識しておく必要はあるようである。

(11)　後出一二七頁以下参照。択一的故意にせよ概括的故意であるにせよ、結果として選ばれるのは、一個の故意にかぎられるからである。

(12)　Tröndle = Fischer, Strafgesetzbuch, 49. Aufl., 1999, §15, Rdnr., 11i.

(13)　原文は、Wild と表示されているだけである。どう訳したら適訳なのか。判断に迷うところでもある。該当法条である二九二条は密猟に関する規定であり、狩猟権の侵害あるいは狩猟をおこなう権利の侵害に際し、その客体として Wild があげられている。そうだとすると、この Wild もそうした権限下あるいは制約下におかれていることが必要なのか。必要とされるとなると、野生の動物といった表現が使いにくくなってくる。もっとも、同条が保護するのは狩猟権までであって、その対象となる客体を規制するものではないと解すれば、野生の動物と訳しても誤訳とされるおそれもないのかもしれない。加えて、その解説に「野生であり、かつ無主（herrenlos）あることを知っていなければならない」（Tröndle = Fischer, StGB. §292, Rdnr. 3）とされている。

したがって、本書では野生の動物で統一記載していくことにする。
（14） Tröndle = Fischer, StGB., §15, Rdnr., 11i.
（15） Roxin, a.a.O., S. 296.
（16） Roxin, a.a.O., S. 296. なお、交通事故の被害者からの事例については、窃盗罪か横領罪かに該当し、行為者は双方の可能性を計算にいれているから、としているだけである。ただそこには、被害者の生死につき「認識することなく（ohne zu wissen）」といった表現が使われている。それが気になるところである。行為者がまったく知らなかったという意味なのか、あるいはその点を誤認していたのか。後者だとすれば、錯誤の問題が絡んでくる可能性がありうるのか。でも、錯誤の点までは触れず、故意の種類としての定義とその解説にとどまっている。したがって、錯誤に触れる意思のなかったことはあきらかだが、これを契機に、かりにその生死につき誤認していたとしたらどうなるのであろう。錯誤、当然のように抽象的事実の錯誤の問題として話題になりうる余地はあるのだろうか。どう処理するつもりであったのだろうか。後出注（17）参照。
（17） Vgl. Roxin, a.a.O., S. 296. そして、こう考えるのが通例のようである。Vgl. Hans-Heinrich Jescheck = Thomas Weigend. Lehrbuch des Strafrechts, Allgemeiner Teil, 5. Aufl., 1996, S. 304 ; Günther Jakobs, Strafrecht, Allgemeiner Teil, 2. Aufl., 1991, S. 279. イェシェックによる「行為者は一定の行為を希望していたが、それによって二個の構成要件が問題視されるとは思ってもいなかった」とは、それ自体定義としては理解できるが、ただそのあとに袂をわかつようになるようである。

　このばあい、具体化されなかった、私のいう残余の部分について未遂を認めなければならないとするのが、ドイツでの通例であり、逆に無縁の徒と解するのが私見であったからである。問題なのは、なぜそうした差が生ずるのかである。「択一的故意とは、自立した一個の故意ではなく、二個の故意が結びついている」(Jakobs, a.a.O., S. 278) とされているように、前提として、複数の故意を予定していた。ただ、故意が一個であれば、その思い違いが錯誤として意識されてくる。だが、複数の故意が前提となるのなら、そこに思い違いがでてくる余地はない。錯誤論とは無関係であるともいえる。その意味では、錯誤と結びつけて考えるべきものでもない。もっともそういえば、数故意犯説はこの概括的故意（択一的故意）を錯誤に結びつけていると、そう反論されることになるのかもしれないが、そこに数故意犯説の択一的故意概念利用の難点があると指摘しておきたいことにもなってくる。

（18） Roxin, a.a.O., S. 296.
（19） 後出一二三頁以下参照。

二　空間的概括

一　一個の故意しか選べないから択一であるとするのか。複数あるなかで、そのひとつを選べるとするだけの趣旨であって、基本的に故意が複数であることに変わりはないとするか。その辺に、この概念をめぐる日独間の差があるのかもしれない。ところで、ここでの対象すなわち概括的故意（択一的故意）の意味が、「結果の発生が一定範囲のいずれの客体であるかが不確定なばあい」(1)、別言すれば、植松教授のいわれる空間的概括を意味する趣旨であるのなら、そしてまた、そのように定義されるのが通例であるのなら、そこにいう不確定とは、その客体についての認識が不確定といった意味での不確定であり、かつその範囲にとどまるものともいえ、故意それ自身としては、それが一個である事実に変更を加えるものではなかったと、そのように解すべきであると思われるし、またそう解する点については既述した。

そうだとすれば、生じた結果との関係で複数の故意があるとし、またそのことの基礎づけを概括的故意に求める数故意犯説は、わが国で予定され前提とされている定義との間で、齟齬をきたす事実を避けられないことにもなってくる。そこでの定義は、一定範囲内での誰か。すなわちその客体が誰かといった不確定の確定化、その確定化までに主眼がおかれているとはいうものの、その確定化の過程で残された残余の部分にまで触れているわけではなかったからである。もっともこれは、私がそう考えるというだけのことであって、客観性があるわけではないといわれるのかもしれないが、少なくとも従前からの定義によれば、そういわざるをえないはずであるし、あるいはその程度の記述しかなされていなかったとはいえるようである。したがって、こうした自説を変更するつもりはないが、逆にその趣旨でいっているのではないといった反論はありえよう。既述のようにドイツでの通説は、そうは解していなかったからである。

反論自体の存在を拒否するつもりはない。ただ、そのように反論したいのなら、これまでにも概括的故意のもたらす効果については、充分に意思表示をしておく必要はあったであろうし、またその機会はありえたはずである。その点を自ら明示することもしないまま、私見のような理解がでてくると、それを非難するのが適切なのか。そういうことにもなってこよう。(2) 最終的な選択が「ひとつ」、すなわち「一」の選択に迫られるのが概括的故意であり、さらには択一的故意であるのなら、私見のような理解こそが、この定義に最もよくあうことを看過しないで欲しい。もっともそういえば、それは強弁である。概括的故意の是認こそが、数故意犯説に直結するといわれるのかもしれない。そこで、多少迂遠な感じがしないわけではないが、この概念をめぐる初歩的な課題から再検討していくことにする。

概括的故意をめぐる定義としては、既述したような回答がよせられ、また回答そのものについても他の論者との間で、格別実質的な差異がみられるわけではない。ただそのことと、先例として必ず引用される大審院時代の、そして唯一の事例ともみられる事案との間で、なんらの不調和音を感ずることがなかったのだろうか。換言すれば、引用された先例が、果して概括的故意の先例として適切であったといいうるのか。そのことを考慮する必要はなかったのか。それが若干気になるところである。そしてここでいうその先例とは、大正六年一一月九日の大審院判決であった。

多少長い感じもあるが、そのまま引用することにする。つぎのような判示であった。「所論昇汞ヲ投入シタル鉄瓶沸湯ハ被告カ之レヲ甲及ヒ其ノ家人ノ必然飲用スヘキ状態ニ提供セルモノニシテ甲及其家人ノ之ヲ引用スルニ因リ始メテ致死ノ結果ヲ発生スルモノナレハ其ノ家人ノ何人カ之ヲ飲用スルヤ未定ニ属スルヲ以テ原判決ニ於テハ単ニ家人等ノ生命ニ危害アル可キコトヲ予見シナカラ云々ト説示シタルモノトス故ニ右家人ノ数其氏名ノ不明且不特定ナルモ妨ケス而シテ右ノ場合ニハ被告カ致死ノ結果ヲ予想ス可キモノト論スル得ヘク随テ右飲用者ノ数ニ応スル殺人罪存スベキモノナレハ即チ一行為ニシテ数個の殺人罪名に属スル」(3)とするのがこれである。

(1)　香川・刑法講義〔総論〕第三版（二〇〇〇年）二三四頁。こうした表現・定義が私独特のものではなく、他の論者も同工異曲ないい方をしている。ただ、私見として強調しておきたいのは、「一定範囲の誰か」にいう「一定範囲」といった制約についてである。この制約だけは無視するわけにはいかない。というのは、とかくこの枠がゆるみがちな立論が多くみられ、それによっては、概括的故意概念自体が流動的になりかねない危険も予測されるからである。それは避けたい意味でも、一定範囲といった要件の存在を強調しておきたい。

もう一点あった。誰かが選ばれたため、その誰かに対して故意ありとするのはわかる。問題なのは、その誰か以外の一定範囲のなかの誰なのかといった、残された客体との関係での故意はどうなるのかである。定義自体として、そこまで触れた所説のあるのをあまり目にしない。概括的故意という概念にも、それなりの気配りが感じられないのがわが国での現状のようである。選ばれた誰かに対する故意に触れてはいても、一定範囲内のその他の誰かについてまでの記述はしていないからである。

ただ、最近の公刊書には、一故意犯説・数故意犯説の論争に配慮して、その他の誰かに対する故意についての記述もなされている。たとえば、日高・総論三〇七頁参照。効果についてまで記述しているのは理解できる。ただ、数故意犯説にたっての記述であり、私見とはその視点を異にするが、明確な記述がなされた点では敬意を表する。

(2)　その詳細は、後出二以下で記述する。

(3)　大判大正六年一一月九日大審院刑事判決録二三輯一二六一頁。

二　素直に原文を引用しながら、どうしてこの大正六年判決が概括的故意の先例となりうるのか。それがわからなかった。たしかに、甲およびその家人の誰が被害者になるのかは未定であったにしても、その未定である家人との関係で「危害アル可キコトヲ予見シ」ていたとされ、当初から残された複数の家人に対する故意、正確にいえば家人ごとに未必の故意があったとされている。となるとこの先例が、なぜ一定範囲の誰でもよいとする概括的故意の先例となりうるのか。そういった疑念が生ずるのも当然のことである。それだけに、概括的故意の先例とする一般な理解に対しては、先例とはなりえないのではないのかといいたいわけである。もっとも現実は、私見とは逆に肯定的に解されている。「群衆に向かって爆弾を投げこむようなばあいを指す。誰が死亡するか。幾人が死亡するかはわからない」(4)とされて、概念自体の拡大化を思わせるような定義もなされているからである。そうともいえよう。だからこそ逆に、気にもなってくるわけである。

この定義と本件事案とが、どの時点でその接点を見出しうるのか。それが定かではないが、客体が群衆とされているかぎり、それは不特定・不確定な対象を予定してのことであろう。そうだとすると本件に、そうした要素を期待することはできない。客体は「甲及ヒ其家人」とされ、複数ではあっても、決して不特定の群集であることが予定されているわけではなかったからである。最終的に確定的なものを求めるとすれば、日ごろから恨みを抱いていた対甲への殺意のみであった。もっともそういえば、甲以外の対家人との関係では概括的故意を認めうるし、またそのための概括的故意ではなかったのかと反論されるのかもしれない。そしてそうであるのなら、概括的故意の先例とするのに妨げはないとはいえるはずであるといわれかねないことにもなってくる。

わが田に水を引きたい気持ちはわかる。だが本件は、概括的故意を是認したうえで、家人等にもその効果というか、その故意がおよぶとした事例なのではない。犯行当初から、単数の確定的故意と複数の故意(未必的故意)の存在を認めた事案であるに過ぎないからである。だからこそ結果として、同種類の観念的競合として処理されているだけのことである。その意味では、先にも少しく触れておいたように、概括的故意の問題として俎上にあげうる事例ではなかった。少なくとも、私見としてはそのように考えている。そうはいうものの、それでもなお、先例となりうるといった回答は消えないであろう。そういった予想は可能である。そこで、つぎのような事例についてどう答えるのか。それをさらに、聞いておきたいところとなってくる。

「家人ノ何人カ之ヲ飲用スルヤ未定」であったことから、概括的故意の先例とされるのなら、それも客体が家人という一定範囲の枠内にとどまっているからこそ、そういえるだけのことであって、逆にその枠を超え、一定範囲内にとどまらなかったようなばあい、それへの対応がどうなるのか。それが、問題になりうる余地もある。たとえば、たまたま所用あって来訪した客に「粗茶ですが・・・」として、昇汞入の薬缶からお茶を提供したとすると、その来客も概括的故意の予定する一定範囲内の客体にはいりうるものなのだろうか。家人という枠を超えていても、この法理の適用は可能になるとされるのか、あるいはされないのか。どんな回答がよせられるのかは興味のあるところである。

設例にいう粗茶の提供者が誰であるのかの指定がない。そのかぎり、回答は留保せざるをえないといわれるのかもしれない。自然な反応である。そこで昇汞水の投入者であるその人が、うっかり投入した事実を忘却して提供したとか、あるいは来客に自己の犯行の発覚するのをおそれて提供したとしたらどうであろう。

ここで私見のように、一定範囲といった枠づけに固執すると、来客はその枠づけを超えている。したがって、概括的故意概念の適用外であるといいうるのかもしれない。もっとも、知っていて提供したばあいと知らずに提供したばあいの二事例が前提になるのなら、知っていたばあいは、あるいはこの枠内にはいりうるといった所見の登場が可能になる、とそのようにいわれるのかもしれない。(5) 一定範囲と限定し前提としたとしても、その境界づけについては微妙なものを残す。ましてや群衆といった枠づけや定義づけで、この概念を維持することが可能になると、そういえるものなのだろうか。そういった疑問も抱かされる。

（4）團藤・総論二九七頁。大方のというか、ほとんどの所見がその趣旨で引用している。ただ、大塚・刑法概説（総論）［第三増補補版］（二〇〇五年）二〇〇頁は、本判決を引用されてはいるものの「その個数およびどの客体であるかが不確実」として、数故意犯説所説のように観念的競合論を是認されているわけではなかった。他方で、山口・総論一七一頁は、本判決をそのまま引用されているが、本判決が概括的故意の先例となりえない点は、本文既述のとおりである。その他、浩瀚な概説書にも、それへの詳細な解説を求めてみたが、そこでの記述はいずれも淡泊であった（内藤・総論八九九頁、山中・総論三〇七頁参照）。細かいことをいうようだが、一定範囲内の誰かなのか、群衆中の誰かなのか。そのどちらなのか。この概念そのものの限界は、本文既述のように不明確であり、そのことがまた、故意責任の有無に影響しかねない面もあるだけに、定義自体の明確化は期待しておきたいところである。

ただ、選択されるのはつねに「一」であるとするのなら、その客体の多寡にこだわる必要はないといわれるのかもしれない。それはわかるが、本文既述のような来客の事例を考えると、それほど単純に反応して妨げないものなのか。そんな疑問もでてくる。他方、残余の部分に未必の故意ありとするドイツ流の発想にあっても、群衆といった表現が適切なのか。そこまで考えているのかといった課題は残ろう。

（5）本文は、粗茶提供の枠にこだわったため、枠外の客人についての記述が淡泊となっている。でも、考えておく必要はあるであろう。そのひとつは知っていたばあい、それも本文既述のように、わが国流の概括的故意に包含されるというのであろうか。概括的という枠の希薄化が気になるが、「然り」とする可能性もありえよう。他方、不注意による提供が、この概念になじまないのは当然とされ、別罪を構成するとされるであろう。ということは、故意なら包含される可能性を残し、過失なら疎外されるということになるのか。それとも、まとめて疎外されるのか。そのことの選別についても知っておきたいところである。

その客体の範囲に関連して、余計な問題を提示してしまったようである。かりに後者であるとしたにしても、故意犯と過失犯との観念的競合とされる例は多い。そのかぎり、故意犯と過失犯との観念的競合を拒否する理由はなにもないが、概括的故意の定義として、ドイツのように「他の構成要件」とされるのなら、そこに過失犯を含むとは理解するのが許されるのかもしれないが、わが国でいう概括的故意が故意の一種であるのなら、ことは消極的になると解するほかなくなってくる。それだけに、概括的故意概念を利用すれば、自己を正当化できるとする数故意犯説の発想自体には、詰めの甘さが感じられる。この概念自体そのことへの再検討が必要なようにも思われる。なお、その点の詳細については、後出一二七頁以下で触れておいた。

三　先例とはいえない

一　そこででてくる第二の問題、それはそのあと、すなわち一個の故意として、不確定な故意の確定化がなされたあと、そこから残された他の群集、本件の事案に即していえば、家人に対する処遇はどうなるのか。それが問題となってくる。本判決は、複数の殺人未遂罪の成立を認めたうえで観念的競合として処断している。それは事実である。問題なのは、それが先にも触れたように、概括的故意＝空間的概括を念頭にいれての判示であったのか。あるいはそうであるといえるのかどうかにある。

ここで大上段に構えて観念的競合論を論議するつもりもないが、かつての大法廷判決は、一個の行為とは「法的評価を離れ構成要件的観点を捨象した自然的観察」(1)、すなわち犯罪構成要件という衣を纏わない自然の行為であると判示し、衣を纏わない範囲で法的評価の対象とはなりえないとしていた。そのなりえない自然の行為が、刑法理論の場に登場してくるのは、まさしくそれが「・・・罪名に触れ」たからである。ということは、いうまでもないが、罪名すなわち構成要件という衣を纏った時点でそのいき方が有意義とされ、その時点で違法・有責な、さらにはばあいによっては客観的処罰条件といった要件を満たしている、そのことが要求されている。

そして、衣を纏ったそのときを――大正六年判決の事案に即していえば――昇汞水を薬缶に投与したその時点で、ともかくも故意――それが確定的か未必的故意かの差があるにもせよ――はあった。だから未遂犯にもなるし、また観念的競合で処断することも可能である。それだけのことであって、格別概括的故意に、その援助を求めなければならない事案でもなかったし、また求めているわけでもなかった。したがって本件を、その先例として位置づける必要もなく、また先例としての資格を具備しているものでもなかった。そうだとすると、群衆中の誰かあるいは家人の誰かとする枠を超えて、その他の誰かに対しても故意があるとすると、それは一定範囲内という空間的概括の枠内にとどまるという制約を超えることにもなってくる。したがって、くどいようだが概括的故意に準拠したともいえなくなるし、またその先例として位置づけられる性格をもつものといえるものでもなかった。その意味で、前提となる概念との差を認識する必要のある点は強調しておきたいわけである。

（1）　最判昭和四九年五月二九日刑集二八巻四号一一四頁。

二　本件判示は「家人ノ生命ニ危害アル可キコトヲ予見」していた。いわば、事前に複数の故意があった。被害者が特定されず不確定であるのは事実としても、甲をも含めて家人全体に対する個々の殺意はあった。逆に、欠けるものがあるとすれば、それは「家人ノ数及其名」が不明確であり、不特定であっただけに過ぎないとしている。そのことの当否は別にして、この点はもう一度、考慮して欲しいところである。

もっとも、結果的に同種類の観念的競合として処断されているため、数故意犯説が自説強化の一環として、概括的故意と本判決とをその先例とし、そこに自説の論拠を求めようとしたのもわからぬわけではない。だが、先例自体に対する正確な理解を欠いたまま、さらには前提となる従前の理解を正面から拒否してまで、自説の論拠としてしまって妨げないものなのかは、さらなる検討を要する課題となってくる。

概括的故意、多少正確にいえば空間的概括の概念自体は決して明確なものではない。それだけに、先例として位置づけられたこの大正六年判決自体が、どこまでこの概念を理解したうえでの判示であったのか。それについては、既述のように疑問視される面もある。もっともそういえば、学説が先例として引用しているだけのことであって、大正六年判決自身が、そのことを意識してのことではなかった。自己に責任があるとされても困惑するだけである。

とそのように反論されることになるのかもしれない。そうだとすると、引用した学説側に問題があるとされるにしても、本判決自体が非難の対象とされる理由はない、ということになってくるのかもしれない。

わが国での既存の概説書は、概括的故意と択一的故意とを並列的な形でとらえ、またそのように区分しているのが通例である。そこで、そうした前提にたつのなら、この両者間の区別は奈辺に求められるのかが問題となってこよう。そこで、その客体が二者択一なのか複数択一なのか。客体の多寡にその差が求められるのかといえば、こうしたいい方に対しては不正確であるといった批判はありえよう。ただ、択一的故意とは、「二」から「一」を選ぶのではなく、「二以上」から「一」を選ぶ趣旨であるとするのなら、それは決して「二者」の意味にかぎられるものではない。そういった異説もみられるからである。[2] となるとこの両者、すなわち二者以上と複数択一とを区別すべき理由もなくなってくる。あえて区別しなければならない合理的な根拠もない。要するに、結果として「一」が選択されればたり、その対象が二者か複数かを問う必要もないといいうるようである。[3]

合体か別個か。そのいずれの選択によるべきかは一個の問題ではある。ただその前に、その客体の範囲に多寡の差が認められるにしても、そこで結果的に選択されるのはつねに一個の故意だけであり、だからこそ択一とされている点は指摘しておきたいところである。それもあって、概括的故意と択一的故意との組み合わせが説かれるのなら、それはそれなりに考えられる課題であるといえる。ただ問題なのは、それらがどのような組み合わせとして理解されるべきなのか。その問題が残るだけである。

択一的故意を概括的故意に一括統合する趣旨なのか。そうではなくて、概括的故意を択一的故意の傘下におくつもりなのか。そのどちらなのかといった疑問がこれである。この点、先にも少しく述べてきたように、統括するのなら、択一的故意のなかにすべてが包含される。その方向を私としては選択している。なぜなら概括的故意には、ウェーバー的故意との同一性が認められ、その役割は殆ど全面的にそこに委任されているのなら、その範囲で複数択一としての概括的故意を温存する意味はなくなってくる。そうだとすれば、福田教授の提言のように、複数択一といった意味でのこの概念は拒否することが賢明ともなってくるし、同時に不確定的故意の三態様として、概括的故意・択一的故意・未必の故意の三者を共存する形で記載するいき方も無意味なものとなってくる。ことは、後二者にかぎられることにもなるからである。福田教授の提言もその趣旨であろうと解し、択一的故意には複数択一すなわち概括的故意をも含むとし、そこから残された概括的故意とはウェーバー的故意にかぎると、そのようにこの概念の整理をすることにしたい。

ドイツでも択一的故意（Alternativvorsatz, dolus alternativus）といった類型自体は、当然のことながら認められている。そしてそこには、「おこりうる諸結果のなかから、そのひとつが現れたばあいであるのは事実としても、だからといって、補充関係（Subsidiarität）にたつわけではない。これが通説である」[4]といった解説もなされ、そこから、「行為者が知っているか、その意味では一個あるいは他の構成要件の実現を計算にいれている事例」[5]をいうといった定義もなされている。

前者にいう「おこりうる結果（mögliche Erfolge）」という結果の複数表示と、後者にいう「一個あるいは他の構成要件の実現を計算」するといった表現との間には、近似性があるのかないのか。そういった疑問がないわけではないが、いずれにせよ選ばれたのは、ともに「ひとつ」にかぎっていなかった点では、その間の共通項が感じられる。換言すれば、決して択一の結果だけに満足しているわけではなく、とくに残余の部分についても事前の認識を必要とし、しかもその対象を「一個あるいはその他の構成要件」としているからである。そうだとすれば、前項で展開した概括的故意についての私見は、この概念に関する誤解であるとして、一笑に付されることにもなりかねないのかもしれない。[6] 加えて、これまでのわが国での択一的故意（概括的故意）とは、本質的に異なった思考であるともいえ、それだけに数故意犯説による逆襲の契機ともなりかねない展開とはなっている。そのようにいえることになるのかもしれない。だから本判決は、概括的故意（択一的故意）の先例となりうるとするのなら、そのこと自身回答としてわからぬわけではないが、いずれにせよそうした自覚があってのことなのか。それが定かでないまま引用し、先例とするのは正確さに欠けるとはいいたいわけである。

（2）福田・團藤編・注釈刑法（2）のⅡ　総則Ⅲ（一九六九年）三二六頁。篠田公穂・大塚＝河上和雄＝佐藤文哉編・大コンメンタール刑法　第2巻（一九八九年）五五四頁参照。

（3）これまで記述の必要上、概括的故意・択一的故意・概括的故意（択一的故意）といった、変化に富んだ形で表現していたが、択一的故意に概括的故意を含むとする基本線に変わりはない。

（4）Tröndle＝Fischer, StGB, §3, S. 115. ここでは、択一という表現に素直に対応しているといった感じをうける。

（5）他方で本文既述のような（Roxin, a.a.O., S. 296）いい方もなされている。この両者は同一趣旨であろうと推測してはいるものの、微妙な疑問もないわけではない。というのは、そこでいう他の構成要件が、当然のように同一であることを期待しうるものでもないのなら、異種類の観念的競合も可能であるとなると、そして事実肯定的に解されているが、概括すなわち一般化することの前提として、複数の異なった故意がなければならなくなってくる。それを概括的故意とするのがドイツでの通説であることはわかるが、わが国で受け入れ可能なのかは、改めて聞いておきたいところである。

（6）Roxin, a.a.O., S. 296. 定義としてそうなることは認めながら、そのこと自体に争いのあることは指摘している。

第三節　未解決な問題点

一　残余の部分

一　私見として反対なことは既に表明している。それだけに、択一された「ひとつ」の客体に故意責任を認め、またそのための不確定的故意であるとする基本線は維持したい。だが他方で、確定されたあとの残余の部分・客体についてもまた、当初から未必的であるにもせよ故意を認めうるとするのなら、それは不確定的故意とくに択一といった前提・概念に反することにもなりかねないし、あきらかに論理矛盾といわざるをえない。不確定のなかから「ひとつ」を確定する。そこまでが、この概念のテリトリーのはずだからである。そしてそのように考えると、大正六年判決は不確定的故意概念とはまったく無関係であり、したがってまた、この概念の先例とはなりうるものではない。そのように解しているし、それがまた持論でもある。

だがドイツでの択一的故意は、そのようには理解していなかった。前述のように、論争のあることは認めながらも「おこりうる結果」といった表現をつうじて、残余の部分についても故意の存在を否定してはいないからである。(1) その意味では、表現は同一であっても、両国間ではその内容を異にしていたし、また私としてもそのように位置づけてきた。となると、これから先は余計な思考になるかとは思うものの、その間の調整がつかないものなのかといった反省はでてくる。

不確定故意の確定化、ここまでが概括的故意(択一的故意)であり、それ以上にでるものではない。いわば不確定の確定化まででこの概念は終了する。したがって、確定後の残余の部分については、もはやこの概念すなわち概括的故意（択一的故意）とは無縁の徒である。また、無縁の徒と解するからこそ、そして事実無縁であるからこそ、わが国では残余の部分について、とくに触れられることはなかったのかもしれない。

他方ドイツのばあい、不確定の確定化までは、わが国とその認識を共にするというものの、問題なのは、残された残余の部分を完全に無視することなく、確定された故意以外の、いわば放置された残余の部分についても思いを致し、その処遇を考えながら、しかもそれを択一故意概念に内包させていた。その差はくどいようだが充分認識しておく必要はある。わが国での、あるいは少なくとも私の理解する択一的故意とは、一個の故意を選出するところまでがその主役であり、選出から除外された他の部分は、この択一的あるいは概括的故意とはまったく無縁である。したがって、その無縁の残余の部分が、どのような構成要件に該当しようとも、あるいはどんな結果に結びつこうとも、さらには故意犯であろうと過失犯であろうと、それらはいずれも択一的故意（概括的故意）によって拘束されることはないと解される。それだけのことである。

だがドイツでは、それとは発想を異にしていた点は既述した。残余の部分に対する故意を、択一的故意の一環として、それを未必的に認めていたからである。ただそういいうるのなら、少なくともその残余の部分についての故意は、事前にありえたとするほかなく、またそのように解するのが通説であったといえることにもなってくる。このように、複数の故意を前提にするのなら、残余の部分に故意犯が成立するのは当然のことともいえ、それを択一的故意といった枠内で考える必要もない。ドイツでの表現を借用すれば、selbständig ではない故意として、やがては独立しようとする二個の故意といった発想によるのなら、わが国での択一的故意がそうした思考によっているとは考えられない。不確定の確定化に時間的な格差はあるにしても、いずれせよその確定化で残された部分も、未必の故意で救済されうるとするのなら、それはあるがままの事態を、あるがままに逐次解説しているだけのことであって、格別択一的故意の一環として位置づける必要もみあたらない。

ところで、その残余の部分につき、「おこりうる結果」とかあるいは「他の構成要件」といったいい方がなされていることは既述した。(2) 択一的故意の性格上、残余の部分にいう「他の構成要件」あるいは「おこりうる結果」とは、故意犯そのものと解さざるをえなくなってくる。さもないかぎり、「故意」とはいえず、論理は一貫しえないはずだからである。いずれにせよ、結果的にはその表現どおりもとに帰るにしても、日独間には差があるとして、記述していく以外に方法はないのかもしれない。

そこで、ともかく元に帰ろう。他の構成要件といったいい方が、概括的故意(択一的故意)概念の枠内での処置なのか。その枠から離れて独立した部分として、その残余の部分の処遇を、既述したような形で処理する趣旨での発言であるのか。換言すれば、それも択一的故意の枠内にとどめる趣旨なのか。あるいはその枠外なのか。定義自体に格別の制約もない点からみれば、前者と解するのが素直かとも思われるが、そうだとすると、択一といった概念の予定する守備範囲と、その他の構成要件あるいはおこりうる結果との間に、自づからなる制約がうまれてくる。それが予想される点についても既述した。

そこで、わが国での有力説所説のように、概括的故意をも含めて、それを択一的故意概念に包摂させるとしたばあい、こうした選択肢から排除された残余の部分については、大正六年判決と同じくあるいはドイツでの所説と同様に、それぞれに故意の存在を認めるといった路線を歩むことになるのだろうか。大正六年判決のばあい、甲に対する故意は確定された。そこでその確定後、換言すれば先の甲に対する故意のほかに、別途に家人に対する故意を認定した。ただそれだけのことであって、別にドイツ流の択一的故意を意識してのことではなかった。ただ、「ひとつ」の選択をまって択一的故意の役目は終わると解するのなら、残余の部分とされる他の構成要件が故意犯にかぎられる必然性もない。一個の故意を確定したあと、縁なき衆生の行く末にまで容喙することは許されないし、またそこまでが守備範囲であるかぎり、枠外に去った残余の部分に対し、とやかくいいうる余地はないということにもなってくる。

そこから、先の設例にみられるような、想定外の来客に対する粗茶の提供も過失犯とされ、他の家人等に対する故意犯との間で観念的競合とされることになんらの妨げもない。ただそれも、概括的故意（択一的故意）とは無縁の存在と解するからこそ、そういえるだけのことであって、ドイツでの定義のように複数の故意を認めるとするのなら、他の構成要件あるいは複数の結果の範囲は、おのずからなる制約を避けられなくなるはずである。具体的には、過失犯の介入は拒否するほかなくなってくる。

基本的にいって、この概念の明確化、そこからすべてが始まる。このことを忘れないで欲しい。その表現に左右されて、数故意犯説がこの故意概念を金科玉条のように捉えるのは、類概念としての設定に反する。決して概括的故意によるからといって、数故意を認めうることには結びつかないはずである。この点は、これまでにも縷述したとおりである。

（1）前出一一二頁および一三三頁参照。
（2）前出一一二頁、後出一五七頁以下参照。

二　いずれにせよ、不確定的故意の例として、わが国でいう空間的概括＝概括的故意を種概念として位置づける配慮は、ドイツにあっては考慮の外であった。それだけに、既述のように牧野博士による紹介には誤りがあったのではとしているわけであるが、同時に二者択一か複数択一かの選択をめぐって、前者をも含めて後者を選ぶといった、そうしたいき方にも関心を抱かされる。そこでさらに、もうひとつ気になる個所に触れておくことにしたい。

択一として、ひとつの故意を選択するというのなら、選択されなかった残余の部分は、最早択一的故意概念から離れ、その範疇外となってくる。換言すれば、それはもはや、択一的故意に包括されうる課題ではない。とそのように考えるものの、それもまた私見の範囲内であるにとどまり、他説が私見と同様の認識にたっているといった保証はない。現に生じた残余の部分についても、故意にもとづく外界の変化があったとして、少なくともそれらは、ともにこの概念の枠内に包括し、だから他の構成要件を排除し、またその事後処理として観念的競合がでてくるといえると、そういった形での反論がでてくるであろうし、またそのことは知っている(3)。だがだからといって、残余の部分は択一的故意とは無関係であるとする、これまでに述べてきた自説をここで変更するつもりはない。この点は、これまでにも縷述してきたところである。

二者択一あるいは複数択一というのなら、そこで選ばれるのは一個の故意であるにとどまり、だからこそ択一と呼ばれているはずである。その意味では当然のように、複数の故意あるいは別の故意が残るといった結論が、この概念からでてくるものではない。言葉本来の意味からいっても、選ばれるのは一個にかぎられるからこそ、択一的故意といった表現を利用しえたはずである。したがって、そこで選ばれるのは一個にとどまり、選ばれなかったその他大勢組が、当然のように複数の故意として是認されうるといった結論は、この概念からでてくるものではないし、また予想しうるものでもない。それはそれとして、別個の判断対象とされるだけのことである。

もう一点触れておきたいことがある。確定的故意とは、それ自身本来的に一個とする前提で論議されている。この点は動かしがたい。にもかかわらず、同じ故意概念のもとに並置された不確定的故意が、なぜ複数であっても妨げないといえるのか。逆にいって、どうして複数とされる不確定的故意を、単数である確定的故意とを並置させることが可能なのか。それとも、併存といった前提それ自体さえも放棄するつもりなのか。理解しえない面が残るのは事実である。

ただそういえば、概括的故意をも含めて択一的故意にいう択一の結果とは、その表現が示すように、一個の故意の選択が許されるだけと解するのは短絡的であり、残された残余の部分についてもまた、その数だけの故意を認めるべきであるといった反論が予想されないわけではない。現に、そうした趣旨の所見のあることは紹介済みである。ドイツでいう他の構成要件とする表現も、その趣旨の理解であることは知っている。とくに専属的法益との関連で、こうした主張がなされるのも予期していなかったわけではない。

たしかに専属的法益だから、その被害ごとに罪数を考え、その結果観念的競合で処断するというのはわかる。ただそうだとすると、たとえば残余の部分が非専属的法益であったのならどうなるのか。そういった素朴な疑問もでてくる。他の構成要件といったいい方からは、こうした疑問がでてくる可能性もあるからである。いわゆる観念的競合とは、単なる刑罰論の課題なのではなく犯罪論上の主要問題であるのなら、その命運が単に被害法益との関連でのみ、左右されてよい問題なのか。そういった疑問もでてくる。

専属的法益だから数個の故意を認め、あとは観念的競合でとするのは、それなりに理解しえないわけではないが、被害法益がたとえば非専属的であるようなばあいに、この法理の利用はどこまで可能になるのか。それとも、不可能なのか。専属的法益の多くが人身犯であるのなら、その枠からもれた、たとえば財産犯について、この法理が使えるのか使えないのか。そういった疑問もでてこよう。そこで、財産犯であったらどうなるのかと聞けば、それもまた同じく錯誤の好例として、その対象となるとされている。ただし、財産犯は非専属的法益の保護ではあっても、専属的法益とは無関係である。となると、同一の法理が使えないのかといえば、財産権保護といった視点から観念的競合論がでてくる余地はある。ということは、専属的法益であるかどうかが運命の分かれ目になっているのではない。専属的法益といった基準を金科玉条とし、それによってことを処理しようとするのにも限界がみられるようである。

専属的法益だからとする理由が決定打になるわけでもなく、加えて非専属的法益であれば個人的法益の枠を超える。そうだとすれば、公共危険罪やさらには国家にまつわる犯罪等についても、この法理がどう対応することになるのかは知っておきたいところとなってくる。どんな回答がよせられるのかは定かではない。そこで、各種の予想される回答を想定しながら、つぎのような事例を記述をしてみた。

とりあえず、公共危険罪を例にとってみると、たとえば山村内の小さな部落、そこにある村役場近辺の丙宅をも含めて、部落内のどの農家であってもよいとして放火したという事例がこれである。本罪は公共危険罪であっても、専属的法益の保護が対象になっているわけではない。それでも、被害を受けた農家の数に応じて罪数を決めるというのなら、公共危険罪と財産権保護との関連をどう考えるのか。そうした疑問に対する回答を待ちたいことにもなってくる。ただ、放火罪は公共危険罪だから、その点への配慮は無用であるとするのなら、焼燬した残余の客体との関連で、観念的競合を認める必要もなくなってくる。公共危険罪である放火罪は一罪であるに過ぎず、観念的競合で処断する必要もないからである(4)。そのような説明がなされるのかもしれない。そのかぎり、法益基準が観念的競合の是認に結びつかないし、結びつかない範囲で数故意犯説は、どんな回答を提示してくるのだろうか。焼燬した残余の客体との関連で、観念的競合を予定する余地はないからである。

（3）「一個のあるいは他の構成要件」といった表現は、ロクシンの説くところである（Roxin, a.a.O., S. 296）。そうはいうものの、彼がそのことを是認しているわけではなく、そのこと自体に争いのあることを認めながら、他の構成要件が同一罪名にあたる事例と、異なった事例であるばあいの二者を例示している。

そしてこの両者が、ともに他の構成要件の内容となりうるとするのなら、考えておかなければならない問題もでてくる。前者すなわち罪名が同じ事例は、わが国での大正六年判決とその思考を一にしている。ただ、それを択一的故意（概括的故意をも含む）の枠内に所属させうるのかについては多くの疑問点もあり、それについてはこれまでにも縷述してきた。したがって、残るのは後者についてである。他の構成要件との関係、私のいう残余の部分との関係で、未必の故意を認めるといった所見も、予定する択一された故意のほかに、未必の故意も内包しうるといった趣旨の発言なのかといった点である。本来、択一的故意と未必の故意とは別個とする認識にたつと、後者の残余の部分に対する未必の故意は、その枠から離れた別個の独立した存在と解するのが素直かとも思われるが、ロクシンの理解はそうでもなかった。同一表現でありながら、その間の差は意識せざるをえないようである。

なお、ウェーバーによると「行為者が、自己の作為あるいは不作為によって、異なった構成要件の実現を可能なものと思い（für möglich halten）、しかもそれらの実現をしたのであれば、少なくとも、その責を問いうる」（Weber (Baumann), a.a.O., S. 441）とされている。そしてこの表現、「異なった構成要件の実現」といった形で、それが択一的故意の内容を形成する事実を認め、そこからさらに、つぎのような事例を提示している。

「三〇人の外国人が住む居住地である事実を知りながら、夜半、Bはそこに放火した。すべての居住者が劫火に包まれて焼死するかもしれないとは予想していたものの、同時に、二・三の居住者が焼死するが、それ以外の者は傷害にとどまったか、あるいは無傷であることもありうる」とするのがこれである。該当条文の指定がないが、ドイツ刑法三〇七条を予定してのことかと推測してみたが、いずれにせよすべての居住者が「焼死するかもしれない」としたところから、「択一的故意にあっては、未必の故意が意味を持つ」（Weber (Baumann), a.a.O., S. 441）とするのがこれである。

（4）この点、柏木教授が「放火罪では一個の放火行為から生ずる公共の危険が罪数の基準になる」（柏木「罪数」団藤古稀二六三頁）とされているとおりである。なお、後出一六二頁以下参照。

二　その他の法益

一　そこでさらに、それ以外の非専属的法益にも触れておこう。もうひとつの設例がこれである。新車の展示会場で投石した。展示しているどのメーカーの車であってもかまわない。ともかく、どこかの社の車にあたれば可として投石したか、あるいはメーカー自体を間違えたようなばあい、当らなかった残余の車あるいはメーカーとの関連で、すなわち当該展示会に参加した会社数に応じて観念的競合が認められるとするのだろうか。ここに専属的法益といった基準の導入は許されない。財産犯は、決して専属的法益の保護を目的とするものではないからである。だが逆に財産権保護の視点からいえば、ことは肯定的に解しえられよう。ということは、専属的法益の侵害か否かが、その決定基準として普遍的となっているわけのものでもない。にもかかわらず、それに平行して、故意が単数であったり複数であったり、さらには錯誤論にも影響をおよぼすとなると、そのような融通無碍な構成が、どうして可能なのかが疑問視されてくる。そのかぎり、法益が故意の単複決定に影響するのではなく、先行する故意がその罪数を左右すると解するのが、前提から結論への素直な誘導となりうると思うのだが、そうではないだろうか。

さらに、国家に関連する犯罪をも俎上にあげてみた。余計な記述になるのかもしれないが、国家連合に加盟するおよそ一九〇余ヵ国のなかには、類似した国旗をもつ事例が多くみられる。そのうち二・三を例示すると、たとえばドイツとベルギー、ハンガリーとイタリア、オランダとフランスとは、ともに三色旗として共通し、違いがあるとすれば、その間に水平三色旗なのか垂直三色旗かの差があるだけにとどまっている。加えて、インドネシアとポーランドとは、ともに二色の水平旗であり、違うのはその二色の配置だけである(1)。それだけに、その誤認に対応するそれなりの措置、あるいはそのどちらかが不確定であったような事例が問題となってくる余地はある。

もっとも、ここでの国旗を公用のそれかぎるとするのなら、問題視される範囲は狭まってくるが、逆にかぎらないとなると、こうした問題に対する対応の度合いはより高くなってくる。ただ、公用にかぎらないとする所見は、国際的礼譲の保護からいって好ましい思考であるのかもしれないが、公用にかぎらないとしながら、そのかぎらない公用の範囲・限界が、必ずしも明確にされていないきらいがある。[2] もっともだからといって、それがここでの本題なのではない。さらなる検討にはいろう。

フランス国旗と思って損壊したら、予期に反してオランダの国旗であったとか、あるいはそのいずれか一方と思っていたら、被害は双方にわたって生じてしまったといった設例がこれである。[3] 同罪の性格は、当然のことながら個人保護の枠を超えている。これまでの錯誤の多くが、人身犯あるいは財産犯をめぐってのそれであった。そういった先例からいえば、馴染みのない事例なのかもしれない。だがだからといって、この種の事例をめぐっての錯誤があるいは択一的故意の問題が、話題にのぼらないといった保証はなにもない。その折それに対し、どう対応するのかは考えておいてよい課題のはずである。

個人の枠を超えての法益侵害である。したがって、同罪の故意は包括的な評価が可能であり、包括的であるだけに、その間の錯誤を重要視する意味はないとされるのかもしれない。現にそういわれるのかどうかは不明であるが、考えられない答えではない。ただそれにしても、気になる点はいくつかある。

(1)　これまた余計な記述になる感じもあるが、ポーランドの赤い夕陽を背にして飛翔する白鷲と、赤に勇気と情熱を、白に真理を求めて制定されたインドネシア国旗とでは、その制定の経過やその色彩のもつ意味については、まったく異なるものがある。いずれにせよ、現にこの両国の国旗に対面したとき、その区別について困惑の度を隠せないのもまた事実である。それだけに、その間の間違いが国際的な礼譲に反することがありえないことではない。そこから、困惑を感ずる事実が予想されるのなら、前もって考えておかなければならない問題ともなってくる。たとえば、前者を侮辱する目的で後者を汚損した事例などがこれである。

(2)　公用にかぎらないとすると、そのかぎらない範囲が無限定なのか。あるいはなんらかの限定をおく趣旨なのか。後者だとすれば、どこまでが許容範囲なのか。それを明示する必要はあるであろう。小暮得雄「外国国章損壊罪」團藤編・注釈刑法（3）（一九六五年）三五頁は公用にかぎっていない。

なお、一個の構成要件には一個の故意とは、これまでに縷述してきたところである。となると、本条はどうなるのかといった質問がでてくるのかもしれない。あらためていうまでもないが、本条には損壊・除去・汚損の行為が法定されている。この三個の行為は、それぞれの故意によって実行される。単純にいえば、三個の構成要件が同居しているだけのことである。したがって、それぞれの行為に対応し、それぞれの故意が存在するのは当然である。これもまた、余計な記述であった。

(3)　さらに余計な記述であるが、フランス大使館は港区南麻布、オランダ大使館は同じく港区芝公園内にあり、直線距離でさほど遠い場所に位置しているわけでもない。間違いが生じうる可能性は、充分考えられるところである。

二　同罪は「外国に対して侮辱を加える目的で・・・」とある。そしてその「外国」とは、自国以外であればどこであっても妨げないといえるのなら、包括的な評価も不可能ではないであろうし、その範囲でまた錯誤を論ずる必要もなくなってくるのかもしれない。だが同条は、侮辱目的をもって「その国の国旗」と法定している。侮辱目的と損壊された国旗との間には、その同一性が要求されており、目的と客体との同一性とが、その特定化にとって不可欠の要件とされている。そのかぎり、決して包括的な評価が可能であるといえるわけではない。

加えて目的とは、その性格上主観的違法要素とされている。主観的違法要素とは、そのことの有無によって違法性の存否が確定される。したがってそれは、あるかないかのいずれかであってそれ以外ではない。その意味では、確定的な認識が要求される。そのかぎり、責任に属する故意とはその性格・帰属を異にし、別個のものとしなければならない。(4) そうだとすれば、主観的違法要素の思い違いを問題視する余地がでてくる理由もない。思い違いは故意に特有の問題であるにしても、主観的違法要素の次元での問題ではないからである。それなら、なぜここで国章損壊罪を例示したのか。それが疑問視されることにもなってこよう。

間違いがあったのは目的なのではなく、客体である国旗の誤認であった。だからそれが錯誤かあるいは択一的故意の課題として問題視されることは可能である。そのかぎり、錯誤論で処理しうるのではないのか。あるいはともかく、一個の国旗が選ばれたといえるのではないのか。そのように反論されかねないのかもしれない。だがそれにしても、素直に納得しえないのは、やはり目的犯として法定されている事実に変更を加えられないからである。

目的犯であるのなら、そのことの存否のみが有意義であり、それ以上にでるものではない。そのかぎり目的に制約されて、錯誤論等には親しみえないことになる。加えて既述のように、故意にたとえその複数を予定し、あるいは個人的法益保護の枠を超えるから、包括的評価が可能であるとしたにしても、そのいずれもがここでの事例に、その立論の適用を予想しうるものではない。およそそこでの思い違い等が、錯誤として論じられる地位にはないからである。となると、錯誤をも含めて故意一般の問題としてではなく、個々の構成要件ごとにどう考えるのか。そこから出発する以外に方法がないことにもなってくる。

たしかに、フランス国旗のつもりがオランダ国旗であったとする間違い、あるいはフランス国旗だけではなくオランダにもとなれば、客体の錯誤に当るとはいえるし、また択一的故意の法理で処理されうるのかもしれない。ただそれにしても、素直に納得しえないのは、やはりくどいようだが目的犯として法定されている点である。

参考までに、ドイツ刑法にも目を転じてみたが、同法一〇四条には öffentlich gezeigte Flagge すなわち公式の国旗といった要件が法定されている。公式であればたりるのなら、公けの国旗を対象に、同様の事例が考えられないわけではない。そのかぎり、対象を好んで人身犯に求めるこれまでの錯誤論は、こうした事例に対してどう対応するつもりなのか。結局はやはり、各構成要件ごとにその故意を理解し、その錯誤を論ずる以外に方法はないようである。

損壊等の罪についても、その処罰規定がおかれている。ただそれはわが国とは違って、目的犯といった制約がない。したがって、主観的要件としては故意の存在が要求されているだけであり、その故意をめぐる錯誤や択一的故意の問題が生じうる余地はありうる。だがそれにしても、結果的に"zumindest bedingten Vorsatz"が必要とされるとするにとどまっている。(5) そしてここでいう条件的故意とは、いわゆる未必の故意でたりるといった趣旨であるのなら、そこに択一的故意を連想し、それで本事例を処理しようとする発想がでてくるかもしれないが、それで期待に答えることはできないようである。

(4)　目的的行為論者は、主観的違法要素を一般的なそれと特殊的なそれとに区別し、目的等は後者に属するとされている（たとえば、福田・刑法総論〔第四版〕（二〇〇四年）八二頁以下）。したがって、特殊的主観的違法要素を錯誤の次元で論じえないのはわかる。ただ、問題は前者である。錯誤論の対象として論議されているが、それは一般的主観的違法要素であるため、構成要件段階で処理されるにしても、責任の次元においてでないのは理解する。故意の占める体系的地位に差がある以上、論議の場を異にするのはやむをえないところだからである（福田・総論一一三頁以下参照）。ただそれも、かつては責任で論ぜられた錯誤が、構成要件の次元に移行しただけにとどまり、錯誤をめぐる論争それ自体に変化をもたらすものではなかった。

私見としても、錯誤に過重な負担をかけることなく、可及的に構成要件段階での解釈に、その処理を委ねるのが適切としているが（香川「法律の不知と判例理論」学習院大学法学会雑誌五一巻二号五二頁および六六頁以下参照。なお、本書一頁以下に転載してある）、そのままの形での移行を説いているわけではない。単純にいって、表現として適切でないことは知っているが、可能なかぎり、ことは構成要件の次元で処理せよという主張をしているだけである。なお、この問題をめぐる近著に、木村静子・犯罪論集　犯罪構成と故意・過失（二〇一六年）六三頁以下があり、結果的に批判的な所見が提示されている。

(5)　Vgl. Hans Joachim Rudolphi = Eckhard Horn = Erich Samson = Hans Ludwig Günther, Sytematischer Kommentar zum

Strafgesetzbuch, Band. 2000, §104, Rdnr., 5. 以下、SK-StGB と略記して引用する。

なお、条件的故意（Bedingter Vorsatz）とは、わが国での講学上の分類とは異なり、一般的には未必の故意だけの意味のようである。かってもそうであり（Vgl. Wihelm Sauer, Allgemeine Strafrechtslehre, 1949, S. 152）、現在もそうである（Roxin, a.a.O., S. 275）。ただ、条件付きとされているところから、択一的故意で処理することが可能なのかと思うのは誤解のようである。そこまではいっていない。

第四節　数故意犯説批判

一　数故意犯説

一　大幅な回り道に大分時間をとられたようである。本来の課題に帰ることにしよう。そこから、数故意犯説に対して抱く最初の疑問とは、これまでの論争で例示されてきたような、比較的説明し易い錯誤の事例に満足することなく、およそ故意一般について、その単複を考える趣旨での立論であるのか。そうではなくて、対象を錯誤のみにかぎってのことなのか。かりに後者にかぎるとするのなら、なぜ錯誤に関してのみ故意の複数化が可能になるとされるのか。一個の構成要件には一個の故意といった認識によるのなら、「なぜなの」といった疑問は避けられないところだからである。換言すれば、数個の故意を承認しなければならない理由、それについての明確な意思表示を期待したいということである。

もっともそういえば、錯誤とは本来そういうものである。思い違いがあった。だから、その思い違いをどう処理し、どう救済するのか。救済のための立論を錯誤に求めるのなら、複数の故意の是認によるほかはない。したがってそれは、錯誤論固有の課題であるとされるのかもしれない。そのかぎり、無意味な疑問の提示であったといえる。だが故意自体は、構成要件から離れて存在しえないし、それはつねに一個しかありえない。その意味では、故意は決して錯誤にのみに固有の対象なのではないともいえる。もとより故意は、その対象となる客体との関連で、単複の差のある事実は避けられないにしても、一個の構成要件には一個の故意という、この基本線に変更を求めるわけにはいかない。またいかないからこそ、その錯誤が問題視されることにもなってくる。それが従前の錯誤論としての経過であったはずである。

だがそれに対して、逆に複数の故意の存在を予定し、またそれを前提にするというのであれば、なぜ一個の構成要件中に、複数の同一の故意の共存が可能になるとなしうるのか。そのことの論証こそが不可欠の宿題となってこよう。だがこうした疑問に対して、正面からのそれへの回答がよせられているとも思えない。観念的競合による基礎づけが、その根拠ともなりえない点については、先にも少しく触れておいた。観念的競合だから故意が複数になるのではなく、複数の故意があるから、観念的に競合するとされるだけのことだからである。この点の詳細は、また後述する予定であるが、[1]それのみではなく、他の論拠とされる立論についても共鳴しうるものがない。

たとえば、A殺害の故意で、同時にAもBも死亡させたという事例について、二個の故意があるとし、そこから二個の殺人罪が成立するというのであれば、それは考えようによっては、二個の故意があって二個の犯罪（未遂をも含めて）が生じたとしているだけのことであって、故意と結果が一致するかぎり、そこにあらためてその間の食い違いを論議する実益もなくなってくる。錯誤論にその解決を求めなければならない必要もない。そうではないのだろうか。一番聞きたいことは、なぜ一個でありながら二個になるのか、あるいは二個として使えるのか。そこに核心となる課題があるのなら、それへの正面からの答えは求めたいところであり、観念的競合だからとしても、それがその説明役として充分であるともいえない。役不足である感を避けられない。

　ともあれ、一故意犯説か数故意犯説かの論争は、團藤教授と中野判事によって、ほぼ時を同じくして展開されたとは、判事自身が自認されているところである(2)。そうだとすれば、複数の故意の存在を説く論議はこれが最初のこととなり、またこの時に始まったといえるのかもしれない。もっとも、この所見の代表とされる團藤教授のばあい、自らの説に数故意犯説といった名称を付与されているわけではなかった。中野判事によって、そのように位置づけられているだけのことである。

　いずれにせよ、結果として数故意犯説の共同提案者として、ともに同じ道を歩むことになるとはいいながら、結論にいたる論理的な前提・過程・構成には、相互にその所見を異にするものがあった。法定的符合説に基礎をおく團藤教授と、抽象的符合説から出発する中野判事との差は意識しておく必要はあるのかもしれない。もっとも主張者である中野判事自身は、その間の差にこだわらないとされている(3)。そこで、その点への配慮は考慮の外においておくことにするが、前者すなわち法定的符合説に立つ数故意犯説に対しては、概括的故意を含めた択一的故意概念の分析をめぐって、間接的にではあるにもせよ、既にそれへの詳細な批判は展開しておいた(4)。したがって、差がないとされる範囲で、私見による批判は中野判事に対しても生きてくることになる。と同時に、それ以外の点では中野判事固有の論拠もみられる。そこから、そうした諸点に対して私見の提示をしていく必要性は残されている。

　ただ問題なのは、その批判の仕方である。全編のなかから、主要点を抽出して批判していく方法も考えたが、その選出方法が恣意的になるのは避けたかった。ために選んだ方法は、中野判事の構成にしたがいながら、逐次私見を述べていく方が適切なのかと考え直し、論文記載の順序によることにした。

　素材として、最初に俎上にあげられたのは「Aを殺そうとして発砲したところ弾丸はAに当らず近くにいたBに命中しこれを死に致した」[5]という、講学上によく引用される典型的な「方法の錯誤」の事例が対象になっている。もっとも論理の進展にしたがい、その事例の修正型としてA・Bともにといった、先にあげた例もでてくるが、基本的には従前から例示されている典型的な事例、すなわち人身犯の枠をこえるものではなかった。その意味では、これまでの設例から離れることなく、従前の事例にしたがうという共通の場をとおして、数故意犯説の展開はなされてきている。したがって、その意図そのものは理解できるが、それにしてもこの段階で、既に二個の疑問を避けられなかった。

その第一は、錯誤すなわち思い違いは人身犯のみに固有の問題ではない。すべての構成要件との関連で、その錯誤はありうるはずである。そして、そのありうる事例については、既にいくつか紹介しておいた[6]。ということは、既存の設例が例示であるかぎり、それは普遍化への布石となりうるものでなければならない。そうだとすれば、例示された人身犯をめぐる論争と、それがもたらす結末については、それがそのまま素直に他の構成要件をめぐる思い違い、すなわち錯誤にも利用可能な法理でなければならないはずである。失礼ないい方になるのかもしれないが、それを予定しての数故意犯説であったのだろうか。数故意犯説が、錯誤一般に関する法理であると自認されるのなら、それなりの対応は考慮の内にいれておいて欲しかった。

さらに第二に、昭和五三年七月二八日の最高裁判所判決を引用され、それによって数故意犯説は「一層関心を持たれるようになった」[7]とされて、同判決の存在が自説展開への有力な支援となることを認められている点である。同判決とは、つぎのような事案であった[8]。すなわち、同判決の認定するところによれば「被告人は、警ら中の巡査Tからけん銃を強取しようと決意して同巡査を追尾し、・・・たまたま周囲に人影が見えなくなったとみて、同巡査を殺害するかも知れないことを認識し、かつ、あえてこれを認容し・・・手製装薬銃一丁を構えて同巡査の背後約一メートルに接近し、同巡査の右肩部付近を・・・発射させたが、右巡査に・・・貫通銃創を負わせたにとどまり、・・・同巡査の身体を貫通した右びょうはたまたま同巡査の約三〇メートル右前方・・・歩道上を通行中のKの背部に命中させ、同人に腹部貫通銃創を負わせた」というのがこれである。

判決文を引用しながら、いくつかの疑問がでてきた。単純にいってこの事案は、殺人罪の事例なのか二四〇条の問題なのかがこれである。そして前者であるとすれば、中野判事のいう修正型、すなわち双方ともに被害をうけた事例とも一致する。(9) そこから本判決を参照にされながら、自説強化の論拠とされるのもわからぬわけではない。ただ、後者すなわち二四〇条の趣旨であるとされるのなら、ことはそれほど単純にはいかない。安易に頼ることもできなくなる余地もあるからである。

そこで、そのいずれの趣旨なのかと適用法条をみてみたら、二四三条があげられていた。同条は、二四〇条の未遂犯処罰規定である。ということは、強盗殺人未遂罪として予定されているといえるようである。ただ、二四〇条の処遇については、ある意味では百家争鳴の感がある。ここであげられた強盗殺人罪を結合犯であるとして、当然のように同条に含ましめうるのかについては、そのこと自体再考を要する課題であり、それだけに同条をどう理解するのかについては考慮すべき問題も多い。この点はまたあとで考慮するが、とりあえずそれがここでの直接的な課題ではないので、二四〇条をめぐる各種の理解のなかから、本件を強盗殺人罪に関する案件として位置づけているとし、その視点のみに焦点をおくことにすると、本判決は中野判事所説の殺人罪およびその修正型の例題と、同次元の事例として処理することが可能となってくる。それだけに、中野判事にしてみれば、この昭和五三年判決によって、数故意犯説に対する一層の関心を持たれるようになったとされているのかもしれない。ただそれにしても、こと二四〇条をめぐっては論争があり、その対立には顕著なものがある。したがって、強盗殺人罪のみと解するのが同条のすべてではない。となると、そうした強盗殺人罪以外に同条に内包される別個の結合犯をめぐり、どれだけの配慮があって、あるいはそれを考慮にいれながら、自説強化への支柱とされているのかどうか。さらには、殺人罪とまったく異らないとされてのことなのか。それが、一個の問題点とはなりうるようである。

ところで議論が、さらに迂回するようなことになるのかもしれないが、大事なことなので、少しく迂回することを許されたい。というのは、方法の錯誤の代表例、すなわちAにあたらずBにその結果をもたらしたという講壇事例は、いうまでもなく殺人罪を前提にしての設例であった。そうだとすれば、本件もまた同一次元での判示であるとして理解しなければ、先例としての地位を確保するともいえなくなってくる。性格の違ったものを先例とするのなら、呉越同舟のそしりを免れないからである。「A・Bの両者に致死・致傷の結果が生じた場合には、現実に二個に結果が生じているだけに・・・、このような場合をどう考えたらよいのか[10]」といったいい方は、本件をもって二四〇条をめぐる問題として意識され提示されているというよりも、殺人罪の修正型と同次元の問題として捉えているとみたほうが、素直な理解ともなってこよう。そうとでも考えなければ、同次元での立論はしにくくなってくるからである。単純にいえば、本件判示はその適用法条として二四〇条をあげてはいるが、その性格を結果的加重犯規定として捉えているわけではなく、普通殺人罪と平行して強盗殺人罪として位置づけているだけのことである。もっともそういえば、いまさらなにをといわれるのかもしれないが、私見としては確認しておきたい点ではある。その確認をしておかないと、論点が多岐にわたり錯綜しかねない余地もあるからである。それを懸念して[11]、前提的な要件の確認を最初に触れておいたわけである。

既引用の部分からもあきらかなように、二四〇条については強盗殺人罪といった故意犯を予定し、本件もまたそれを前提としている。加えて同条には、強盗殺人罪をも含むと解するのが通例であるのなら、中野判事自身の所見もまた、その点での差はなかった。結果として「強盗の際に生じた致死傷の結果に重きを置き、それが故意によるものかどうかを問わず重刑をもって臨む」とする、その一言に尽きるからである。したがって、故意のあるばあいも含むとする意味で、本件は中野判事のいわれる殺人罪の修正型すなわち方法の錯誤の修正型と、同一の法理による回答を求めうることにもなり、またそれを予定してのことと解される。逆にいえば、そのことが少なくとも一故意犯説のもつ弱点として指摘されている。(12)

その意味では、こうした修正型への回答は、殺人罪と強盗殺人罪との区別なしに、両者に共通する課題として考えられなければならないことになってくる。そしてこの両者を、そうした共通項のうえで理解するのなら、単純殺人としてA・Bを殺害した修正型も、強盗殺人としてA・Bを殺害した事例も、ともに共通の課題として処理されなければならず、その間に差はないことにもなってくる。そして、この課題に正面から答えられるのは数故意犯説しかない。それが中野判事所説の数故意犯説の概略であった。

(1)　前出八七頁および後出一五三頁以下参照。
(2)　中野「故意の個数」團藤古稀二〇二頁参照。あれから、もう三〇有余年が経過した。数故意犯説という表現も定着したようである。たとえば、佐久間・刑法総論（平成二一年）二二九頁、日高・刑法総論（二〇一五年）三二一頁、山口・総論一八八頁、山中・総論三二二頁等参照。
(3)　中野「故意の個数」團藤古稀二〇三頁参照。
(4)　前出九五頁以下で触れておいた。なお、八七頁、九九頁および規範との関連で一〇二頁以下等参照。
(5)　中野「故意の個数」團藤古稀二〇一頁。予想外の結果との関連で、併発事実といった表現が使われているようであるが、本書では修正型とする表現で統一記載する。そして、修正型の代表である昭和五三年判決については、Kに対する「未必の故意も有していなかった」（中野「故意の個数」團藤古稀二〇二頁）として、修正型の要件が明白に記述されている。この点は強調しておきたい。

他方で、大判昭和八年八月三〇日刑集一二巻一四四五頁の事案も、その先例として紹介されている（中野「故意の個数」團藤古稀二〇二頁以下）。これは、殺人罪の案件であった。したがって強盗殺人罪に関する本件よりも、中野判事のいわれる修正型としては、この昭和八年判決の方が適格であるといえるのかもしれない。にもかかわらず中野判事は、この判決に対してあまり深くは触れられていない。他方、私見のばあいは、まったく度外視してきた。ただ、長年実務に携わる中野判事が、とくに修正型を説かれる同判事にとって、その典型とも思われるこの殺人罪の修正型に対し、なぜ深い考察を避けられたのか。なんか相当の理由があってのことであろうと推測している。また、私見として引用するのに躊躇してきたのも、それなりの理由があってのことである。事案そのものに対する反省があったからである。なお、後出一五七頁注（19）参照。

（6）前出一三七頁、一三九頁以下等で、各種の事例は提示済みである。

（7）中野「故意の個数」團藤古稀二〇二頁。

（8）最高裁判所刑事判例集三二巻一〇六八頁。（6）既述のA・Bがともに被害者とされる事例を、本書では修正型と表現している。

（9）中野「故意の個数」團藤古稀二〇二頁参照。

（10）中野「故意の個数」團藤古稀二〇一頁。

（11）あとでてくるが、本件判旨は本条の性格をもつて結合犯であると判示している。重い致傷・致死の結果に、故意のあるばあいも含まないばあいも、ともに本条の枠内に含む趣旨なのか。具体的には、強盗殺人罪・強盗致死罪・強盗傷害罪・強盗致傷罪の四者の共存が考えられるが、そのどこまでの包括が可能なのかは明示していない。

そこで聞きたいことがある。この四者は、そのすべてが結合犯であるとされる趣旨なのかどうかがこれである。「然り」とする肯定的な答えがよせられないかぎり、なんのための結合犯と判示したのかといった批判を避けられまい。ただかりに、「然り」とする回答がよせられ、この四者を結合犯として同一視しうるとするのなら、逆に問題となりうることもでてくる。ひとつだけ例をあげておこう。

結果的加重犯の重い結果については、故意を必要としない。少なくとも、通説によるかぎりそうである。逆に必要とするというのなら、それは故意犯と変わらないことになる。そこから他方で、故意犯とされれば、その着手時期は有形力行使のときに求められるが、致死・致傷にこの法理は使えない。両者の共存を予定しながら、この処遇の差異を考慮にいれていたのかは、聞いておきたいところである。結合犯だからといって、四海波穏やかに終わるものでもない。なお、後出一七九頁以下参照。先にも触れておいたが、結合犯とすることの意味がわかっての判旨であったのか。そんな疑問も抱いている。

（12）　中野・総合判例研究叢書二〇七頁。なお、「殺人罪のように客体の個数によって罪数が決まる犯罪においては・・・そのすべてを認識していなくても・・・行為が一個であることを媒介として予見しなかったBの死についても故意犯を成立させる」（中野「故意の個数」團藤古稀二〇七頁）ということになるらしい。予見がなくても、故意ありとするのが錯誤論とするのも、一個の違法な故意行為といった大きな風呂敷があってのことらしい。ただ、その風呂敷のなかに、なにがどこまで包みこみうるのかは、それほど明確であるともいえない（後出一七四頁以下参照）。

加えて、客体の個数によって罪数が決まるという言い方は、すべての犯罪に適用可能な法理ではない。この点は、先にも触れておいた。それだけに、こともなげに客体の個数によって、罪数が決まる例として殺人罪をあげるのは適切であるとも思われない。おそらく専属的法益だからといった思考があって見解であろうが、法益は専属的法益のみにかぎらない。非専属的法益にあっても、客体やその他の構成要件要素によって、その罪数が規制される例は皆無ではない（前出一三七頁以下参照）。加えて錯誤は、個人的法益にのみ特有の現象なのではない。論ずるのなら、普遍的な形での展開を期待したいところである。

その結果、一個の違法な行為があるから、予見の範囲外であっても故意はあるとされても、なぜ一個の行為が複数の故意誕生の契機となりうるのかの疑問は消えないし、またそういいうることの説明があるようにも思えない。一方的な宣言をされているみたいなものである。聞きたいのは、一個の行為から複数の故意がなぜ認められるのか。その過程である。中間省略されたような形では理解しがたいといえば、だから法益をあげているといわれるのかもしれない。ただ、既述のように「客体の個数によって罪数」がきまらないようなばあいはどうなるのか。それに答えておいて欲しかった。

二　その理解に、間違いをおかさないよう可及的に客観的に紹介してきたが、紹介しながらも納得しているわけではない。かつて「数故意犯説批判」といった論稿を発表しているからなのか[13]。そういった過去からの拘束を離れきれなかったからなのか。たしかに、そうした面のあることは否定しないが、それとは別に、なお納得しがたい側面は残っている。ただ、かつてのそれと同じ批判を、ここでもう一度繰り返すつもりもない。新規の疑問だけを提示しておくにとどめたい。

中野判事による数故意犯説是認の根拠が、團藤教授との親密度にあるのは事実としても、[14]――真実、そういえるのかどうかは、問題がないわけではない。私見としては、呉越同舟の感は抱いている[15]――それよりも大事なのは、先例に対する配慮にあった。そしてその先例とは、これまでにも紹介してきた大正六年の大審院判決がこれであり、また戦後にでた先の昭和五三年の最高裁判決であった。この両者がともに、数故意犯説展開の基礎とされている点である。ということは、この両判決には数故意犯説を是認するための共通項があると理解されていたからのことであろう。そのように推測するし、またこの推測に誤りがあると反論されるおそれはないようにも思われる。

それだけに、逆に最初に問題視したいのは、この両判決は果たして同じ次元にたっての判示であったのか。そうではないのではないのか。そういった疑問を指摘しておきたい点である。そしてそのことの実証は、同時に中野理論に対し、基本的な振動を与えることにもなってくる。そこにまた本書の主題があるのなら、遅疑する必要もなくなってくる。古い明治時代の俚謡など引用して恐縮であるが、それだけに論文に使用すべき表現ではないと非難されるのかもしれないが、ことの進展のいかんによっては、「親亀こけたら皆こけた」という結果になりかねない。だから批判するというのなら、こうした形でのすなわち親亀をこけさせるような形での批判を展開していきたいと思っている。その点の指摘こそが有意義と考えるからである。

大正六年の大審院判決を概括的故意の先例とみるかどうかは別にして、ともかくも複数の故意があったとされている点は否定のしようもない。問題なのは、だからなんなのかにある。あるいはどういった根拠があって、複数の故意があるとしていたのか。それが重要だからである。「法益侵害の数に応じた二個の故意犯が観念的競合の関係で成立する」[16]といった、團藤教授と共通の論理が数故意犯説主張の根拠とされているようである。

ただ、失礼ないい方かもしれないが、二個の故意犯があれば、その間に数罪倶発が認められるのは当然のことであり、格別のこともない。そのこと自体を否というべき理由もない。問題なのは、なぜ二個の故意犯が存在するといえるのか。そこに焦点がある。論点に対する解答といった形で答えて欲しい。それだけに、既述のような単純ないい方で数故意犯説の基礎づけが可能になるのか。そういった印象は抱かされる。逆にいえば、大正六年判決をそのように理解し、またそれに準拠することに何等の抵抗感もなかったのだろうか。かつて柏木教授が「観念的競合であるということからして直ちにすべての結果が故意犯の結果であるとするのはやや論理の飛躍ではあるまいか[17]」とされていた。真実、そのとおりであると思う。先にも述べておいたように、予定外の突然の来客に対する粗茶の提供が、同じ立論で故意犯とされる理由はなにもないはずだからである。観念的競合だから数故意犯説がでてくるのではなく、複数の故意を認めたあとの処理として観念的競合が登場する。それだけのことに過ぎないと、そう考えるのが自然なのではないのだろうか。

ともあれ、数故意犯説にとっての亀鑑とされる大正六年の大審院判決は、その後の論者によって誤解されているのではないのかとする批判は既述しておいた[18]。それは、概括的故意をも含めて択一的故意の先例となりうるものではない。それだけに、択一的故意あるいは概括的故意に準拠しているから複数の故意が認められる。だからそれが、数故意犯説主張の論拠ともなりうるといった構成には無理があるといわなければならない。その間に、有機的な関連があるわけではないからである。

繰り返すようであるが、大正六年判決は客体を甲およびその家人として、被害者甲以外の客体である家人について、それが具体的に誰であるかは不確定であるにしても、ともかくもそのそれぞれの家人に対する関係で未必の故意はあったし、またそのように認定したうえで観念的競合として処断しているだけのことである。したがって、そのどこに錯誤の問題が予想されるのか。そのようにいいたいところである。さらには数故意犯説の端緒が、そのどこにみられるのか。そうした質問も提示しておきたい。錯誤の問題の先例ともいえないものを先例として引用し、どうしてそれが錯誤論展開の契機とされるのか。理解に苦しむところである。したがって、どうしても錯誤の問題として処理したければ、大正六年判決ではなくて、先にも述べたように、この昭和五三年判決を先例とすべきであった。同判決は先行する故意として、一個の故意しか認めていなかったからである。(19)

その意味でもこの両判決を同列におき、数故意犯説の論拠となりうるとするのは、そうした理解が合理的なのかといった疑義を抱かされる。それでもなお、これらを先例として維持するというのなら、そのことの論証こそが不可欠となってこよう。換言すれば、一個の故意しかなかったのにもかかわらず、複数の結果が生じてしまったという、自ら提示した本来の修正型に対し、それでもなお数故意犯説をとりうることの論証こそが有意義となってくる。その意味で、概括的故意をも含めて択一的故意の援用や大正六年判決の引用は、無縁の徒に助けを求めているようなものであり、決して肯定しうる所見あるいはいき方であるともいえない。換言すれば、頼りにすべきは昭和五三年判決ではあっても大正六年判決ではなかった。両判決の差に目を閉じて、ともに自説強化の先例とすることは、つめの甘さとして指摘されるところとなってくる。少なくとも、数故意犯説に対しては、そのことを指摘しておきたい。もっともそういえば、その間の差とはなにかと反論されるのかもしれないが、先にも少しく触れておいたように、この両判決の事案そのものを、もう一度読み直し考え直して欲しいということである。

判決文によれば「被告人の予期しなかった通行人」Kも被害者となっている。他方、行為者は巡査Tの殺害を意図していた。いわばT殺害の目的で、TにもKにも、ともに強盗殺人未遂の結果を生じさせたという、中野判事のいう修正型の典型が本判決であったわけである。それだけに数故意犯説は、この昭和五三年判決をめぐって、より深い検討をしておいて欲しかった。とはいうものの、本判決と数故意犯説との関連についての詳細な検討は期待することができなかった。そこで聞きたいのは、対Tに対する一個の故意が、結果として巻き添えにされたKに対して、なぜ認められるのか。それこそが核心となってくるからである。

もっともそういえば、私の読み方が悪いと指弾されそうである。「『Aを殺す』という故意が当該行為をしたことについての故意責任を生ぜしめ、行為が一個であることを媒介として予見しなかったBの死についても故意犯を成立させる[20]」あるいは「表象内容と現に行われた行為とがともに違法なものであれば、故意があるといって差し支えない（抽象的符合説）[21]」していることを、正確に理解していないといわれかねないからである。

理解していないと批判されそうであるといった自覚はしている。それだけに、余計な一言になるのかもしれないが、この所見を読みながら、水墨画の筆法を思い出した。水に濡れた紙面に一滴の墨を落としたら、漂う春霞みが広がり描かれていった。そのように、違法な故意行為のもたらす効果はとめどもなく拡大され、それなりの効果をもたらすことになる。それに似ているようにもうけとれたからである。そこで、かつては故意そのものが、その性格を変えることなく伸長する。そのためには、あるいは故意の同質性を担保しながら、単数が複数に転化していくとせざるをえない。そうだとすれば、それは故意の細胞分裂論しかないであろうとしたこともあったが、ここで改めて墨絵論法と命名したが、さらなる叱責をされることになるのだろうか[22]。

それはともかく、違法な故意行為があるから、予想外のBについてもその故意が認められるとするのなら、媒介役である一個の違法な故意行為によって、この故意行為はどの行為にまで伸張することが可能になるのか。設例にいうBのみにとどまらなければならない理由もないはずだからである。C・D・E・・・と無限に続いていくのか。あるいはそうではなくて有限なのか。そして、かりに有限であるとするのなら、そのリミットはどこまでなのか。新規の立論であるだけに、誘引される疑問点についての回答は明示し、誤解が生じないようにしておいて欲しかった。

(13) 香川「数故意犯説」解釈四五頁以下参照。
(14) 中野「故意の個数」團藤古稀二〇二頁。
(15) 両者間に「移転」か「及ぶ」かの差のあり、数故意犯説も一枚岩でない事実は、既述したとおりである。
(16) 中野「故意の個数」團藤古稀二〇二頁。
(17) 柏木「罪数」團藤古稀二五三頁。
(18) 前出一二七頁以下参照。
(19) 数故意犯説に準拠する、しないの差は別にして、ともかく数故意犯説に触れるばあい、恒例のように引用される、もうひとつの先例があった。先にも少しく触れたが、大判昭和八年八月三一日刑集一二巻一四四五頁の案件がこれである。相続問題の恨みもあって、Xは蚊帳のなかで睡眠中のYを、一〇数回にわたって突き刺してこれを死亡させた。ただそのとき同時に、Yが添い寝していた女児Zの頸部に刺殺傷を与え、同女をも死亡させたという事案がこれである。判例集掲載の判示事項に「殺人罪ト所謂打撃ノ錯誤」とあったところから、絶好の先例となりえた事案であったが、なぜか中野判事は、あまり触れられていない。私見としても、それほど積極的ではなかった。
　昭和五三年判決は本文既述のように、Kとの関係で未必の故意も過失さえもなく、たまたまTにもKにも結果が生じた事案であり、その意味では、典型的な修正型の先例であったが、昭和八年判決はその点に微妙なものがあり、「同時ニ」女児をもとしているだけであって、対女児との関係で、殺意の有無の認定が必ずしも明確なものではなかった。それだけに、その有無をめぐって争われ、結果的に上告審によって「右女児ニ対シ殺意アリ」とされた。ということは、結果として、本件と大正六年判決との近似性は認められても、昭和五三年判決とはその性格を異にしている。その意味で、方法の錯誤の修正型としての特性は、昭和五三年判決に求められるにしても、本件についてではない。

　昭和五三年判決は、中野判事も指摘されているように、「未必の故意を有していなかった」（中野「故意の個数」團藤古稀二〇二頁）点に注目する必要がある。その意味で、この相互の判例間には共通性を欠くと、そのように私見としては考えているが、それを意識して中野判事が、この昭和八年判決に触れなかったのか。その点は憶測の域をでていないが、ただ、未必の故意さえなかった事例と、故意ありと認定した昭和八年判決との差は意識に留めておきたい。それもあって、先例とするのなら、やはり昭和五三年判決によらざるをえないであろう、としているわけである。いずれにせよ、予定外の結果に故意責任を認めようとするのが錯誤論であるのなら、女児との関係で殺意を認めた昭和八年判決が、錯誤論の対象として登場する余地はなかった。

(20) 中野「故意の個数」團藤古稀二〇七頁。

(21) 中野・刑法総論概要　第三版（二〇〇五年）一二一頁。違法な故意ある行為といった一滴の雫、それがもたらす効果はおおきかった。ただ、予見しなかった結果との関係で、中野判事のいわれるように、未必の故意さえなかったこと以外に、不注意でその予見を欠いた、あるいはその過失さえなかった、さらには因果関係さえ欠けていた、そうしたばあいに、先行する違法な故意行為は、その効果をどこまでおよぼしうるものなのか。昭和五三年判決は、そのすべてについて肯定的なのか。あるいはそれもまた、錯誤論と解しているのか。

(22) 以下の記述のなかで、墨水といった表現がでてくる。通常、墨水とは隅田川の略称のことである。でも、ここに隅田川がでてこなければならない理由はない。墨を含んだ一滴の水といった意味で、利用しているだけのことであるに過ぎない。念のため。なお、この墨水という表現、江戸時代中期の詩人服部南郭が詠んだ詩に起因すると聞いている。

二　さらなる疑問

一　中野判事によれば、本件は認識の対象ではなかった対Kとの関連で、未必の故意さえもなかった事例であるとされている。未必の故意もまた、故意である実態に変わりはない。ということは、未必の故意さえなくてもKに故意を認めうる。その意味で、一個の違法な故意行為の効果は、この昭和五三年判決によって完全に肯定されている。そう主張したかったのであろうし、またそのように推測される。そのこと自体わからぬわけではないが、この所説との関連で、二点ほど考えておかなければならない問題がでてくる。

その第一は、まったく故意のなかった被害者Kに対しても、故意を認めるとされる点である。だから錯誤の問題であり、またそういえるのも数故意犯説によるからである。ということになるようである。もともと数故意犯説にとって、錯誤論とはそのための立論であるのなら、この帰結は素直にそうであろうといわざるをえなくなってくる。加えて、この帰結に達する経過として、違法な故意行為という一滴の墨水と、それがもたらす効果としての数故意の是認、それを説明するについては、この方がわかりやすいとはいえるからである。

ただここで、あえて屁理屈をいうつもりはないが、対Kとの関係で未必の故意さえなかったという前提とは、故意がなかったばあいのみにかぎってのことなのか、あるいはそうではないのか。そういった話題を逆に提供してみたい。たとえば行為者が、びょう打銃を発射する際、Kに対する殺意がなかったのは事実としても、その折、Tの近辺に人無きを確信して発射したのかどうか。人の現在の有無を確認して発射すべきであり、また確認しえたにもかかわらず不注意で発射した。ためにKにその類をおよぼすことになったとする、こうした設例に修正したばあいであっても、なお数故意犯説は過失ではなくて故意があったとして、二個の故意犯の存在を認めるとするのであろうか。予想外の結果との関係で、まったく故意がなかったばあいのほか、故意はなかったが過失は認められる。こうした事例にあって、一個の違法な故意行為という墨水は、そのどこまで展開してその許容範囲を拡大しうるのか。あるいはどこまで、カヴァーしうるとされるのであろうか。

かりに、回答としては肯定的な答えが返ってくるのなら、それは大は小を兼ねるからなのか。予想される過失責任は故意に吸収されるとするからなのか。そうではなくて、当初から複数の故意が存在したとされるからなのか。結果として複数の故意を是認するというのはわかるが、そこに達するまでの経過は詳らかにする必要もでてこよう。その点は明示の要ありと思うが、現に明示されているともいいえない。加えて過失さえなかったものの、因果関係は認められるといった事案については、昭和五三年判決判示のように、当然複数の故意が認められることであろう。過失責任がどうのこうのといった話題が論点にならない。それだけに因果関係・過失間の交通整理は、わかりやすいように整備しおいて欲しい。

ただここでの設例は、行為者の行為による結果として、Kのみにその害が生じたという、いわば方法の錯誤の典型的な事例であって、T・Kがともに、なんらかの被害を受けた例についてではなかった。そうだとすると、逆にともに害を受けたようなばあいを、どう処理することになるのであろうか。そういった疑問もでてくる。これが指摘したい第二の論点となってくるが、その点、数故意犯説には迷いはなかった。被害がT・Kのいずれに生じ、その害の軽重がどうであろうとも、二個の故意犯が成立するといった帰結に変動はなかったからである(1)。

他方、一故意犯説によると、そうもいえなくなってくる。どう答えるのだろうか。それが考えられなければならない。定説があるとも思えないが、ばあいをわけて考えようとする、つぎのような比較的有力な所見がみられる。予定外の被害者である対Kとの関係で、結果としてそのKが死亡したか否かに区別の基準を求め、そうすることによって、ことの処理を図ろうとしているからである。

そこから前者、すなわちTは死亡せずKが死亡したばあいは、Tに対する過失傷害とKの殺人を認め、この両者を観念的競合で処断するとする反面、後者すなわち本件のように、TもKも、ともに死亡あるいはその未遂であった例については、Tに対する殺人は認めるものの、対Kには過失を認めるにとどまるとするものであった(2)。純粋なくらい、一故意犯説に固執しての帰結であろうことは理解する。

ただ前者、すなわちT殺害の故意しかなかった行為者にしてみれば、殺意をもってTを狙って発射し、しかもそのTに殺人の着手未遂の結果をもたらしておきながら、なぜ過失に過ぎないとされるのか。釈然としないものを感じ、そこから、「なぜ過失なの?」といった、驚きの情を抱くことになるのかもしれない。換言すれば、どんな注意義務違反があったからなのか。どの注意義務違反で過失とされるのか。さらに、かりに過失さえも認められなかったばあいにはどうなるのか。昭和五三年判決が、その典型例である。

そうしたいくつかの論点が浮かんでくる。どう対処されるのであろうか。もっとも、過失があったばあいにはそういいうるとしているだけであって、つねに過失犯が成立するとはいっていない。不確かな知識で他を批判するのは、慎むべきであるといわれるかもしれない。そのとおりである。そこで忠告にしたがい、対Tとの関係で過失なしとしたらどうなるのであろう。残るのはKに対する殺人既遂のみとなってくる。これ、後述する（三）の類型を肯定的に解することにもなりかねない。だがそれを是とする趣旨にもとれない。加えて、Tに対する故意はどこへいってしまったのかといえば、それは対Kに対する殺人罪として残るとされている。故意がTからKに移動したに過ぎないから、錯誤の分野にとどまりうるとするのはわかるが、残されたKの処遇については定かではなく、釈然としないものが残る。

こうした形での一故意犯説に対しては、なんとか一個の故意といった前提自体は動かしたくない。そういった発想によるものと理解はするものの、故意は一個とする前提を維持するため、多少あるいは極度に無理な立論をしているといった印象を避けられない。そのことに、なんらの疑問も抱かれなかったのであろうか。その点で、対Kにも殺人未遂を認め、その間に、吸収関係を認めるといった立論のほうがわかりやすい。[3] ただ、前提として一故意犯説によるとしながら、たとえ一時的であるにもせよ、二個の故意犯を認めることに抵抗はなかったのか。そういった疑問は残される。

（1）　團藤・総論三〇四頁。専属的法益であるかぎり、故意の個数論は比較的説明しやすい。だが法益は、専属的法益のみにかぎらない。前者であれば、その個別化は容易であるにしてもそれ以外、とくに、複数の同質あるいは異質の法益が競合するような事例のばあい、ことはそれほど単純にはいかない。加えて錯誤は、個人的法益のみに特有の現象なのではない。その意味では、論点が特定の法益にかたよるのは危険である。

たとえば本文既述の強盗殺人罪には、生命といった専属的法益保護のほかに、財産権の保護が競合する。そこから同罪は、財産犯なのか人身犯なのかの選択に迫られる。強盗殺人罪という一個の故意犯であるとするのなら、その個数の決定に際して基準となるのは、財産なのか人命なのか。そのどちらに依存するのかが問題視される余地はあるであろう。その選定がなされないかぎり、法益に罪数決定の機能を期待するのには、若干無理があるようにも思われる。

昭和五三年判決は、強盗殺人罪という一個の犯罪を人身犯とすることによって、専属的法益侵害とする発想を基礎とし、殺人罪の修正型と同様の思考で処理していったと理解する。さもないかぎり、同判決所説のような帰結はでてこないからである。たしかに、強盗罪も殺人罪も、ともに、個人的法益の保護としては同質であり、それだけにこの説明は理解しやすいといった面のあるのは事実である。だがそこにまた、疑問の発生源があった。そうだとすると、異質のばあい、どうなるのだろう。それを考えておく必要はあるようである。そこで、いくつかの例をあげてみた。

単純にいって、非専属的法益侵害である基本犯が、同時に死の結果に結びつくばあいがこれである。ふるくは張作霖列車爆発殺人事件や、さらに遡れば比叡山僧侶焼き討ち事件等が想起される。ただ、事例があまりにも古い。そこで現代流にアレンジして、現状に当てはめれば、一二六条三項、一〇八条の両法条が連想され、それに付随して、考えておかなければならない問題もでてくる。

たとえば前者、当該法条の表現からいえば、どう考えても同条は結果的加重犯規定である。そのかぎり、死者が車の内外であるかを問わず、死者があれば同条項だけの適用でたりよう。少なくとも、通説的見解によるかぎりそうである。ただ、張作霖事件のように、当初から車内の特定人のみを殺害する目的があったようなばあい、同条項の適用があればたりるのかと聞ば、それへの回答は未解決のままである。

他方、織田信長の叡山焼き討ち事件については、それが歴史的事実であるかどうかは論争があるようであり、その意味では、仮想の例になりかねないが、延暦寺そのものの焼燬よりも、そこに居住する僧侶たちの殺害が主目的であったのなら、罪名としては強盗殺人罪と同じく、放火殺人罪といえる例ともなってくる。ということは、被殺者の多寡をとわず、一〇八条一個条だけの適用でたりることにもなる。ただ通常は、別個に殺害した人数だけの殺人罪を認め、数罪倶発としているようである。そのかぎり、放火罪はその表現上、二四〇条と同じく故意犯として規定されておりながら、ことは強盗殺人罪と同視されることもなく、公共危険罪として一罪とする性格を変える必要はなかった。無用な発言であったようである。

ただ、現住建造物等放火罪の法定刑は、上下限ともに殺人罪のそれよりも重い（一部改正により、現在は同じ）。またその表現としても、故意犯規定そのものである。そこから、強盗殺人一罪説の例と同じく、ことは放火殺人罪一罪として処断すればたりるといった所見がでてこないともかぎらない。そうだとすると、強盗殺人罪の例に倣い、同じく専属的法益の保護を重視するとされることになるのか。ただそれにしても、社会的法益の保護を主眼とする放火罪は、通常まとめて一罪であるとされている。信長は、そのいずれの罪責を問われることになるのであろうか。なお、一二六条三項との関連については、後出一八三頁以下参照。

（2）大塚・総論一九一頁以下、同・犯罪論の基本問題（一九八二）四九頁。同旨、佐久間・総論一三〇頁参照。

（3）福田・総論第四版二〇〇四年一二一頁以下。（2）の所見をあまりにも技巧的と評しているが、私見としても同感である。過失とされなければならない注意義務を見出しえないからである。ただ、当初の客体との関係で殺人一罪を認めながら、そこにとどまらなかった点については疑義がある。後出**二**参照。

二　既述した第二の疑問については、一故意犯説の内部においても、その不統一を自覚せざるをえないようである。となると、内部分裂は避けえないのか。ここにいたって、数故意犯説の軍門にくだらざるをえないのか。なんとか調整をとりうる余地はありえないのか。その責任が私に負わされるとは思わないが、かねてから強力に一故意犯説を説いてきたものとして、それなりの対応はしておく必要は感じている。

たしかに、錯誤の問題であるとし法定的符合説に準拠しながら、一故意犯説によって、ことの処理を図ろうとするのなら、既述のように四面楚歌の結果になりかねない面はある。項羽ではないが「虞兮虞兮　奈若何（虞や虞や汝をいかんせん）」ということにもなってくる。となると、一故意犯説は自らの不明を詫びなければならないものなのだろうか。といって、詫びるつもりはない。解決・救済の道は残されているはずである。それはなにかといわれれば、答えは簡単であった。錯誤という前提自体の放棄あるいはそれからの断絶にあったからである。そして、錯誤の問題ではないとするなら、法定的符合説に拘束されることもなく、既往の論争に束縛される必要もなくなってくる。錯誤にこだわるのでなければ、四海波穏やかに、すべてのことを処理しうるはずである。

行為者の故意ある違法な行為によって、予定外をも含めて複数の客体に結果が生じたのであれば、これはあきらかに錯誤の問題であり、それ以外ではない。そのように考えてきたのが、これまで具体的事実の錯誤とされるものであった。だがそれさえも、錯誤の問題ではないと否定し去るつもりなのか。そのように、糾弾されることになるのかもしれない。だが、そうはいっていない。一個の故意とその故意の予定する一個の結果が、当初の予定とは異なった別個のいずれかの客体に生じた。そこまでが、錯誤論の担当可能な分野であるにとどまり、それ以上にでるものではない。なぜなら、故意は当初から一個にかぎられているからである。したがって、そこまでが錯誤論の予想しうる錯誤論のテリトリーであり、それ以上におよぶものではない。そこから、予想に反して複数の結果が発したのであれば、それはもはや一個の故意の求める錯誤の範囲を逸脱する。一故意犯説に固執するかぎり、そういわざるをえない。いわば、錯誤論展開の限界外といいたいだけのことである。

これまでの錯誤、たとえば方法の錯誤や客体の錯誤は、そのいずれもが一個の故意行為とその因果関係の枠内に属する一個の結果までに制限され、それ以上にでるものではなかった。この点は、過去を回顧することによって、ことは自ずからあきらかなところである。初心に帰るのなら、こうしたいい方しかでてこないはずである。そこで、ひとつだけだが例をあげておこう。著名な先例として必ず引用されるのが、「ロゼ・ロザール事件（Rose-Rosahl Fall）」であった。プロイセン時代の先例であり、既に二世紀も前の事例であるため、直接原典に当たる余裕はなかったが、ロクシンを頼りに再現すれば、つぎのようである。(4)

木材業者ロザール（Rosahl）から、大工のシュリーベ（Schliebe）を殺害するよう教唆されたロゼ（Rose）は、一八五八年九月一一日の夜九時過ぎに、物陰に隠れてシュリーべのくるのを待ちうけていた。暗闇のなか、その道を歩いてきた一七歳の高校生ハルニシュ（Harnisch）を、シュリーべと誤認してロゼは同人を射殺した。その後まもなく、犯行現場をとおったシュリーべは、路上に横たわる死体を見つけ、銃弾は自己にむけられていたことを直観したというのがこれである。

典型的な客体の錯誤であり、一個の故意で一個の結果の設例にかぎられている。そしてそれが、錯誤のもともとの姿なのである。(5) だからこそ、そこで予定されていた結果は一個であるにとどまり、一個の故意行為に対する複数の結果までは、本来錯誤論の対象とはならなかった。その意味でロゼ＝ロサール事件が、その典型的な先例であった。とそのように、強調したかったわけである。それだけのことである。

そしてこのことは、既往の学説が方法の錯誤や客体の錯誤につき、共通して認めている暗黙の前提であったはずである。その意味では、当初予定した一個の故意が、予定した結果との関連で既遂・未遂の差こそあれ、それが当初存在し予定していた故意の結果であれば、それは当初の故意に対する因果関係内の結果であり、それで一個の故意のもつ役割は終了する。したがって、それ以上の配慮は不要となり、自余の条件に左右される必要はない。いわば、あるがままに擬律すればたり、その枠を超えてまで錯誤論として展開するのには疑義も残る。

一見突飛な立論と思われるのかもしれないが、たとえば本件のように、Ｔ・Ｋともに同じ結果が生じたばあいには、「錯誤理論を適用して解決されるべき問題ではなく」(6) として、錯誤論適用の場面でないとする所見はみられる。錯誤の問題でないのなら、法定的符合説が登場する余地もなく、また一故意か数故意かの課題からも解放される。そのかぎり。所与の事実に対し、そのままの擬律をしていけばたりることにもなり、事実そのように処理されている。それが既述の所見である。あるがままの事実に対して、あるがままに擬律すればたりるとするのなら、それは錯誤の問題でもなんでもないとは、私見としても以前からそのように主張し強調してきた。(7) したがって、錯誤論からの解放には賛成である。

問題なのは、錯誤論からの解放がかりに可能であるとしたにしても、なぜそれを既述のように、T・Kが同じ被害を受けた事例のみにとどめ、その間の被害に格差のある事例にまでおよばないとされるのか。当初の目的である客体との関連で、過失犯の成立しかないとし、それがまた妥当な帰結であるとされているが、(8) なぜ妥当なのかの判断を留保したい。被害が同じであれば錯誤の問題ではなく、その被害に差があれば錯誤論にとどまるといった、こうしたいき方には疑問が残るからである。たしかに、客体との関係で、その被害の軽重に考えれば、重い結果にその故意を生かしたいとする発想はわかる。ただ、軽重があるからといって、残された他方すなわち軽いほうが、無になるわけではないし、あるいは過失犯に変質しうるものでもない。あるとすれば、未遂犯としての成立が可能なはずである。

そして未遂犯とは、基本的にいって既遂犯と同一に評価される。その意味では、格別既遂犯と別個のものとして評価されなければならないものでもない。換言すれば、Tに対する殺人未遂罪の成立は可能である。行為者によるT殺害の意図は、たとえ結果的に未遂に終わったにもせよ、未遂犯としての成立は可能なはずであるのなら、予想外のKに死亡の結果が生じても、すでに一個の故意行為による一個の結果が生じている以上、構成要件の充足に欠けるところはない。そう考えると、Kが重かったばあいにのみ錯誤の問題ではないとされ、逆に軽ければ殺意があったのにもかかわらず、未遂罪が姿を消して過失傷害に過ぎないとされるのか。こちらも当初の目的であるTに、たとえ未遂であるにせよ、一個の故意に対応する因果関係内にある一個の結果が生じている。そうであれば、素直にそのままの擬律をすればたり、錯誤論に救援を求めなければならない事案ではなかった。そうはいえないのだろうか。

本来錯誤論とは、一個の故意で、その故意の内容としての一個の結果の発生を予定してのことである。ただ、前提となる一個の故意と生じた一個の結果とは、因果関係で結ばれていればたり、一個同士の同一性は要求されない。そこに思い違いがあり、その処理が錯誤論の主役となってくる。たとえKが死亡したにしても、既にTがその銃弾によって被害を受け、それが殺人未遂とどまっていたにしても、当初の殺意は対Tで実現されている。基本的に未遂は既遂と同様に評価され、そこに錯誤論を持ち込む理由はない。

（4）　Roxin, a.a.O., S. 330. もっとも、GA., 7（1859）, 332頁以下で、その詳細を知りうるとのことである。共犯の錯誤の問題も絡む事件であったが、行為者のロゼの思い違いが焦点なので、錯誤の先例とされている。

（5）　ここで、ドイツ語の文法の解説をするつもりもないが、通常最初にでてくる名詞は不定冠詞であり、そしてそれを受けるときは定冠詞となるのが通例である。ただ、ロクシンの解説にみられる、客体となる「人（Mensch）」とは、ともに不定冠詞であって、定冠詞で特定されているわけではない。もっとも、予定した人と被害者としての人とが別人であることを考えれば、だからこそそれが錯誤であるとするのなら、ともに不定冠詞で表示されるのも当然であるともいえる。それだけに、なにをいまさらといわれそうである。それは知っている。にもかかわらず、ここではともに客体が einen Menschen とされている点を重視したい。すなわち、一人の人を殺害するつもりで、他の一人の人を殺害した。そこまでが錯誤論の限界であると意識し、だからこそ、不定冠詞であったともといえるからである。

そのかぎりあるいはその範囲で、当初目的とした人をも含めて、複数の人を殺害したところまでは予定していない。だからこそ、ともに不定冠詞で標示し、不特定の別の一人としているわけである。そのように理解することが可能であるとも考えられ、またそのように解したい。その意味で、複数の被害者との関係で錯誤、すなわち思い違いがあったのは事実としても、それが錯誤論による救済の対象なのかは反省する必要もでてくる。守備の範囲外ではないのかといいたいわけである。だからこそくどいようだが、その客体が einen Menschen と表示されていることにこだわっているわけでもある。そのように私は解している。

ただ、故意移転の原則は、そうは解することなく、その刑責を広く問いうるとしている。それだけに数故意犯説が、自説の典拠とされるのもわかないわけではないが、同原則も無条件で承認されているわけでもなく、異説の存在は否定しえないところである。Williams, op. cite. 木村・主観的犯罪要素一四九頁以下参照。
(6) 大塚・総論一九二頁。
(7) 香川・総論二六二頁以下参照。
(8) 妥当とする帰結と技巧的とする批判との調整が必要となってこよう。錯誤の問題として意識するかぎり、この問題は宿題として残らざるをえない。

第五節　錯誤論からの別離

一　因果関係

一　一個の故意から複数の結果とは、本来的にいってそれは錯誤論によって収容しうる課題ではない。一個の故意で一個の結果が生ずる、そこまでが錯誤論の対象であり、またそこまでにとどめること、それが自明の理であることを強調してきた。それが錯誤論の限界であることを考えれば、自己主張できるのもそこまでであり、そこまでが限度であるとする自戒の言葉しかでてこない。換言すれば、一個の故意行為のもたらす因果関係の範囲内での一個の結果、それが錯誤論に与えられた守備範囲であるにとどまり、それ以上にでるものではない。

これまでに、自らが好んであげた方法の錯誤や客体の錯誤は、そのいずれもが、そうした認識にたっての設例であったはずである。したがって、この一対一の枠を超えれば、その超えた部分については、それとは別個にそれぞれの擬律をすればたり、錯誤論にその助けを借りて処理すべき課題ではない。なぜなら、既に一個の故意は、そこですなわち一個の結果との関連で、自己の責務を終えているからである。既述したように、錯誤に関する最も古い先例以降の鉄則を、ここで変える必要もなかった。ロゼ＝ロザール事件も、そこまでは考えていなかったからである。にもかかわらず現状は、こうした認識にとどまるつもりはなかった。依然として、錯誤論からの別離を決めかねているだけではなく、逆にその利用による複雑化の様相や傾向さえも示している。それだけに、こうした傾向に対しては、いくつかの問題点を指摘し、その反省を求めてきたわけである。

その第一が既述した所見、すなわちT・Kの二人の被害者の間に差がなければ錯誤論から除外し、逆に差があればTには過失傷害罪を認め、Kには殺人罪が成立し、この両者は観念的競合で処断されるといったいき方がこれである。過失犯と故意犯といった複数の罪名を認め、しかもそれを錯誤の問題として処理することに、なんらの違和感をも抱かなかったのであろうか。

一個の故意とそれに対応する一個の結果、それにこだわりまたそれによってことを処理する、それが錯誤論であるのなら、前提となる一個の故意行為とそれがもたらす一個の結果までで錯誤論の役目は終わるはずである。にもかかわらず、既述のように複数の犯罪の成立を認めながら、しかも錯誤の枠内にとどめようとする、その理由が定かでない。一個の結果といった要件にこだわるかぎり、その間すなわち軽重のいかんにかかわらず、その処理に格別の差があるわけでもなく、ともに錯誤論から排除するといいえたはずである。多少、オヴァーな表現が許されるのなら、いつまで錯誤論という衰竜の袖に隠れ、それにこだわろうとするのか。錯誤論にこだわろうとする立論に別れを告げたらと、そのようにいわれかねないことにもなるのかもしれない。そのこと自身、有力な所見であるとはいえ、客体の被害の度合いによって、その処遇に差を設けるとする理由が定かではない。その間の対Kの擬律に差があるのはわかるが、ともに錯誤の問題ではないとまで踏みだして欲しかった。

もっともこうしたいい方は、数故意犯説によってうけいれられるところではなかった。違法な故意行為といった一滴の墨水と、そのもたらす効果を考えれば、むしろ複数の故意犯を認めるのが自然の結果であるともいえるからである。また、そのための数故意犯説であったともいえる。それだけに、複数の故意の存在を説明し易く、だからこの方が理解しやすいとはいえるのかもしれない。ただ先にも触れておいたように、観念的競合だからといって、一個の故意が当然のように複数の故意犯として競合しうるものでもない。まずは複数の故意犯の存在を前提として、観念的競合が生きてくる。いわば、主客転倒することは許されないわけである。

そして第二に、錯誤の問題ではないとして、対Kとの関係で過失致死罪あるいは過失致傷罪を認めればたりるとする点についても、数故意犯説は当然のことながらこの適条を認めない。二個の故意犯の成立することに、その本来の機能があるにしても、またそのための数故意犯説である以上、そこに過失犯が登場する余地は皆無であったからである。そのかぎり先の有力説も、立場の違いもあって、うたかたのごとくその姿を消していくことになってしまうのかもしれない。過失よりも故意を認めようとする数故意犯説、すなわち一滴の墨水論の展開に軍配はあがり、そのもたらす効果には大きなものがあったはといえるようだからである。「弾丸が客体に当ろうと当たるまいと同じ」(1)とされる表現からは、ことを否定する趣旨とも解せられない。

ただ現に、こうした二通りの対応策があるとはいうものの、そのそれぞれについては不安も残る。まずは数故意犯説に対してである。対Kとの関係で故意ありとするのなら、現に有力説によって過失とされた結果は、数故意犯説が是認した故意犯との関係でどうなるのか。吸収関係にたつのか。あるいは過失犯であることをまったく無視して、単に二個の故意犯が成立するとでもするのか。さらには過失犯が成立するという前提自体がおかしいとするのか。結果的に、二個の故意犯とする帰結にいたるまでの障害については、それなりに整理をしておいて欲しいかったし、予想される他説への配慮もしておいて欲しかったわけである。相互に論争があるだけに、一筋縄でいかないのが法理論であるのなら、それぞれの所見に対応する自己を明確にしておいて欲しいところである。事情は、Kによって過失責任を認める所見についても、どんな注意義務に違反していたから過失があったとされるのか。結果の軽重によって過失を考えるというのなら、その過失はさらには違反の根拠とされる注意義務とは、ともに結果との関連で流動的とされる趣旨なのか。ただ、それほど容易に過失がでてくるとも考えがたい。どう考えればよいのだろうか。

第三に、もうひとつあった。対Kの死あるいはその未遂との関係で、Tがその原因になっていたのは事実としても、当該行為者にとって、対Kとの関係で過失を認めるうる余地さえなかったようなばあい、それへの対応がどうなるのかがこれである。本件が、まさしくそうであった。「たまたま」と判示しているにとどまり、過失の有無については、一言も話題にのぼっていないし、その点にはなにも触れていない。触れないままことは肯定的に処理され、二個の強盗殺人未遂罪の成立を認めている。ということは、過失の有無にかかわらず、ともかく因果関係の範囲内にありさえすればたりるのか。そこまでは否定していないということになるのなら、当っても当らなくても同じとするいい方との調整が必要になってこよう。そうではないのだろうか。そういった点が気になってくる。

加えてこの表現には、およそ限定的な意図は感じられないとすると、もうひとつでてくる問題がある。充分に確認し、余人に害をおよぼすことなどないと確信して発射したら、物陰から突然にKがあらわれたといった、――昭和五三年判決の事案が、まさしくそのようである――およそ過失さえもなかったような事例について、一滴の墨水はKにおよぶことになるのであろうか。福田教授のいわれるよう、発生した結果との関係で因果関係を必要とするというのなら、(2)対Kとの因果関係はどうなっているのか。そういった素朴な疑問が浮かんでくる。

因果関係を欠けば、その刑責は問いえないはずといえば、そのことは当然の前提として構成されており、またそのための設例である。無益な詮索は慎むべしといった箝口令をひかれることになるのかもしれない。もっともそれが、理解を促進するための単なる設例であるに過ぎないのなら、目くじら立てる必要はなかったのかもしれないし、また設例であるかぎり、この箝口令には従順でありたいとは思っている。ただ、それで済むものなのかといった反省もある。それにしても、まずは因果関係があって初めて、その構成要件該当性を問うとするのが、講学上の定番であり初歩であるのなら、そのことと対Kとの因果関係については、あらためて確認しておきたいことともなってくる。

こうした疑問に正面から答えた例のあるのは見当たらず、当然因果関係はあるとする前提にたって、その立論がなされているのが通例である。いまさらと解しているからなのかもしれない。逆にそうした制約を超え、あるいはそれを認めるための立論が錯誤論である、とでも解しているからなのか。その去就は定かでないが、少なくとも昭和五三年判決は「たまたま」とする表現をつうじて、「因果関係が認められる」と判示し、錯誤といえども因果関係の存在を要件とすることが自明の理であるとしていた。そのかぎり、格別問題視する必要はなかったのかもしれないし、条件主義的因果関係で満足しているのなら、ここでことさらあげつらう必要もでてこない。条件主義を前提とするのなら、格別の問題もおこらないのかもしれないからである。

ならば、残された学説はどうするのであろうか。というのは、学説の多くは相当説を説いている。加えて、基準となる相当性の判断基準自体も多様である。そのかぎり、判例によって提示された回答に、学説がそのまま準拠して妨げないとはいいえないし、またそういった保証はなにひとつない。とくに、どの相当説によるかによって、その帰結に変動が生ずる可能性は充分に予想される。そうだとすれば、放置しておいてよい問題であるとも思われない。因果関係の有無に触れないまま、錯誤論に直行するいき方には反省する必要もあるであろう(3)。

昭和五三年判決のような現実の事案に接すると、その感を一層深くする。対Kとの関係で「たまたま」として、条件主義的因果関係で理解するから、方法の錯誤として処理しえたにしても、他の相当説による回答がどうなるのかについては疑問ともなってくる。ばあいによっては錯誤論に依存することなく、それ以前の課題としてことは処理されるということになってこよう。換言すれば、錯誤論にはいる以前の問題に、その処理と解明とが委ねられることにもなってくる。錯誤にこだわる必要はなかったともいえよう。にもかかわらず、なお錯誤論に未練が残るのは、「たまたま」とした判文の表現を、どう解するかによるのかもしれない。

一般的にいって、「たまたま」とは偶然の意にとられるのが通例であるが、そうした偶然を排除する意図もあっての本判決であったとすれば、逆に「たまたま」とすることによって、それなりの自制をしていたといえるのかもしれない。そして、そのように解して妨げないのなら、そのことと中野理論との関連であげた、後述する（三）のような事例との関連で、どう調整するのかが気になってくる。

（1）中野「故意の個数」團藤古稀二〇七頁。
（2）福田・総論一一七頁。
（3）この問題、かつて「方法の錯誤と因果関係」刑事法学の現代的状況　内藤　謙先生古稀祝賀（一九九四年）三頁以下で触れておいた。その詳細は同稿に譲る。

二　そしてさらに、中野判事所説の「当たると当たるまいと同じ」とする表現も気になるところである。そこであげられた例とは、当初予定したAにあたらず、Bに当った事例についての解説であった。それだけのことだが、逆に当初予定したAにあたったが、Bには当たらなかったようなばあい、同じ反応を示されることになるのかどうか。一滴の墨水の広がりすなわち故意ある違法行為のゆき先については、その限度が気になっているといったら、先の当ろうが当らなかろうが同じとする回答が返ってきた。ということは、ことは肯定的に解されることになりはしないか。

ただ前者、すなわちAに当らずBにあたったばあい、対Bとの関係で故意があるとされる。それが錯誤論のもたらす効果であり、とくに法定定符合説とは、そのための立論であった。だが、後者についての反応は定かでない。すなわち、AにあたってBに当らなかったばあいがこれである。もっともそういえば、それはもはや錯誤の話題ではなく、愚かな質問であるということになってこよう。それを知りながらあえて記述したのは、やはり先の、当っても当らなくても同じとするいい方に、わだかまりが残るからである。なにを意図しての発言であったのか。明示しておいて欲しかった。

ところで昭和五三年判決は、(一) TにもKにも当たっている。そして中野判事の解説は、(二) T (A) に当らず、K (B) に当ったばあいについてであった。ならば残された組合せ、すなわち (三) T (A) にあたってK (B) に当らなかったばあい、その処遇を数故意犯説はどう考えるのか。愚問といわれかねないことを知りながら、こうした三者の組み合わせのなかで (三) の処理を、あらためて既述のよう形で提示してみたわけである。

この三者をつうじて、一個の違法な故意行為が共存する点では同じである。そして、それが媒介役になるとするのなら、一滴の墨水のもたらす効果は (三) にもおよぶとでもしなければ一貫しない。そうなのかと聞けば、(三) だけは別と回答されるのか。それとも、偶然とおりがかったKに当った事例も当らなかったばあいも、その間に差異はないとでもいった答えが返ってくるのか。水墨画の薄霞は、どこまでも漂いうるとされるのか。愚問といわれることを知りながら、やはり聞いておきたいこととなってくる。

一般的にいって、方法の錯誤のばあい、Aに対する殺意はBに移行し、対Bとの関係で殺人一罪が成立するとされている。ここまでは異論のないところである。ただ残されたAとの関連で、着手未遂としての処罰が可能であるのかどうかについては、同じ法定的符合説のなかでも所見の一致をみているわけでもない。もっとも、法定的符合説を前提とし、加えて一故意犯説に準拠するのなら、対A殺害の故意が結果的にBに移行し、そこに使われている以上、一度使った故意は二度とは使えないとして、あらためて着手未遂は認めえないという構成をとりうる余地はある。換言すれば、対Aへの故意に対応するAにその結果は発生していないだけでなく、Aに対する殺意は錯誤によってBに移行してしまっている。既にBに移行している以上、結果として因果の流れを欠き無となった対Aに、その罪責を問う理由はないといいうることにもなってくる。したがって方法の錯誤について、Aを等閑視しても妨げないとすることの論拠はそこにあると、そのように回答されるのかもしれない。発生した結果との関係で、故意との結合が確定的になるというのなら、自余の部分に対する罪を問えないはずだからである。

一度使った故意は二度と使えない。それが鉄則であるのなら、(三)にいうTに対する違法な故意行為は、予定のとおり実現されている。したがって、そのTに対する故意は、違法な故意行為といった公分母を媒介として無傷のBにもおよぶのかといわれれば、およばないとみるのが自然となってくる。ただ問題なのは、数故意犯説の論者は、それに対してどう答えるのかである。墨絵論法によったらどうなるのであろうか。それは聞いておきたいところである。どう調整されるのか。それへの回答を期待したい。

ただ、まったくの偶然であった対Kに対しても、本件判旨は「たまたま」という表現を使って肯定的である。ということは、ここでの設例(三)についても同様ということになるのかもしれない。当ろうと当たるまいと同じとされるのなら、拒否する理由もないようであるし、過失さえなくても錯誤による故意を認めるのが錯誤論であるのなら、あるいはそのための立論が中野判事所説の数故意犯説の真髄でもあるのなら、ことは肯定的に解するほかなくなってこよう。

いずれにせよ、昭和五三年判決は「たまたま」といった表現をつうじて、未必の故意さえもなかったKに対し故意ありとしている。それだけに方法の錯誤の修正型、その典型的な事例であるとされるのはわかる。そしてその結果、二個の強盗殺人未遂罪が成立するとした。T・Kに対し、ともに故意ありとするのが数故意犯説の真骨頂であるのなら、修正型に対して、このような結論がでてくることは予想の範囲内に属する。と同時に、もうひとつ考えておかなければならない問題もあった。

対Kとの関連で、判示によると「たまたま」という表現は「因果関係が認められる」ことの意味であり、他方で対Kに対する「殺人未遂の所為はTに対する強盗の手段として行われたものであるから、強盗との結合犯として・・、強盗殺人未遂罪が成立する」とする二点がこれである。もっともそれだけのことであり、それ以上に二個の故意犯を是認しうる根拠があきらかにされているわけではない。(4) したがって本件が、数故意犯説の論拠になるとされるのはその結論だけであって、なぜ二個の犯罪の成立が可能であるといえるのか。そのことの論拠に関する判示であるとも読めない。強いて求めれば、既述したような墨絵論なのか？　方法の錯誤の修正型の先例とするのなら、こちらのほうが適切であるとはしたものの、そのどこに数故意犯説是認の契機を見出しうるのか。そのこと自身、判断に迷うところである。

（4）　内田「強盗殺人未遂罪といわゆる『打撃の錯誤』」昭和53年度重要判例解説一六七頁は、TおよびKに対する強盗殺人未遂罪とする、そのことの説明が、本件判旨によって「依然としてなされていない」として批判的である。

二　結合犯

一　かつて錯誤を論じようとするのなら、二個の前提条件が満たされなければならないとしたことがあった。[1]そのひとつは、既述のように、発生した予想外の結果との関連で、因果関係がなければならないこと。そして第二に、予想外の結果との関連で、未必の故意さえ認められないこと。この二要件こそがその前提条件であるとした。これ、当然といえば当然の前提であり、格別強調すべき要件でもなかったし、それだけに昭和五三年判決が因果関係の存在を認め、加えて対Kとの関係で「たまたま」とし、未必の故意さえも認めていなかったことは、私のいう二条件を前提としたうえでの構成であったともいえる。その意味では、錯誤論展開への準備は整えられていたと評価することはできる。それだけに先例としたいのなら、この昭和五三年判決に思いをよせるべきであるとしたわけである。だが数故意犯説は、同じく昭和五三年判決を先例としながら、発生した予想外の結果、すなわち対Kに殺人未遂罪も認めている。そのための論拠は、私見とは別のそれであった。

一般的にいって、およそ錯誤を論ずるにあたって、因果関係を欠きながら、なお錯誤論の展開をするいわれはない。したがって本件が、因果関係をその根拠のひとつとして挙げているのは当然のことであり、そのかぎり、格別のこともないのかもしれない。そして、そのことに反論するつもりもないが、問題なのはそのことが、数故意犯説の論拠にどう結び付くのかである。

先にあげた（三）の設例が、再びここに登場してくる。A（T）にあたりB（K）には当たらなかった事例がこれである。因果関係もないと思われるこの事例を、なぜ問題視するのかといわれかねまい。逆にいって、それだからこそ例示した面もある。換言すれば、およそ対象外の事例を、なぜ仰々しく提示するのかといった批判は避けられないことを知りながら（三）を提示したのは、中野判事所説の立論との結びつきがどうなるのか。そういった疑問があってのことである。

一個の違法な故意行為があれば、その結果、予想外の結果との関連で当ろうと当たるまいがといったいい方との調整を知りたかったからである。同じ表現をくどいくらいなんども引用するのは、礼を失するのかもしれないが、それだけ気にもなっているし、正直にいってその真意を理解しかねているからでもある。

もっとも、因果関係を欠けば問題視する必要もない。聞く方がおかしいといわれそうである。だが中野判事は、この重要な要件である因果関係に触れられてはいない。また、当ろうが当たらなかろうが同じとする、その客体に関する規制もされていない。となると、（三）について否定的と理解する根拠も見いだしにくいことになってくる。どうなるのかといった疑問がでてくるし、それへの回答を質問する側が予測する余裕もない。

さらに、錯誤を論ずるための第二の要件、すなわち未必の故意さえも認められなかった点は、本判決が既述のように、「たまたま」とすることによってクリアしている。その意味では、大正六年判決の論理はここでは使えない。大正六年判決のばあい、家人に対する未必の故意の存在はその前提としていたからである。そこから、本判決によるKに対する殺意認定の根拠を中野理論に求めれば、それへの回答は既述のように、一個の違法な故意行為のそれのみであり、またそれ以上にでるものではなかった。（三）に対する回答は不明なままである。それだけに、くどいようだが大正六年判決との結びつき、さらには、なぜそれが数故意犯説にとって、自説の確立が可能であるとされるのか。疑問のままに残されている。

（1）　香川「方法の錯誤と因果関係」内藤・古稀一頁以下参照。

二　もうひとつ理由があった。「強盗との結合犯」だからとするのがこれである。要するに、強盗殺人罪といった一罪であり、その一個の罪である強盗の機会に、TおよびKの二人に殺人未遂の結果を生じさせた。これは典型的な方法の錯誤の修正型である。その意味では、A・Bともに死亡した事例との間で何等の径庭もない。したがって、それへの解決は数故意犯説によらなければ、正解は期待しえないとする趣旨のようである。

結合犯については、私としても一家言は持っている。(2)とはいっても、それをここで再現するつもりはない。ただ、ここでの課題となる二四〇条について、本判決がどういった趣旨で結合犯と判示したのか。それだけは問題視したいところである。一般的にいって、二四〇条には結果的加重犯規定を意味する「よって」という表現を欠いている。そこから、重い結果に故意のあるばあいをも含むと解するのが通例である。そのこと自体、私見として正当とは思わないが、それは別にして、通説によるかぎり、本条には強盗殺人罪のほか強盗致死罪の共存が可能であるということになってくる。そうだとすると、そこに共存が予定されている後者、すなわち強盗致死罪も強盗罪と傷害致死罪との結合犯とせざるをえなくなってくるが、そのように解する趣旨なのか。念を押しておきたいところである。

肯定的な回答がよせられるのか、否定的なのかは不明であるが、結合犯と判示した先例自体は肯定的であり、また肯定的に解答しないかぎり論理は一貫しえないことになってこよう。だがそれにしても、強盗罪と傷害致死罪とが結合犯となりうるとしたばあい、強盗行為への着手が強盗殺人罪そのものの着手とはいいえても、強盗致死罪という結合犯の着手時期とはなりえないからである。逆になりうるとするのなら、本罪の未遂犯の問題もでてこよう。未遂犯とは、予見した結果が不発生のばあいをいうのであれば、予見のない致死との関連で、その未遂時期をどう解するのか。そういった疑問がでてくるのも当然のことだからである。そこまで考慮して、なお結合犯としているのであろうか。

もうひとつ余計なこと。先に述べた織田信長の案件がこれである。放火罪そのものは、基本的にみて公共の安全の保護を目的とする公共危険罪であり、財産権あるいは個人の生命等の保護を目的とするものではない。だからこそ放火行為が殺人の目的でなされれば、この両罪は数罪倶発としての責を問われているはずである。そして、そう解するのがまた通例である。ただ既述したように、現住建造物等放火罪の法定刑は殺人罪のそれよりも重い（ただし、一部改正により現在の法定刑は同じ）。したがって、あらためて数罪倶発としなければならない理由はないとされると、さらなる疑問もでてくる。

他方で、二四〇条には「よって」を欠くから、強盗殺人に対しては同条の適用のみでたりるとされている。そうだとすると、同じく「よって」を欠く一〇八条についても放火殺人罪を含みうる。だから、数罪倶発の例による必要はないとされるのかもしれない。そしてそう解するのなら、その範囲でこの両法条間の平仄はあうことになる。現に、そうした所見があるのかどうかは別にして、考えられない見解ではない。法文上の表現からいえば、強盗殺人罪と同じく放火罪と殺人罪との結合犯であり、したがって放火殺人罪という単純一罪とされうる余地がないわけではないからである。だがそれも、単なる推測の範囲内にとどまり、そこに結合犯とする表現はみられるわけでもなく、放火殺人罪一罪とするのには消極的なのが現状である。

通常結合犯とは、「多くの保護法益を伴う処罰規定」[(3)]と規定されているように、同質の保護法益を対象とする強盗殺人罪も、異質の保護法益が結びついた放火殺人罪も、ともに複数の保護法益をともなう意味では、決して結合犯とする概念から逸脱するものではないともいえる。[(4)]そうだとすると、強盗殺人罪をもって結合犯とする判例の趣旨が、放火殺人罪にもおよぶとせざるをえないようである。少なくとも、二四〇条を結合犯とするのなら――もとより、私見としては反対であるが――、一〇八条についても拒否する理由はないはずである。

強盗殺人罪も放火殺人罪も、ともの複数の保護法益を内包している以上、結合犯とする概念から逸脱し、両者を別扱いする理由もないようである。そうだとすると、強盗殺人罪をもって結合犯とした判例の趣旨は、放火殺人罪にもおよんで良さそうなものとも思えるが、(5)ことは既述のように消極的に解されている。なぜおよばないのか。どこまでが結合犯概念に所属しうるのか。明確な認識があっての判示であったのか。そんな思いもするし、改めて聞いておきたいところである。

そこで、こうした課題を避けたければ、結合犯ではなくて結果的加重犯と解するほかなくなってくる。結果的加重犯とすれば、重い死の結果は、たとえば処罰条件として性格づけることによって、その未遂は基本犯そのものに求めることが可能になるからである。だがそのことと、強盗殺人罪の未遂時期とは一致しない。そのかぎり同一法条内に、性格の違った二者の共存が可能とするほかなく、また二者を認めざるをえなくなるのも、前提として結合犯と解することに由来してのことであれば、そのこと自体に反省を求めたいことは既述したし、だからこそ結合犯とする把握の仕方そのものに疑問を抱いているわけでもある。にもかかわらず、ことは逆に肯定的に解するというのなら、強盗致死罪という犯罪にとって、故意の裏返しとされる錯誤とはなんなのか。それが問題ともなってこよう。(6)錯誤とは、故意に固有の問題ではあっても、それ以外ではないからである。

本件のばあい、事案そのものが重い結果に故意があったため、殺人罪をめぐる方法の錯誤と同じく、強盗殺人罪の錯誤とし、加えて結合犯論を頼りにその錯誤が処理されている。そうすることによって、一応の解決がなされているともいえるが、ただそのいずれもが、既述のようにその立論の基礎それ自体を是認しうるものではない。数故意犯説の典拠とされるのに値するものでもなかった。

（2）香川「結合犯概念の再検討」福田＝大塚古稀祝賀三八九頁以下で、その詳細な検討をおこなっている。なお、その一部は本文中に利用している。

（3）Hans-Heinrich Jescheck＝Thomas Weigend, Lehrbuch des Strafrechts, Allgemeiner Teil, 5. Aufl, 1996, S. 265.

（4）特定の犯罪が、殺人行為を実現するために利用される例は多い。たとえば、殺人目的の強盗とか強盗目的での殺人などがこれである。この例に対し、二四〇条一条の適用だけでたりるとされている。ともに個人的法益の保護といった形で、いわば同価値性を持ちながら結びついている、だから結合犯と解するからであろうと推測している。

そこから、殺人目的での放火のように、個人的法益と社会的法益といった、異質の法益侵害が結びついた類型も、結合犯といいうるのか。そういった疑問もでてくる。イェシェックは、多くの保護法益と定義するだけで、その法益に区別を設けてはいなかった（Vgl. Jescheck＝Weigend, a.a.O., S. 265）. そのかぎり、同質・異質の区別なしに、ともに結合犯とする趣旨にも読める。ただ、そこに引用されている例を参照にすると、多数の法益とはするものの、多数の異質の法益までは考えいないようである。やはり同質にかぎる趣旨か。ただ同質の代表例に、二四〇条があることは判例自体によっても承認ずみであり、前にも述べたように、同条は、結果的加重犯規定ではないのかと問えば、結果的加重犯規定特有の「よって」を欠く。したがって、同条に強盗殺人罪という一個の故意犯が含まれるとされていたからである。

法規上の表現と、保護法益の同価値性とを根拠に、結合犯であるとする判例の、こうしたいい分もわらぬわけではない。ただ、「よって」を欠くから故意犯、正確にいえば故意犯をも含むとするのなら、それと同趣旨で、現住建造物等放火罪についても、同じことがいえるのかといった質問がでてくる。同条項には「よって」を欠き、したがって法規の表現上は故意犯規定であり、単純一罪であるのなら、強盗殺人も放火殺人もその間に差異はないともいえ、したがって答えは肯定的となってこよう。だが現状は予想に反し、放火と殺人とは数罪倶発とする回答がよせられている。

ともに同じ故意犯であるとされながら、その間の適条には差があり、それがまた通例であるにしても、なぜなのかといった疑問はでてくる。異質の法益の結合は認めえない、したがって結合犯ではないとするからなのか。そして、そういった回答がでてくるのなら、先の結合犯概念をめぐる定義との差は意識せざるをえなくなってくる。そのようになるのではなかろうかと推測してはみたものの、それも私見の範囲にとどまり、確信をもって答えた所見のあるのを知らない。ただ、数罪倶発といった帰結からは、そのように理解せざるをえないし、そのかぎり、異質の結合犯概念は否定されていることにもなってくる。

そこで一歩下がって、二四〇条は結果的加重犯と解したらどうであろう。そこに、結合犯理論が使えないのなら、保護法益の同質・異質が話題になる余地もない。そこでてくるのが、かつての張作霖事件のように、車内の要人殺害の目的で、列車を顛覆した事例がこれである。

車内の要人殺害の目的については、一二六条三項の適用が予想されるものの、同条項には「よつて」とあって、典型的な結果的加重犯規定である。したがって、そこには殺人目的は含まれないとされるのが通例であろうし、したがってそこに、結合犯概念を登場させるわけにもいかない。そこから逆に、殺意があったのであれば、別個に五四条の登場をまつほかないようである。異質の法益保護を結合犯とすることもできず、したがって、数罪の成立を前提とするほかないからである。

その点に、結合犯として故意犯と解するか、そうではなくて結果的加重犯とするかの格差がみられるのかもしれない。ただし、それにも異説はあった。「殺人罪との刑の権衡上・・致死につき故意ありしならば、本罪のみの」（木村亀二・刑法各論二二一頁）とするのがこれであり、別途に殺人罪の登場を予定させる必要はないとされているからである。

結果的加重犯規定にあってさえ、刑の権衡を理由に、殺人罪の登場を必要としないとされるのなら、事情は故意犯についても、なおさらのことであろう。とそのように考えると、そこでてくるのが先にあげた、織田信長の叡山焼き討ち事件、すなわち一〇八条の登場である。同条は、故意犯規定である。となると、五四条の登場を要求する通説は、問題外の所見ということになりかねない。だが現実は、五四条の登場が予定されている。どこに刑の不権衡があっての登場なのかは詳らかではないが、ともかくもそのようにいわれている。そうだとすると、列挙したこの三法条相互間の理解にバランスを欠くことになりはしないのか。そういった疑問もでてくる。

織田信長には一〇八条の適用のみでたり、一二六条三項とその平仄を併せる必要はない。殺人目的での放火は一個の故意犯であり、したがつて同条の適用のみで足り、別途に殺人罪の登場を必要としないとして、調整するほかないのかもしれない。ただ、そこまで意識して、一〇八条一罪でたりるとした例のあるのを聞かない。強盗殺人も放火殺人も、ともに故意犯として一罪であるとしながら、この間に五四条をめぐって、既述のような差があるのはなぜなのか。もとはといえば、二四〇条そのもの理解に問題ありといえるようである。少なくとも私はそう考える。

もうひとつあった。個人的法益と社会的法益の侵害を、それぞれ別罪とするのなら、その罪数についても各別に解すればたりよう。ただ、放火殺人罪として一罪とするのなら、その罪数決定の基準は、そのどちらに依存するといえるのか。そういった付随的な問題もでてくる。強盗殺人罪であることを理由に、昭和五三年判決を殺人罪の修正型としたのと同じく、強盗殺人罪の修正型として位置づけるのなら、一罪である放火殺人罪についても、同じ法理がでてくることになるのであろうか。そして一罪とするのであれば、別罪の登場の必要どしないが、殺人と放火を結合犯と一罪となしうるのかの疑問は残り、かりにそれが可能であるとしたにしても、罪数決定の基準がどちらになるのか。法益で決めにくい面も残ろう。なんか、適当にあしらわれているといった感を避けられない。

（5）　この点も、かつて香川「結果的加重犯と錯誤」諸問題四六頁以下で触れておいた。

（6）　その詳細は、注（3）参照。

第三章　具体的法定的符合説とその問題点——簡素化への一途——

第一節　錯語論への対応

一　具体的法定的符合説

一　刑法における錯誤の問題は、たどり着きえない永遠の迷路なのかもしれない。国際的な視点からみても、各国それぞれに論議されていながら、しかも長期にわたって論争を経験してきながら、いまだに解決の言葉さえも聞かれず、難解な課題・学説といった烙印からの解放がなされないままいまにいたっている(1)。私としても、これまでに一故意犯説や故意の移動論を提唱し、さらには錯誤の次元からの決別・撤退を強調することによって、ことを可及的に構成要件そのものの解釈の次元での課題に移行させ、錯誤論のもつ過重な負担の軽量化を図り、単純なあるいは平易化された形での収拾を試みてはみたものの、それが解決策として承認されることもなく、賛同されることもなかった(2)。

前提として一個の故意しかないのなら、どうやり繰りしても、この一個の故意という前提的な条件の枠内で、その処理をはかる。それが錯誤論にとって避けられない宿命であると同時に、またそれ以上にでるものではないはずである。もっとも犯行に当って、故意はつねに一個でなければならないとしているわけではない。現に複数の故意による犯行もありえよう。だが錯誤論は、そこまで介入する意思をもちあわせているわけではない。一個の故意による犯行とそのもたらす結末、そしてその間の食い違い、その処理をどうするのか。そこまでが自らに与えられた課題あるいは機能であるに過ぎないからである。ということは、逆にその枠を超えれば、それはもはや錯誤論にその救済を求めるべき課題ではなくなってくる。それだけに、一故意犯説やかつて説いた故意そのものの移論論に解決を求める以外に、救われる道はないとしてきた。だがそれとても、承認されることにはならなかった。簡素化しようとする願いもむなしく、論議は逆に複雑化の一途をたどっている。だがだからといって、簡素化への願望を変えるつもりはない。従前の複雑化の傾向に対しては、私なりに批判の目はむけてきた。だがことは志に反して、既往の事態に変動を加えることもなかった。本書もまた、そうした傾向に対してのささやかな、私なりの抵抗とそれへの反省を求めての記述であるともいえる。

そこからこれまでにも、ことを錯誤論によって処理することのみに埋没することなく、まずは別次元での対応とその処理を考慮すべきであるとしてきた。具体的には、因果関係の有無あるいは構成要件的行為の段階で、その処理をなしえなかったのか。さらには、それは客体あるいは行為態様の問題に過ぎないとして、終了させることはできなかったのかとするのがこれであり、ことはできるかぎり構成要件上の課題としての処理に移行させ、錯誤論以前の段階でその処理をなしえないものなのか。錯誤論に過重な負担をかけるのは避けたい。そういった発想もあって、極力複雑化の方向を避け、その負担を軽減しようと意図してきた。ただそうはいうものの、そうした私見とは逆に、事態はむしろ複雑化の方向を志向している。それが最近の傾向である。

既存の所見に対応し、自らを具体的法定的符合説と称する見解が、近時有力に展開されてきている。そして、その賛助者も多い(3)。なんとか解決への方向性を見出そうとする、そのいき方に対しては敬意を表するが、逆にそのことが、論争にさらなる拍車を駆けていることも否めない事実である。それは、簡素化とする要望とは、およそほど遠い所見であった。ただ有力であるだけに、一言も二言もいいたいことはでてくる。考えなければならない問題点も少なくない。そういった感じもうけている。その結果、これから触れようとする論点は、多角的になるかとも思われるが、気になるいくつかの点をあげながら、批判の筆を進めていくことにしたい。

ところで、講義の再現みたいになって恐縮だが、錯誤論は――その表現の仕方に、それなりの差がみられるにしても――、通常は、事実の錯誤と法律の錯誤とに区分されている。しかもそれが、国境を超えてみられるのが通例である。とくにわが国にあっては前者につき、その錯誤が同一構成要件の枠内であるのか否かによって、具体的事実の錯誤と抽象的事実の錯誤、あるいは同一の構成要件的錯誤か異なった構成要件的錯誤かといった区分がなされている。その意味で、表現の仕方は決して単一ではないが、いずれにせよ錯誤があったというそのことと、その錯誤にもとづく結果との関連を相互に勘案し配慮しながら分類し、その分類結果にしたがってそれぞれの類型内に所属させ、それによって故意あるいは責任の有無が決定される、といった方式が基礎になっている。それがまた、これまでに踏襲されてきたわが国でのいき方であった。そこから、既述のような二種の区別、すなわち同一の構成要件内か否かに対応して、それぞれの錯誤のもたらす処遇について、さらには客体の錯誤と方法の錯誤といった区別との組み合わせのうえで、ことは論議されてきた。それがこれまでの通例である。ただそれにしても、逆にいってつねに、そうしなければならないものなのか。基本的にみて、そうした疑問は抱かされる。

講学の便宜上、こうした区分がなされるのはわかる。ただそれにしても、たとえば錯誤があったとされるばあい、その錯誤を既述の類型のいずれかひとつに所属させ、またその所属させたことの結果として、さらにはどの所見によるかによって、故意のあるいは責任の有無がどのように処理されることになるのかは、必ずしも平穏な形で落ち着いているものではなかった。それだけにウェーバーがいっているように、それはまさしく困難な問題であり、アポリアであるとされているのかもしれない。たしかに現状が、そうであることは否定しえないし、またそうした形での展開がなされていることも認める。だがそれが、果たして錯誤の処理をめぐる正しい方法論であったといえるのかは、別個の評価に属する。そういった面が残らないわけではないし、また疑問が氷解されているわけでもない。

（1）　たとえば、Die ganze schwierig erscheinenden Lehre（Jürgen Baumann＝Ulich Weber＝Wolfgang Mitsch, Strafrecht. Allgemeiner Teil. 10. Aufl. 1995, S. 448）といった表現がなされているなどがこれである（本書は共著であるため、以下、引用に際しては、担当執筆者名のみを記載する）。そうであることは知っている。ただ思い違いは、日独共通の現象であるにしても、思い違いが日独だけにのみ起こりうる現象なのではない。思い違いは国境を超える。となると、他の法制にあっても、その処理は同じなのか、あるいは異なるものなのか。そうした疑問を抱くことにもなってくる。二国間だけの問題にかぎらないのなら、視野を広げて考えてみる必要はあるようである。

同じことを英米法についても考えていかなければならなくなってくる。ドイツでの所見が、唯一の指針となりうるものでもないと思われるからである。そしてその一部は、すでに他稿「事実の錯誤と故意の個数」（学習院大学法学会雑誌五二巻二号一頁以下参照）で触れておいた。ただ本稿は、本書の第二章として転載してある。なお、その詳細については、八一頁以下を参照されたい。その他の法制については、長井長信「フランス刑法における事実の錯誤（1）」北大法学三七巻一四一頁や、沢登俊雄＝沢登佳人＝新倉　修訳・フランス刑事法［刑法総論］（一九六八年）二七二頁以下等がみられる。

ここで一言、余計な発言になるのかもしれないが、ウェーバーが erscheinend といった修飾語をつけ、断定的ないい方をしていないのは、既存の論争に対して疑問を抱いていたからではなかったのか。そのような推測もしてみた。我田引水のきらいがあると非難されるのかもしれない。

（2）　錯誤論そのものが、故意はつねに一個しかない。だからこそ、その思い違いに対し、どこまで故意責任を認めうるのか。それが核心となっているはずである。そこから逆に、数個の故意が認められるとするのであれば、その数だけの犯罪が成立し、その数罪は数罪倶発あるいは併合罪として処断されればたりる。それだけのことである。だが、数故意犯説はそうは解していなかった。一個の故意であっても、保護法益との関連を考慮にいれ、数個となりうるとしているからである。ただそういえるのなら、数個とされた故意とは、先行する一個の故意と同質のものでなければなるまい。異質でありながら、数個にわかれうるとは考えにくいからである。そう考えると、数故意犯説にとって、その立論の基礎のひとつとして有力な概括的故意とは、必ず同質のものであることを予定しての立論と解さざるをえなくなってくる。したがって、概括的故意を論拠とするのなら、数故意犯説はその点につき、明確な認識があってのことでなければなるまい。少なくとも、私はそう考える。だが、それが必ずしも定かではない。意思表示がなされないまま、この概念が不確かなまま利用されている現状には不安を感ずる。

この点も、既にに触れておいた（前出一三〇頁注（5）頁参照）。同質と解するのが自然のはずである。そうだとすれば、前提として概括的故意を引用しておきさえすれば、それでたりるといえるほどことは単純ではない。同質性に関して、明確な意思表示をしたうえで、概括的故意を援用するのならともかく、それなしにことを処理しうると考えるのは、決して論理的であるともいえないからである。したがって、数故意犯説を説くのなら、まずは概括的故意そのものの反省から始めるべきである。

他方、ドイツでいう alternativus dolus（概括的故意を含む。前出一三二頁以下参照）は、異質の故意犯を排除するものではなかった。ということは、ドイツの判例・通説が故意を阻却しないとしたのも、概括的故意適用の結果としてではなく、先にも触れておいたように同価値性（Gleichwertigkeit）を前提としてのことであった。したがって、それを必要としない概括的故意概念にはなじまないといえる。

その意味で通説が、概括的故意を自説に対する論拠の一環とするのなら、まずは自らが依拠する概括的故意概念それ自体の明確化を処理しておくべきであった。ただ、論理上は同質にかぎらざるをえないのなら（前出一一〇頁以下参照）。表現が同じでも、その内容は異なることを自覚し、概念自体の性格が不明確のまま、安易に概括的故意を利用すべきではなかった。そこから、本質を変えることなく故意の複数化を説くのなら、それは細胞分裂と類似の現象あるいは発想とでも考えなければ説明がつかない。そこで数故意犯説とは、故意の細胞分裂論なのかとしたこともあったが（香川「数故意犯批判」五八頁以下、前出九一頁注（4）等参照）、数故意犯説からくる回答を待ちたい。

ただ一個の故意が、希薄化されることなく複数化するというのなら、そのことの論拠については、数故意犯説の論者自身が、他を納得しうるような形で明示すべきであったろう。故意移転の原則も、そのための立論であるとされるのかもしれない。だがそれが、充分な理由となりえないことは既に述べておいた（前出九七頁以下参照）。

近時、この数故意犯説に共鳴する所見も多くみられるが、なぜか肝心の論点、すなわちなぜ単が複となりうるのかに答えていない。

（3）賛同する学説も、具体的符合説と称してこの陣営に属するいき方と、具体的法定的符合説と名称を変えるいき方の二者がみられる。基本的にみてこの両者間に差異はないのなら、どちらかにまとめて表記して欲しいともいいたくなるが、逆に内政干渉といわれたくなければ、沈黙する以外に方法はないのかもしれない。それにしても、煩わしいといった批判だけはしておきたい。
前者の表現による者に、浅田和茂・刑法総論（二〇〇五年）三一〇頁、山中敬一・刑法総論〔第2版〕（二〇〇八年）三二三頁等があり、後者に内藤　謙・刑法講義　総論（下）Ⅰ（一九九一年）九三八頁、山口　厚・刑法総論（二〇〇一年）一八五頁等がある。とくに後者は、具体的法定的符合説とする方が「優れている」として、具体的符合説とすることには批判的である。ただ本書では、具体的法定的符合説といった表現で一括して記載する。

二　加えてもう一個、事前に考えておかなければならない問題があった。もともと本書の筆を執った動機が、錯誤論そのものに反省を求めることにあったのであれば、錯誤をめぐる多岐な論争にも触れておく必要はあったからである。ただだからといって、そのすべてをここに再現させる意思はない。とりあえずは具体的符合説と法定的符合説のみを俎上にのせるにとどめておきたい。もっともそうはいいながら、たとえば具体的符合説という名称自体は単一であっても、その内容がつねに同一であるといった保証はなく、したがってその整理の仕方自体にも煩わしさや面倒な面を避けられない。ためにその整理に若干苦労する面はあるが、ともあれ、あまり過去からの遺産に反しない形での再検討をしていくといった、そういった方針は維持していくことにしたい(4)。

たとえば客体の錯誤をめぐっては、これまでにも具体的符合説と法定的符合説との対立・論争が顕著であり、従前の具体的符合説は、「行為者の表象したところと現実に発生したところとが、具体的に符合する(5)」ことを要件とするところから、逆にその間に符合がなければ、すなわち食い違いがあれば「構成要件的故意が阻却されるべき(6)」であるとしていた。具体的な符合を要求するのなら、このように解するのが素直かと思われる。でもこの帰結が、具体的符合説にとってのすべてではなかった。逆に、故意を阻却しないとする所見も内包されていたからである。いわば、その表現が同一であるのにもかかわらず、二種の異なったしかもその結論を逆にする、既述のような具体的法定的符合説の存在も予定しておかなければならなかったからである。またその実態は、具体的法定的符合説であるにもかかわらず、具体的符合説の名称を変えようとしない所見もみられる。(7) そのこと自体の当否に容喙する意思はないが、紛らわしいといった批判は避けられないし、またそういいたいところである。

そこでまた、一言余計なことになるが、具体的法定的符合説によるかぎり、客体の錯誤は結果的に法定的符合説の帰結と一致する。だから、この名称がつけられたのか。あるいは逆に、具体的符合説のなかに法定的符合説が吸収された。だからこの名があるのか。その辺の事情については定かではないが、通常、企業合併のばあい、吸収した側の名称が先行し、被吸収者側はそれに後行する形をとっている。ということは、法定的符合説は、具体的符合説の軍門にくだったことになったのだろうか。

平野教授の命名した具体的法定的符合説を前提にしながら、挙句のはてはそこから、その法定的といった要件さえもカットし、具体的符合説と自称する所見のあることは既述した。(8) 改称の当否に批判を加えようとも思わないが、この表現で故意を阻却しないとする、同説のもつ実質を表明することができるのかといった疑問は残る。「名は体をあらわす」といいうるのか。こうした具体的符合説と故意不阻却とが等記号で結びつくのか。そういった、問題を残すともいえるからである。いずれにせよ、客体の錯誤について殺人罪一罪として故意の阻却を認めないのは、法定的符合説の帰結と一致する。既存の具体的符合説は、その範囲で自己の領域の割愛を余儀なくされたともいえるのかもしれない。そうだとすれば、割愛されながら過去の名称にこだわるのも、あまり適切であるともいえなくなってくる。

ただ、同一構成要件内での思い違いについては、そのほかに方法の錯誤があり、客体の錯誤をも含めて故意阻却の是非が争われてきた。それだけに必ずといってよいくらい、既述の二学説があげられるのはわかる。少なくとも、これまではそうであった。だが現在、これらの表現をそのまま使おうとすると、既述のように、誤解を招きかねないことにもなってくる。具体的符合説・純正具体的符合説・法定的符合説・具体的法定的符合説・抽象的法定的符合説等々、思いつくままに列挙してみただけでもこれだけの変化がみられる。それぞれに、自己を主張したい気持ちはわかる。だが、錯誤論が難解とされることのひとつに、こうした多岐な学説の対立があることも否定できない。同一構成要件の枠内に絞ってさえも、これだけの対立は避けられなかった。それだけに各種の見解の主張者は、それなりに整理の方向を指向して欲しかった。

基本的にいって、どこまで故意責任を問いうるのか。それをめぐっての対立であるのなら、もともと事実の錯誤は故意を阻却する。それが原則であったはずである。そうだとすれば、その例外事由としての錯誤を、どこまで認めうるのかといった形で考えなければならない課題となってくる。例外事由であるだけに、拡大化の方向を指向するのは決して好ましいことではない。既述の各種の見解が、そのための基準を明示するための所見であるのなら、極力謙虚であって欲しかったということにもなってくる。

ともあれ、ここで当面の対象としたいのは、既述の具体的法定的符合説についてである。同説が誕生するについては、先例を予定しての発言であったことはわかる。換言すれば、従前の具体的符合説と法定的符合説との両説の折衷のうえに構成されていたからである。とはいうものの、先例とされる具体的符合説そのものの内容は、決して画一的なものではなかった。それだけに、どう引用したら誤解を招かないことになるのか。その判断に迷うところであるが、ともあれ創始者である平野教授が、批判の目を向けた具体的符合説とは、同教授によってどのように理

解されていたのか。それに頼るほかはない。つぎのように述べられている。(9)

まずは客体の錯誤について、「Aだと思って殺したらBだったという場合」に殺人未遂と過失致死、他方方法の錯誤についても、すなわちAではなくてBにあたったばあいでも、殺人未遂と過失致死とされてきた。これがこれまでの所見であった。ただ、それに対して法定的符合説は、客体の錯誤・方法の錯誤の両者につき、区別することなく殺人罪一罪が成立することを認めている。これが両説をめぐる、平野教授の簡略化された形での整理・紹介である。そうであろうと思うし、またわかりやすい解説である。ただそうはいうものの、ここで同教授によって批判の矢面に立たされたのは、前者すなわち客体の錯誤であり後者は平穏のままその姿をとどめている。

ところで、その矢面にたたされた客体の錯誤は殺人罪一罪として処断すればたりるとされている。その点では、法定的符合説の陣営との同調がみられる。だから「具体的法定的符合説と読んだ方がいい」とされているわけである。両説の特徴を止揚するといった意図であるのなら、そのように命名されるのもわからぬわけではない。だが、だからといって賛意を表するのには、なお理論的に検討すべき課題は多いように思われる。ともあれ、成立の経過についていえばそうであった。

（4）　前出一九〇頁注（3）参照。そこでも触れておいたように、これから批判しようとする具体的法定的符合説が、現在有力な所見であることは認めるが、それも、もとはといえば、具体的符合説を一部修正のうえで展開されてきた学説である。だからこそ具体的法定的符合説と自称して、やや控えめな表現で満足してきたのかとも思われる。だが、その後の傾向には変化がみられ、具体的符合説とする名称にこだわり、妥協の産物であった法定的符合といった表現を、本文既述のように削除した所見もみられる。その範囲で、簡素化への期待は果敢ないものとなっている。

大阪冬の陣で惣堀を埋めさせ、夏の陣で同城を陥落させて政権を手にした徳川幕府のいき方にそれは似ている。具体的法定的符合説の論者は、そのことをどう捉えているのだろうか。もっとも、具体的法定的符合説が、その名称を変えさせられることにまで干渉する意思はない。ただ、具体的符合説とする改称が、その実態を反映した表現となりうるのかは、別個の問題である。

（5）大塚　仁・刑法概説（総論）〔第四版〕（二〇〇八年）一八九頁。もっともこれ、同教授が具体的符合説に準拠したうえでの発言なのではない。かつての具体的符合説によるのなら故意阻却になるであろうとされて引用し、紹介されているだけのことである。誤解されることもないと思うが念のため。

具体的な符合を要求するのなら、そうなるであろうとされる点で、私見としても同感である。だがそれにしても、そのように理解される側が、そうした期待に反して既に変身し、具体的法定的符合説として登場してきている。その意味では、のれんに腕押しの感を否めないが、登場自体には疑問も感じているだけに、逐一検討していくことにしたい。

なお、本文中でも触れておいたが、具体的符合説が具体的法定的符合説の意味で使われ（前出一九三頁注（4）参照）、それが一般化している傾向もみられる。そこから、客体の錯誤は故意を阻却しない点で異論はないとまでいわれているが（たとえば、鈴木茂嗣・刑法総論〔第2版〕（二〇一一年）一〇六頁参照）、もともとそのための立論であるのなら、異論がないのは当然であるのかもしれない。だがそれも具体的法定的符合説を説くのなら、そういえるだけのことであって、異論がないわけではない。ただ、近時の具体的符合説は、その名が実態をあらわしていないことは既述した。こだわるのなら、平野教授所説のように、具体的法定的符合説とすべきであったろう。

（6）大塚・総論一九〇頁。なお、故意を阻却するとする従前の所見を「純粋具体的符合説」と命名して、これを排除すると同時に、逆に故意を阻却しないとする所見こそが、具体的符合説の本命であるとされている例もある（山口・総論一八五頁参照）。紛らわしさが輻輳するが、私自身の整理を前提にして進めていきたい。

（7）前出一九〇頁注（3）参照。

（8）平野・刑法　総論Ⅰ（一九七二年）一七九頁。

（9）平野・総論Ⅰ一七九頁参照。

三　自説でもないのに、なぜ輻輳化する他説の検討に、これほどまでに追われるのか。そういわれるのかもしれない。ただ、最終的に簡素化を意図するのなら、逆に輻輳化の原因につき「なぜなの？」といった疑問と、そのことの検討の必要性を感じさせられる。そこで、創始者である平野教授の所見に、それへの答えを求めてみたわけである。同説誕生の由来として、つぎの二個の事由があげられている。

そのひとつは、「現在ドイツで通説・判例となっている見解は・・・殺人の既遂を認める」といった、比較法的な考慮にもとづくものであり、そして第二に「『その人』を殺そうと思って『その人』を殺したのであるから、殺人の既遂」[10]にあたるとされる二点がこれである。

法定的符合説にとって、構成要件上要求されるのは「人」ではあっても、その「人」がAかBかは問わない。したがって、対Bとの関係でも故意責任を認めうるとしてきた。要は「人」を媒介項とするだけで、法定的符合説はなりたっていた。だがその帰結を、自己の陣営のそれと同視するに際して具体的法定的符合説は、これまでの客体の錯誤をめぐる立論を、そのままの形で使用することはなく、なぜか新たに「その人」といった要件の設定をなしたうえで、その導入をおこなっている。そしてまた、事実そのような表明もなされており、それが同説の特徴ともなっている。なぜなのか。それが自己陣営への導入の契機となるだけに、なぜ「人」ではたりず、「その人」としなければならなのか。そういった疑問については、もう少しその詳細を明示しておいて欲しかったし、またそのこと自身知りたいところでもある。だが、それが必ずしも定かでないし、あきらかにされているわけでもない。

A・Bであれば特定化が前提となり、またそれ以外ではありえない。他方、人であれば不特定となる。区別するとすれば、人かそれ以外かだけであり、人それ自体が特定されているわけではない。したがって、前者すなわちA・Bであれば符合が拒否されても、後者であればそれが可能となってくる。だから後者によって、錯誤の問題は解消される。それだけのことであり、それが法定的符合説のいい分であった。だが、そこに加えて登場したのが、具体的法定的符合説であり、同説所説の主要点は、既述のように人ではなくて「その人」であった。そこでどう違うのか。なにを予定しての発言なのか。それは知りたいところだが、その点についての記載はない。

それだけに、その対応に迷うところともなってくる。ただ、あげられた事例を対象にするかぎり、そこでの「その人」とは被害者、すなわち構成要件上の客体が前提になっている。客体が人である範囲で、この制限は生きてくるとはいえそうである。それはわかる。だが客体が人であるばあいのみが、構成要件のすべてではない。客体が人以外のばあいであっても錯誤はありうる。となると、こうしたばあいの錯誤について、「その人」論はどんな役割を演ずることになるのであろうか。それがわからない。そんな素朴な疑問もわいてくる。

ともあれ、二個の論拠があげられていた。そのひとつにドイツでの通説・判例があるのなら、まずはとりあえず、そのことの検討から始めることにしよう。そしてそのための手がかりを、ウェーバーの所見に求めてみた。つぎのようにいっている。「通説・判例によれば、先にあげた設例は、つぎのような定理によって解決されている。すなわち、行為の客体が同価値性（Gleichwertigkeit）をもつため、当該行為客体についての錯誤は、見かけだけのものともなり、そのかぎり同じ結果となってくる」[(11)]とするのがこれである。

予想外の結果との関連で、故意が肯認されることの論拠は、まさしく客体の同価値性にあったとされている。もつとも同価値とは、客体としての同価値であればたり、その同価値が「その人」といった制約に拘束されるいわれはないともいえる。ただウエーバー自身、同価値性について格別のコメントをつけているわけではなく、私がそのように推測しているだけのことであるが、いずれにせよ予想外の結果との関連で故意責任ありとするのなら、そこで同価値の要求される客体とは「人」なのか。それとも「その人」まで意味する趣旨なのか。そのことの指定は欲しいとはいいたいところである。ウェーバー自身その点につき、特段の解説をしているわけでもない。したがって、多少消化不良の気味もあるが、少なくとも「その人」とまで限定する意味ではなかったであろうとはいえるし、またそのように私は理解した。

そのかぎり、ドイツでの通説・判例のように、故意不阻却といった点でその軌を一にしているのは事実であるにしても、肝心の同価値性をどう考えるのか。なぜそこから、人ではなくて「その人」がでてくるのか。それらの点への意思表示は定かにされているわけでない。したがって、それへの検討をしないままでドイツでの先例によるとされても、混迷の度を増すだけである。

ただ、これまた余計なことなのかもしれないが、ドイツのばあい、客体の錯誤と方法の錯誤といったの二者の区別は認めるにしても、この二者を、わが国で論議されているように、同一構成要件内の錯誤として統一的に理解しようとしているわけではない。[12] その意味では、同一構成要件内の錯誤であるのにもかかわらず、なぜその判断基準を異にするのかといった批判がでてくる余地はない。同一の構成要件か否かの枠を超えて、客体の錯誤か方法の錯誤かが論議の対象とされているだけのことだからである。その意味でも、先例となりうるといえるのかは、疑問を留保しておきたいところである。だがわが国で、そこまで明示した所説のあるのを聞かないからである。

それはともかく、設例にいうA殺害の目的でBを人違いしたという、わが国と同じような事例について、「どんな動機で、行為者が行為にでたかは問題にならない[13]」といった回答がよせられている。ということは、たとえば二一二条所定の「人を殺害した（einen Menschen tötet）」にいうMenschenとは、目的語として四格であればたり、いわばそれが「人」であることが要求されてはいるものの、特定の人（bestimmte Person）に向けられることまで要求している趣旨ではない。このことがあきらかな帰結となってくるとされている。[14]

客体の錯誤はそれ自体として、きわめて難しい問題のひとつとされながらも、ここでの処理は、さほどの困難さを感じさせることもなく容易になされていた。すなわち、基本的に「人」であればたりるとするところから、典型的な法定的符合説と同一の処理をすればたり、決して「その人」とはしていないからである。その意味では、こと客体の錯誤に関するかぎり、法定的符合説と同一歩調をとり、ドイツの先例にしたがうと自認されるのなら、「人」であることに満足し、その人が「その人」であることまで要求しなければならない理由はなかったはずである。逆に、わざわざドイツの先例に準拠するとされるのなら、「その人」といい換えたことの真意が奈辺にあるのか。それを理解しかねることにもなってくる。そしてさらに、それとの関連で二個の事項が意識されてくる。

「人」を前提にするのなら、ドイツでも人違いが法定的符合説で処理されているとするのはわかる。ただ人違いは、日独のみに共通の固有の現象なのではない。国境を越えて、どこにでも起こりうる現象であるし、またそういうものとして考えていかなければならないはずの問題である。となると、そうした配慮を欠いたまま、先例をただただドイツだけに求め、それによって自説の正当化を意図するといった処理方法が、果たして適切なものであるといえるのだろうか。そのことの当否については、やはり反省の要もでてくるように思われる。単に法制が違うからとするだけで、済まされる問題であるとも思われない。そこで、試みに英米法の文献にもあたってみた。

Mistake of fact (Ignorantia facti) については、つぎのような記述がみられる。「正当であり、また合理的な確信 (under an honest and reasonable belief) のもとでなされた[15]」のであれば、当該錯誤は故意を阻却するとされ、その例として、召使を強盗と信じて殺害した事例があげられている。これは、まさしく人違いの例であった。要するに、Aだと思ったらBであったという事例そのものである。そして、その殺害行為が正当なものと認められ、また無理もないといえる状況下でなされたのであれば、この行為すなわち人違いという錯誤に基づく殺害行為についても、その故意を阻却するとされている。

その要件そのものについては、厳密な制約と慎重な検討を免れないのかもしれないが、結果として故意の阻却自体を是認する事実に変動はない。ドイツの通説である法定的符合説あるいはわが国での具体的法定的符合説所説のように、それほど容易に故意を認めうるとはしていないし、その意味では、結果的にはまったく逆の帰結をもたらしているのが現状のようである。

もっともそういえば、そうした所見のあるのは了解する。だがそれにしても、引用した文献が若干古すぎるといった批判がなされそうである。それは否定しない。[16] そこで、近い過去の文献にも頼ることにした。こんな事例があげられていた。電車のなかで、他人の雨傘を自分のものと誤解し、あるいは一緒にいた女性のものと思って持ち去っても、窃盗罪にはならないとされるのがこれである。[17] 人違いか物違いかの差はあるにしても、ともに故意を認めていない事実に留意する必要はあろう。

同じような事例に対し、国境を越えて広くその見聞を広げようとすると、そこでは期待したような、統一ある帰結への到着は不可能のようである。そのようにも認識させられる。もとより、法制度そのものの違いは計算にいれておかなければならないにしても、間違いといった万国共通の現象に対し、その対応の仕方に差のある事態を前にして、なぜその一方の法制のみに準拠し、しかもそれが自説正当化への基礎とされるのかは、やはり反省されてよいように思われる。のみならず、同一陣営に属する方法の錯誤については、具体的符合説によるとされているが、範とされたドイツにあっても、それほど単純にいえるものでもない。

（10）　平野・総論Ⅰ一七五頁。以下の記述は、平野・総論Ⅰ一七九頁からの引用である。すべて同一頁なので、個々の引用頁は省略した。

（11）　Weber, a.a.O., S. 449.

（12）　Weber, a.a.O., S. 449.

（13）　Weber, a.a.0., S. 449.

（14）　Weber, a.a.O., S. 449.

（15）　honestを「正当」と訳すことが妥当なのかどうか。訳した私自身も疑問を持っている。適訳を期待したいところだが、この言葉をgood faithあるいはfaithfulといい換えることが可能なのかどうか。そしてもし可能であるのなら、そのように訳したい気はある。より良い訳があれば、ご教示をうけたい。なお、その出典については、後出注（16）（17）等を参照されたい。その他、cf. Glanville L. Williams, Criminal Law, 1953, p. 516. なお、後出二八〇頁参照）でも、適当な訳が見出せないまま、「正当な」の訳で終わっている。

（16）「事実あるいは法律の錯誤は、犯罪にとっての弁解事由とはならない。たとえその間違いを外国人が犯したにしても、その間の事情に変わりはない」（Seymour F. Harris = A. M. Wilshere, Principles and Practice of the Criminal Law, 18. ed., 1950, p. 25）としているものの、事実の錯誤については、本文記述のような事情のもとになされたのであれば、その錯誤が故意を阻却する事実を認め、同じく自分のところの召使いを強盗と間違えて殺害した例をあげている。基準自体の表現に、in good faith and on reasonable grounds（Sir James Fitzjames Stephen, A Digest of Criminal Law, 9. ed., 1950, p. 11）といった差があるにしても、類似の事例をあげて同様の帰結を認めている。（cf. Stephen, op. cite, p. 13）。なお、cf. Courteny Stanhope Kenny, Outlines of Criminal Law, 15. ed., 1947, p. 75.

（17）　Peter Gilles, Criminal Law, 3th, ed., 1993, p. 294. もとより、合理的な疑いを超えない範囲でといった制約は避けられないが、具体的なそして個別的な検討が前提とされている。あとでまた触れるつもりであるが、召使の例も雨傘の例も、ともに間違いすなわち錯誤のあったことに間違いはない。そうだとすると前者については「その人」論の登場によつて、その解決を図るのが具体的法定的符合説ということになるのであろうが、後者の事例について、「その人」論はどう利用され、どう展開されることになるのであろうか。間違えたのは「その人」ではなくて、「その人の物」だからである。

二　「その人」とは？

一　なぜ「人」ではなくて、「その人」でなければならないのか。それは未消化のままである。そこで他の後継者に、それへのヒントを求めてみた。単純にいって、故意に要求される犯罪事実の認識の程度に由来してのことのようである。「構成要件的に重要な程度に具体化された認識（たとえば、殺人の構成要件によって保護される、ねらった特定の『その人』にいう事実の認識）を意味する」[1]といったコメントがみられるからである。もっとも、同じ陣営に属するものの、山口教授による理解は若干それとは認識を異にしている。「構成要件該当行為を遂行する時点においては、行為者の意識において、『A』が『その人』と重なり合い、『A』である『その人』に対する故意が存在するに至る」[2]としているからである。

二人の後継者だけを選んでみたが、選んだ結果として納得し理解しえたのかと聞かれれば、肯定的な回答がでてくるわけでもなかった。というのは、同じく後継者として、その位置づけをしてみたものの、この二人の間には「その人」といった共通項をおかなければならない、その理由あるいはその機能の根拠を見出すことはできなかったからである。とくに定義そのものの段階で、この両教授間には共通するものがあるともいえない。たとえば内藤教授のばあい、その例として殺人罪をあげてはいるものの、それも例示であるにとどまり、基本的には「構成要件的に重要な」という表現をつうじて、認識されるべき構成要件それ自体に制限をおいてはいない。したがって、およそ錯誤とくにここでの話題である客体の錯誤は、故意犯全般との関連で生ずる現象であるとする趣旨のようにもとれる。そして、そうであるのなら、定義としてはこちらの方に納得力がある。

それに対し山口教授は、構成要件それ自体に制約はおいていないが、行為の客体は人にかぎられている。だがすべての構成要件所定の客体が、人にかぎられるといった保証はなにもない。となると、かぎられなかったばあいに「その人」論、すなわち具体的法定的符合説は、錯誤解消のための役割を放棄するつもりなのだろうか。そういえば、回答はもとより「否」とされよう。それはわかる。ただそうだとすると、重なり合いの契機とされる「その人」は、人身犯あるいは個人的法益以外のばあいに、どう作用することになるのか。錯誤は故意犯であるかぎり、つねに予想されうる現象であるのなら、そのことと「その人」論との調整は気になるところである。どう対処されるのかといった疑問が最初にでてくる。

そこで、内藤教授の所見については、とりあえず私なりの理解に努め、つぎのような意味なのかとも思ってみた。要するに、認識の対象がこれまでに説かれてきた、特定か不特定かの中間を意図しての所見のようであり、それが「その人」に圧縮されている。そういった趣旨なのかとする理解がこれである。だが逆に、その趣旨ではないとされると、なぜ「人」と「その人」とを区別し、加えてそうした区別の間には、どのような差異がありまた予定されているのか。それが不明となってくるし、それだけにまた、そのことを問題視したい余地もある。

いずれにせよそのことが、故意責任を是認するか否かの分水嶺となるだけに、その間の差は慎重に考えられなければならない。それだけに、中間的な思考なのかと一応の推測はしてみたものの、推定したこと自体に疑問がないわけではない。そこでさらに、思いつくままに、いくつかの疑念を列挙してみた。

その第一は、なぜ「その人」なのか。ＡあるいはＢであれば、符合は拒否される。だがそのＡが、Ａではなくて「その人」であれば符合するとされ、「人」か「その人」かの差が、その結果として、故意責任の有無に一八〇度の逆転をもたらすことになってくる。そうだとすれば、そのための重要な基準となる「その人」とはなんなのか。それは気になるところである。ただ、それに対しては既述のように、「構成要件的に重要な程度に具体化された」認識として要請される、といった程度の回答はなされているものの、この表現で「その人」とすることの必要性を納得させうるのであろうか。そうした疑問は氷解しない。

たしかに、故意の内容として、犯罪事実の認識を必要とするというのはわかる。だが、その内容とされる、たとえば客体について、構成要件的に重要な程度の具体化、そのことの認識が「その人」とするための不可欠の要件であり、それがまた同時に符合の契機ともなるというのなら、逆にその程度の認識に至らなかったばあいであれば、符合を欠くといわざるをえなくなってくるはずである。そこから後者であれば、具体的法定的符合説として統合されることを拒否され、かつての、すなわち統合前の具体的符合説の帰結に満足することになるのであろうか。そのこと自身、必ずしも明示されているわけではないが、その明示がなされないかぎり、折角、惣堀を埋めさせ大阪城を落城させたことの意味が、これではなくなりかねないことにもなってくる。「その人」論とは、なんであったのか。そういった批判は、やはり避けられないからである。そして逆に、それを避けたければ、その人＝認識の程度といった発想には、再考を要する余地があるのかもしれない。

他方で山口教授のあげる基準は、決して認識の程度の問題であるとはしていない。Aと「その人」との重なり合いを強調されていても、認識の程度が要求されているわけではないからである。いわば「その人」を媒介項として、符合が可能になるとされているだけのことであり、媒介項それ自体に、認識の濃淡が要求されているともとれないからである。

この両教授間の差は気になるところである。いずれにせよ、同じ具体的法定的符合説のなかで、符合の可否をめぐる基準については、必ずしも統一的なものがみられないのは事実であり、そのかぎり、ことを複雑化するといった批判は避けられない。そのようにはいえるようである。

一寸変わった設例だが、こんな事例を考えてみた。双生児の映画スターがオープンカーでパレード中、兄に殺意を抱いていた行為者は、この機会に同人を殺害する目的で発砲したが、並んで後部座席に座っている兄弟の、そのいずれが兄であるのかまではわからなかったという事例がこれである。

兄弟のうち、そのいずれか一方であればたりるとして発砲したのであれば、ことは択一的故意として、容易に被害者に対する殺意を認めうるといえるのかもしれない。その範囲で、錯誤論の登場をまつ必要はなくなってくる。ただ、ここでの設例は、そうはなっていない。どちらが兄なのか。それがわからなかった。ただ、兄であるのなら、おそらく右座席に座るであろうと思って発砲したら実は弟であったとなると、錯誤論の登場が予想されてくる。そして、錯誤の問題であるとするのなら、考えなければならない二個の疑問が予想される。

その第一は、この程度の認識で、なおそれが構成要件的に重要な事実の認識があったとして、「その人」の枠内に導入され、結果的に被害者は弟であっても、ことは肯定的に解されることになると、そのように回答されるのであろうか。構成要件的に重要な事実の認識とは、この程度でも「その人」となりうるといえるのか。かりに具体的法定的符合説の軍門にくだるにしても、「その人」といいうるための認識の程度あるいは故意の有無、それを判定するについては、やはり疑問のでてくることを避けられないようである。

ふたつ目はこの設例、錯誤論にその解決を待つとしたにしても、客体の錯誤なのか方法の錯誤なのか。見方によっては、そのどちらともとれるような事例である。そのいずれになるのだろうか。そして客体の錯誤と解すれば、「その人」論は使えるのかもしれない。ただ、方法の錯誤と回答されると「その人」がでてくる余地はない。その結果、故意の有無をめぐっては、その帰結に一八〇度の差が生ずることにもなりかねない。どう処理されることになるのであろうか。講学上、客体の錯誤と方法の錯誤といった二個の類型化が、不動の前提になっているとはいうものの、思い違いそれ自身をそれほど容易に区別し類型化しうるものではない。それだけに、どうなるのかは疑問として指摘しておきたいところである。

もうひとつ、別の問題もあった。親族相盗例がこれである。同例は刑の免除事由であり、またそう解するのが通例である。したがって、客観的処罰阻却事由と解するのなら格別の問題もでてこない。だが、客観的処罰阻却事由と解するだけが、すべての所見ではなかった。そのかぎり、親族であるのに親族ではないと思ったばあいとその逆といった事例と、先の設例としてあげられた殺人罪に要求される「その人」といった制約との間には、どんな役割が期待され、また予定されることになるといえるのであろうか。それがさらに疑問となってくる。

もっともそれも、設例が殺人罪となっているから、「その人」としているだけのことであって、他の法益侵害についてまで意味する趣旨ではないと回答されるのかもしれない。そうだとすると、これも愚問となってくる。愚問とされることに抵抗はない。ただ、どこまでが「その人」の守備範囲なのか。すべての客体の錯誤にそれは利用可能な法理であるのか。それが、必ずしも明確でないだけに、それへの回答を待ちたいだけである。

ただ、あげられた事例が人身犯であるだけに、その意図するところは、人にかぎる趣旨であるとするならば、「その」といった指定代名詞は、他法益――ここでの設例でいえば財産犯――との関連で、どう表現されることになるのであろうか。親族であるのに親族の物ではないとして窃取したばあい、かりにその誤認は錯誤で処理されるというのであれば、そこでの主役を演ずるのは「その人」なのか「その物」なのか。あるいは「その人の物」なのか。そのいずれが、符合の契機となりうるとされるのだろうか。一筋縄ではいかない面もでてくるような気がする。そんな感じを避けられない。くどいようだが、錯誤とは殺人罪や個人的法益にのみに特有の現象なのではない。およそ故意犯であるかぎり、そのすべてについて生じうる現象である。そうだとすれば、故意責任を是認するための基準としては、例外なしに万遍なく適用可能な基準であってしかるべきであるし、またそうであることを期待する。

ドイツのばあい、客体の錯誤を別名「人の錯誤（error in persona）」と呼んでいる。どういった意図があって、この表現が使われているのか。その間の事情については詳らかにしていないが、かりに客体の錯誤は「人」にのみかぎられるという趣旨であるのなら、その客体が「人」に限定されるのはわかるが、それにしてもこの名称自体が承認しているように、そこでの客体は「人」であればたり、「その人」であることまでは要求しているわけではない。(3)

その意味で、具体的法定的符合説が自説の根拠として、たとえドイツを先例とするとしたにしても、それが利用しうる範囲は制限されている。具体的法定的符合説が、現在の有力説であることは否定しないが、だからといって無条件で賛成しうる所見であるともいえない。いくつかの未解決の問題は抱えている。どこまでを予定しての立論であるのか。その点への回答はなんなのか。それへの明示が先決である。

（1）内藤・総論（下）九〇四頁。内藤教授のばあい、故意に要求される認識の程度とされ、その故意そのものには制限をおいていない。対象となる犯罪に限定がないのは、およそ故意犯であるかぎり、その錯誤は避けえないと解されるからであろう。当然のことと思われるが、そうだとすると、例示されている事例に「その人」を使えるのは事実にしても、例示以外の故意犯に、「その人」がどこまで使えるのか。そうした疑問に対する明快な回答が欲しくなる。だが、それへの回答はみられない。

（2）山口・総論一八四頁以下参照。同じ具体的法定的符合説によりながら、そして内藤教授と同じ例をあげながら、そこに「たとえば」といった制限もおかれず、「その人」が錯誤の代表役のような形で表記されている。ということは人身犯にかぎられる趣旨なのか。

（3）Weber, a.a.O., S. 449. 正確にいうと、人の錯誤と客体の錯誤とに区別され、この両者は vel すなわち「または」で結ばれている。「または」といういい方は、少なくともこの両者は、等記号で結ばれているわけではないことになる。その意味では、本文既述のような引用の仕方は正確なのか。そういった疑問は残る。

わが国での表現の仕方は、逆に等記号で結ぶ趣旨なのかとも考えられる。だが、客体の錯誤と人の錯誤とが、なぜそのように処理されるのか。その理由は明示されていない。わざわざ、人といい換えるのはなぜか。結局はわからず仕舞いであった。

二　命名の経過

や「その人」論等について、それなりに回顧してはみたものの、なぜこうした思考が有力な所見として、その地位を占めているのか。そのこと自体、充分に納得させられるものがあるわけではなかった。たとえば、方法の錯誤についてかつての具体的符合説は、意図した故意犯の未遂犯と生じた結果に対する過失犯、そしてこの両罪は観念的競合として処断すると解してきた。他方で、具体的法定的符合説も、その処遇については変わりがない。ということは、こと方法の錯誤に関するかぎり、錯誤論によって、ことの解決をはかろうとする意図からは遠ざかっている。この事実は自認しなければならない。なぜなら、故意犯と過失犯との観念的競合とは、所与の案件に対して、そのままの摘条をしているだけのことであって、そこに間違えたことが、格別錯誤として意味を持つているわけでもないし、またそうした課題として処理されているわけでもないからである。

と同時に、方法の錯誤との関連で、「その人」論は当然のことながら、意味をもたないことにもなってくる。ただそのことと、故意犯であるかぎり、その認識の度合いによるとする「その人」論との調整はつかない。なぜ方法の錯誤には要求されないのか。両者の錯誤をめぐり、その処遇に差がつく点については、一言解説が欲しかった。あるいは錯誤の問題ではないとされるからなのか。そうだとすれば、異議を述べる必要もなくなってくる。

加えて本来符合とは、二者の割符が合致することを意味する概念であるのなら、先の所見は、その思い違いとの関連で、なんらかの役割を演じているわけではないということになる。もっとも符合とは、あうかあわないかの振るい分けのための基準であって、あわないばあいを排除するためのものではないとするのなら、これまでの具体的符合説が、それなりの役割を果たしてきたといえるのはわかる。だが、従前からの変化に富んだ各種の符合説とは、所詮符合を理由に故意責任を認めようとするための立論であったはずである。そうだとすれば、具体的符合説や具体的法定的符合説は、ともにこと方法の錯誤に関するかぎり、自らの役割を放棄したことになるといわざるをえなくなってくる。にもかかわらず、依然として錯誤という枠内にとどめておくのなら、それ自体が非論理的であるといった批判を免れまい。およそ錯誤論とは、当初の故意の行く末をめぐっての論争であり、それ以外のものではないからである。したがって焦点としては、客体の錯誤のみが当面の課題となっているにしても、それならばこの両者の錯誤を、種概念として並置しておくこと自体が適切なのか。そういうことにもなってくる。それなりの弁明は欲しかった。

ところで、これまで対立関係にあった法定的符合説は、その客体の錯誤について故意を阻却しないとしてきた。そのことを意識してか具体的法定的符合説もまた、同一の路線を進んでいる。だがそれにしても、なぜ客体の錯誤については法定的符合説の軍門にくだったのか。考えなければならない問題でもある。この説の守備範囲とはどこまでなのか。同じく錯誤の次元での解決を予定しながら、客体の錯誤と方法の錯誤とで、その処理のための基準を異にして妨げないとするのはなぜなのか。後者はもはや、既述のように錯誤の問題ではないと解されるからなのか。肝心な点への回答があきらかにされていない。「その人」論が、それへの回答とされるのかもしれないが、「その人」論には、基準としての普遍性に欠けるきらいがある。したがって、それを錯誤解決のための全能の神と考えるのなら、そのこと自体が、大きな錯誤であるといわざるをえなくなってくる。

ともあれ、Aだと思ったらBだったという、講学上よく利用される人違いの例について、生じた結果との関連で「判例・・・及び学説は、一致して、生じた構成要件該当事実について故意を認めている」[4]とされている。既存の判例・学説が、果たして一致してそういっていたと断定しうるのかどうかは別にして、この間の差異はなんなのか。方法の錯誤とまさしく一八〇度異なるこの差異をどう説明し、どう理解するのが素直なのか。

先にも少しく触れておいたように、方法の錯誤をも並行して考慮するのなら、この両者すなわち客体の錯誤も方法の錯誤も、ともに共通した論理によって処理されてしかるべきであり、またそれとの関連で、一貫性を担保されることが望ましいといえよう。だが方法の錯誤については、故意犯の未遂犯と生じた結果の過失犯との観念的競合として処断するというのは、かつての具体的符合説の説くところであり、具体的法定的符合説もその点での変化はない。

そのこと自体に、なんらの不自然さをも感じていないのだろうか。AではなくてBであったばあいと、AにあたらずBにあたったという、それぞれの事例について、ともに被害者は想定外のBである点で共通している。にもかかわらず、客体の錯誤であればBに対する故意は認めても、残された対Aの処遇については明確さを欠く反面、方法の錯誤であれば故意犯と過失犯との共存となる。錯誤という同一の平面で処理しうる問題ではないとするのなら格別、同次元で理解しようとしながら、その間にこのような差のあることに違和感がなかったのだろうか。方法の錯誤であれば、故意犯が未遂とされる範囲で当初の故意が残り、他方客体の錯誤であれば、その対Aに対する故意そのものは――対Bに故意ありとされてはいるが――必ずしも明確化されているわけではないからである。

ともにAに対する故意を抱いて行為にでている。その点で殺意そのものに、なんらの差がないのにもかかわらず、たまたま被害者に人違いあるいは思い違いがあった。それだけなのに、なぜその思い違いが客体の錯誤か方法の錯誤かによって、このように違った処遇をうけることになるとされるのか。同じ人違いあるいは思い違いの事例について、このような異なった処遇がなされることになるのか。内藤教授のいわれるように、具体的な認識の度合いによるとするのなら、その認識に具体性を欠けばすべては方法の錯誤に帰属することになるのか。そんな屁理屈もいいたくなってくる。

基本的にいって、故意とはなにかが改めて再考されることにもなろうが、ともあれともに具体的事実の錯誤として処理しようとするのなら、双方ともに故意を認めるか逆にともに否定するか。そのいずれかと解すべきであって、客体と錯誤と方法の錯誤とで、その故意の処遇に差異を設けることそれ自体が、換言すれば、同じ具体的事実の錯誤の処理にあたって、二種の異なった各別の基準を前提にし、そのそれぞれに準拠して、ことの処理に当っていることが、必ずしも適切であるとも思えない。とそのように批判すれば、だからこそ具体的法定的符合説と自称していると回答されるのかもしれない。ただ一般的にいって、基準がかわれば結果が異なるのは当然のことであり、またそのための立論なのかとも思われる。そうだとすれば、そのこと自身理解できないわけではないが、なぜ客体の錯誤についてだけ、法定的符合説に準拠することが可能になるとされるのか。そのことの論拠は、必ずしもあきらかにされているわけではない。

「その人」論がそれへの回答になっているが、[5]「その人」論が振るい分けの基準として機能・効果があるのかどうかは、必ずしも定かではない。そのことの明示あるいは確定的な解明、それこそが、この所見にとって最大の課題であると思われるが、そうではないのだろうか。もとより、自己への批判は予想し、それに対する回答はよせられているが、[6]答えはやはり「その人」論であった。よせられる回答としては、そうなるのが素直なのかもしれないが、それにしても、先に述べた双生児のスター殺害事件およびそこから予想される各種の修正型につき、「その人」論での解決が可能になるといえるのかは、聞いておきたいことにもなってくる。

ところで具体的法定的符合説が、こと客体の錯誤に関するかぎり、かつての具体的符合説と絶縁し、なぜライヴァルである法定的符合説と同一の歩調・法理あるいは思考をとるとしているのか。なぜ、それが可能であるといえるのか。「その人」が、その論拠とされることのほかに、ドイツにおける解釈論を援用し、さらには故意の個数論に由来するとされてのことのようである。前者については、ドイツの判例が「客体の錯誤について法定的符合説をとりながら、方法の錯誤について具体的符合説をとる」とされ、第二のそれについては、故意の個数を考えてのこととされているからである[7]。

故意の個数論が意味を持つとする発想には、私見としても賛成である。ただそれにしても、引用した平野教授の所説には充分理解しえないものがある。そこで、私の理解に誤解のないよう祈念すると同時に、誤解を避けるためにも、平野説そのものとそれに対する懇切な解説とを頼りにし、いわばその両者に助けられながら、ことを検討していくことにしたい。

「具体的な法益主体である・・・『その人』を殺害する意思があり、それが誤りなく実現されているから、『その人』であるB殺人について故意が認められることになる[8]」とされるのがこれである。それがまた平野教授に対する正しい理解なのかもしれない。だが、「誤りなく」とは、「人」としてのそれであっても、AかBかの誤りは無視されている。「その人」としながら、なぜ「その人」がA＝Bとして、「その人」であるBに移行することの契機となりうるのか。それについては、残念ながら理解の外であった。折角原文にも、そしてその解説をも頼りにしてはみたものの、ここでの主題すなわちBに対する故意が、なぜ認められるのか。その点に対する答えをみつけることはできなかった。

読み方が悪いといわれるのかもしれないが、どう読んでも「その人」の一言で、ことの解決が可能になるとは解せられない。いずれにせよ、客体の錯誤については、法定的符合説に準拠するというのなら、一点だけ指摘しておきたいことがある。ここでは錯誤があったということよりも、錯誤によって生じた結果に重点がおかれかねないが、錯誤論とは結果責任を問うものなのかといった疑問がこれである。

単一の故意を前提にするというのなら、当該故意は対Aのみにかぎられ、そこにBが予定されているわけではない。したがって、本来の対象であるそのAが、結果として事実はBであったとしても、対Aについての故意は、その存在自体に変動がないかぎり、換言すればA以外への変動・移動がなされないかぎり、かつての具体的符合説所説のように、対Bとの関係で故意を認めえないとするか、あるいは対Aとの関係で未遂と解するか。そのいずれかが素直な理解となるはずである――私見として、そうであるとしている趣旨ではない。通常なら、そうであろうとしているだけである――。だがそうしたいき方を拒否し、こと客体の錯誤についてだけ、対Aに対する故意をBに転用し、しかも転用の論拠は前提となる具体的符合説によるのではなく、法定的符合説に転身してのことである。

もっとも、法定的符合説に転身するのなら、客体の錯誤について故意を認めうるとするのはわかる。所詮、そのための立論であったからである。でも同じことが、具体的法定的符合説に準拠しながら、なぜそういいうるのか。それが定かでない。失礼ないい方になるのかもしれないが、鵺的な立論となるような感は否めないし、イソップ物語の蝙蝠とイタチを思い出す。それが現に有力説として展開される同説への印象である。もっとも、こうした情緒的な批判は、批判として有意義でないことは自覚している。問題なのは、そういいうることの論拠への、さらなる検討にあるからである。

（4）平野「方法の錯誤」犯罪論の諸問題（上）総論（一九八一年）六九頁参照。なお、平野・総論Ⅰ一七九頁以下参照。一部は先にも述べたが、その賛同者に、鈴木・総論一〇五頁以下（独自の故意論を前提にするが、この点は結果的に同一である）のほか、曽根威彦・刑法総論（一九八七年）二〇五頁、山口・総論一八五頁、内藤・総論下九三八頁以下等、多くの研究者の賛同するところである。
（5）山口・総論一八六頁。いちいち文献を引用するまでもなく、一致して認められているところである。
（6）山口・総論一八九頁以下参照。
（7）平野「方法の錯誤」六七頁。
（8）山口・総論一八六頁。

第二節　客体の性格

一　客体は「人」

一　もうひとつの課題が残されていた。およそ構成要件上要求されるのは、「人」そのものではあっても、それ以外ではない。したがって「人」であればたり、その人がAかBかによって、その間の処遇に差異が生ずるべき理由はない。だから、人違いされたBについても故意責任を認めうる。そのように解するのが法定的符合説であり、この点は日独共通の認識であった。そうだとすれば、こと客体の錯誤に関するかぎり格別の問題もなく、Bとの関係で故意を認めるとすればたりたはずである。

それなのに具体的法定的符合説は、法定的符合説と同じく「人」であることに満足せず、なぜわざわざ「その人」であることを要求するのか。およそ「人」といった抽象化された概念に疑問を抱くとされるのはわかる(1)。ただ法自体は、「人」とまでは規定しているものの、それ以上のことを望んでいるわけではないし、またそれ以上の記述に、既存の概説書がなんら触れているわけではない。方法の錯誤と客体の錯誤とを問わず、「人」であればたりるとするのなら、ことさら触れること自体が無意味と考えていたからなのか。その間の事情についてはあきらかにしていないが、格別それ以上に論議されることもなかったのも事実である。

となると、具体的法定的符合説が客体の錯誤について、なぜわざわざ「その人」を持ちだしたのか。あるいは持ちださざるをえなかったのか。そうした疑問への回答を求めざるをえなくなってくる。疑問解明のため、既述のようにこの説に好意的な他の論者の所説をも頼りに、その解明に努めてみたが、だからといって充分な理解をうることもなかった。ただそうしたなかで、こうした素朴な疑問に対し、比較的素直に回答してくれた論者がもう一人いた。山中教授の所見がそれである。つぎのような理由があげられていた(2)。

そのひとつは、人を殺してはならないといった「抽象的な行為規範」が重要なのではなく、「汝が殺そうとしているその人を殺すな」という具体的な行動規範に反するからとするのがこれである。たしかに、相手方が「汝」であることを要求するかぎり、それが「汝」に対する具体的な行動規範となるのはわかる。ただ問題なのは、「汝」と呼びかけられた行為者が、その行動規範に違反してまで「殺そうとしていたその人」とは、AなのかBなのか。そのいずれなのかは、一考を要するようである。

Aと解するのが素直かと思われる。だがAだとすると、現にそのAとの関連で要求された具体的な行動規範とは、Aを殺すなということになるが、でも現実に害を受けたのはAではない。にもかかわらず、「その人」論によるとき、「その人」とは、AではなくてBであるとされている。だが、その対Bとの関係で、当然にこの行動規範がでてくるものなのか。だがそれへの回答はない。でも逆に、でてくるとするのなら、なぜAに対する具体的な行動規範が、Bのそれにも適用可能とされるのか。具体的という制約は特定人にかぎらないのか。どう考えても、Bという特定化された「その人」にかぎられる理由はでてこない。言葉を変えていえば、当該設例にいう死亡したBとは、Aでなければたり、いわばA以外の誰かであってもたりるということにもなり、必ずBでなければならないといった帰結に、それが直結することにはならない。そういうことになりかねないいし、その範囲で「その人」と指定することの根拠は失われてくる。そのような批判したら、どんな回答がよせられるのだろうか。

にもかかわらず、具体的な行動規範の名宛人でもないB死亡の結果について、それは客体の錯誤であるとして故意を阻却しないとされている。死亡した対Bとの関係で、行為者には「汝が殺そうとしていたその人」との対決があったのだろうか。対決があったわけでもないのに、なぜ故意責任を問われうるのか。逆に「その人」論を頼りに、その刑責を問いうるとするのなら、「その人」とは、ＡでもありＢでもあるとし、具体的な行動規範とは、ＡにもＢにも利用可能な法理であるとでもしなければ、換言すれば、被害者のＡ・Ｂの相互に共通するものとでもいわなければ、「その人」論は生きてこないはずである。だが既述のように、「その人を殺してはならない」とする具体的な行動規範は、対Ａとの関係で求められるにしてもＢについてではない。Ａ以外のＢをも含めた関連で求められるのは「人を殺してはならない」とする、一般的な抽象的な規範でしかありえないことを忘れないで欲しい。その意味で、そこで使われる「その人」論が、必ずしも同一の機能をもつものではないとはいえるようである。

そして第二に、その「汝」あるいは「その人」とは客体の錯誤にのみ要求され、方法の錯誤には利用される法理ではなかった。この点は、両教授ともにそうであった。後者にあっては、具体的な行動規範違反は要求されていない。「その人」論も、その点では同趣旨であったといえるようである。そのかぎり、具体的な行動規範違反を欠く方法の錯誤は、客体の錯誤とその帰結を異にするということになるが、そこででてくるのが、客体の錯誤であれば具体的な行動規範との対決が要求され、他方方法の錯誤については、なぜ抽象的な行為規範だけでたりるとされるのか。後者につき「その人」あるいは「汝」が、なぜその姿を消してしまうのか。その理由は奈辺にあるのか。それが疑問となってくる。

もっともそういえば、方法の錯誤については故意犯と過失犯との観念的競合を認めればたりる。そのかぎり、そこでの思い違いを、格別錯誤の法理で処理しなければならない理由もなくなってくる。あるがままの事態に対し、あるがままの適条で処理しているだけである。したがってそこに、「その人」や「汝」が登場する必要はなく、具体的な行動規範を持ちだしてまで、錯誤という論議の俎上にのせる必要はなかったといわれるのかもしれない。またそういわれれば、口を閉ざさなければならないことにもなってくる。だがそうであるのなら、方法の錯誤は錯誤論の対象外にあるとすればたり、客体の錯誤を種概念として処理する理由もなくなってくるし、具体的法定的符合説とする自称そのものも、あまり有意義なものでもなくなってくるともいえよう(3)。

そして第三に、「その人」あるいは「汝」とし、それによる具体的な行動規範違反をつうじて符合を意図するとしたにしても、「その人」を媒介項としなければ、あるいは「汝」と呼びかけなければ、A＝Bとはなりえない意味では、その具体性が充分確保されているともいえないのではないのか。そういった疑問も氷解しない。別のいい方をすれば、現実の被害者であるBの言い分にも、充分耳を傾ける必要はあるであろう。Aだと思ったらBであったばあいであろうと、AにあたらずBにあたったばあいであろうと、ともにその被害者としてのBは、自らの死に追いやられている点では共通している。そしてその死が、行為者の思い違いをめぐる論争の延長として、既述のようにその評価を異にする。そのこと自体に釈然とすることが可能なのだろうか。Bにとっての専属的法益である生命が、それほど容易に評価替えされていいものなのだろうか。その意味では、その間に差異を設けず、同一の処理を意図する法定的符合説に理があると思われる。専属的法益であることを認めながら、客体の錯誤についてのみ具体的な行動規範を提示することの必要性は知りたいところである。とくに、先にあげたパレード中の双生児殺害事件の事例との関連で、どう回答されるのかは興味を感ずるところである。

のみならず、抽象的な「人」に別れを告げ、具体的に「その人」あるいは「汝」に限定するとしたにしても、さらには限定することによって符合を認めうる。だから、具体的法定的符合説が妥当であるとしたにしても、期待した「その人」に、A・Bといった特定あるいは具体化への効果を予定するのには無理がある。なぜなら「その人」とは、単なる媒介項であるに過ぎないからである(3)。

いずれにせよ、具体的な符合を説きながら、なぜ結果として法定的符合説と同じく、Bに対する故意を認めうるとされるのか。逆にいって、Bとの関係で故意を認めるとされるのなら、なぜ法定的符合説と同じく「人」とすることに満足せず、わざわざ「その人」としなければならなかったのか。そういった問題に対し、正面から答える必要はあったろう。もっとも、こうした要望に対し答えた先例として、ドイツでの思考が既にあげているといわれるのかもしれない。だがドイツのばあい、既述のように「特定のその人」といった指定の仕方まではしていない。(4)「人」とするにとどまっているからである。そうだとすれば、そうした先例を対象にしながら、「人」とすることから生ずる帰結の利用に、なぜ満足されようとしないのか。ドイツの通説も、そこまではいっていないといったら、どう答えるつもりなのだろうか。

具体的法定的符合説に対して抱く疑問は多い。だが現実は、こうした疑問に答えることもなく、「その人」あるいは「汝」を殺害するつもりで「その人」を殺した。だから殺人既遂になると、こともなげに回答されているが、(5)なんのために「人」ではなくて「その人」・「汝」（ともに、実はAではなくてB）としたのか。「その」と指定したことの意味は、どこにあるのか。「汝」と呼びかけ、対Aとの関係で具体的な行動規範違反を要求し強調したにしても、それがBとの関係でどう機能するのか。既引用のいずれの所見によっても、そこまでは述べられていない。それでいながら、結果として、法定的符合説と同じ帰結を予定するというのなら、わざわざ「その人」・「汝」と限定する必要がどこにあったというのだろうか。

「人」であろうと「その人」であろうと同じ結果とされるのなら、構成要件上要求される「人」には、「その人」をも含むとでも解する趣旨なのか。とはいうものの、他方で「人」か「その人」かを同一視することは、この所見にとって許されるところではない。もともとが、自説の存在・独自性を表明するための「その」であったはずだからである。したがって、同一視しているつもりはないとされるのかもしれないが、その表現が簡潔であるだけに、理解に困難を伴うのもまた事実である。

行為者が意図したのは、Aという「その人」であり、発生した死の結果は人違いしたBという「その人」であったとして、公分母を「その人」に求めたにしても、その分子にAとBの差のあるのが客体の錯誤のはずである。たとえ行為者にとって、Aが「その人」であったとしても、あるいはそうであるからこそ、「その人」が当然のようにBに変わりうるものではない。指示代名詞としての「その」とは、まさしくそうした意味を持つ事実を看過して欲しくない。

それだけに、そうした制約の枠を超え、またそのために「人」ではなくて「その人」としたにしても、逆に「その人」でなければならないことの論証が、充分になされているとも思えない。そうした点への論証を欠いたまま、「殺人の既遂」という結末だけが提示されている。だが、死亡したBとの関連で、Bという「その人」に対する故意は、なんら予定されていなかったはずである。その意味では、単に「人」としておいても、同じ帰結に達しえたものを、その枠を超えてまで、なぜ「その人」としたのか。この所説のどこから「その人」がでてくるのか。それを理解しかねている。と同時にそれに関連して、さらにいくつかの疑問点を指摘しておきたい。

(1)　平野・総論Ⅰ一七五頁参照。故意の個数を意識してのことかと思われる。平野「方法の錯誤」六七頁参照。そして、そこに提示された問題については、前出二〇〇頁以下で触れておいた。

そこで、どう考えても理解しえないのが、同じことの繰り返しになるが、なぜ「その人」なのかである。「その物」あるいは「その人の物」といった、さらには「その」といった指定は、およそ媒介項とはなりえないのか。すべての故意犯との関連で、その客体の錯誤は考えられしかも故意を阻却しないとするのなら、逆にその媒介項を「その人」にだけかぎる必然性も失われる。この点、内藤教授と山口教授の所見にも、広狭のあることは既に触れておいたが、そのことから生ずる問題については、触れておきたいこともある。前出二〇〇頁以下参照。

もうひとつあった。かりに「その人」が媒介項となりえないばあいもあるとするのなら、なりえないばあいの客体の錯誤は、どのように処理されることになるのであろうか。ただ、客体の錯誤については、すべて単一の基準で処理するとされるのなら、媒介項が「その人」だけで充分な機能を期待しうるのか。疑問は残るところある。

（2）　以下の記述は、山中・総論三二四頁以下のダイジェストであるが、同教授によれば、「その人」論について、つぎのような形での解説がなされている。それが目にとまったので、そのまま引用しておくことにする。私見としても、かねてから問題視していたように「その人」論とは個人的法益保護の枠を超えた、たとえば放火罪や国家的法益等の関連で、どう対応するつもりなのかといった疑問がこれである。だが、具体的法定的符合説の論者から、あまり積極的に回答された例のあるのを知らない。そのなかで、こうした疑問に対する回答ともとれる記述がみられたのは貴重である。そこでそれを引用しておく。

「同一の『公共の危険』という法益を基準にすべきである。・・・Aの家屋への放火のもたらす『公共の危険』は、隣のBの家屋にも及ぶから、同じ生命身体の危険の範囲内にあるといえる」（山中・総論三三五頁）とするのがこれである。具体的法定的符合説に対し、おそらく提示されるであろう疑問を予想し、それに対する答えが準備されている点では敬意を表するが、疑問がないわけではない。というのは、放火罪は公共危険罪であるとする前提を動かすことなく、身体・生命をもちだすことによって、そこはかとなく「その人」論に結びつけ、それによって自説を堅持されようとしているようにもとれるからである。

苦肉の策であること自身はわからぬわけではないが、国家的法益なら、どう身体・生命に還元させるつもりなのか。それについての明確な回答を欠いている。他の具体的法定的符合説の論者よりは良心的であるのは認めるが、放火罪を例示したからといって、それだけの立論で「その人」論が公共の危険やその他の法益に結合しうるものでもない。中途半端ないき方である。

さらに設例にいう、Aの家屋に対する公共の危険が隣のBの家屋におよぶとは、それほど容易にいいうるものではない。「隣の」とすることまでは可としたにしても、その隣がBであるいった保証あるいは家屋であるといった保証は、なにひとつ担保されているわけではない。公共の危険罪とは、そういった性格のものなのである。山中教授の折角の解説にもかかわらず、「その人」論が公共の危険罪と結合しうる論拠が解明されたともいえない。社会的法益との関連でも有効であるといった趣旨の回答のようであり、またそのような示唆を与える点で、それなりの関心も抱かされるが（なお、後出二三二頁以下参照）、これで「その人」論が普遍性をもつともいいがたい。加えて、さらに解明されなければならない問題もでてくるからである。先にあげた織田信長の比叡山焼き討ち事件（前出一八三頁以下参照）等を併考すると、問題がないわけはない。

その他、三段論法のように、A＝X、X＝B　∴A＝Bとして、Bに対する故意を認めるとしたにしても、そこでの媒介役をはたすXが、具体性を取得するための契機になるといった、そのことの論証として充分な要件となりうるものなのか。逆に、それでもなりうるとするのであれば、あれであっても、それであっても指示の仕方に差はなく、「その」にかぎる必要はなかったはずである。

（3）そのように理解し、またそのこと自身わからぬわけではないが、客体の錯誤について「その人」・「汝」を説き、具体的な行動規範を主眼とする具体的法定的符合説は、なぜ方法の錯誤については、それらが無視されることになるのか。後者については、故意犯と過失犯との観念的競合を認めればたりるからなのか。それが回答としてよせられるのなら、具体的法定的符合説にとって、方法の錯誤は錯誤論による処理の対象ではなくなってくる。同一か異なるかの差を超えて、事実の錯誤は客体の錯誤のみということになりかねない。そうだとすれば、共通性を欠きながら類概念内に纏めようとする思考自身がわからない。この点は、先に少しく触れておいた。

（4）前出一九七頁以下参照。

（5）平野・総論Ⅰ一七五頁。

二　そのひとつが、方法の錯誤との比較である。当初の目的であるAに対する未遂犯と想定外の結果であるBに対する過失犯といった両罪の成立を認め、この両者を観念的競合で処断するというのが、かつての具体的符合説の所見であった。ただ、この所見によるかぎり、間違えたという事実が、当該法条の適用に際して、格別有意義なものとなって作用しているわけではない。このことは、これまでにもなんども触れてきたし、それだけに錯誤の問題として、あらためて論議しなければならない対象なのか。それが問題となってくるとは指摘しておいたとおりである。もっともそういえば、当初の認識と結果との間には齟齬があった。だからやはり錯誤の課題であると反論されるのかもしれない。その意味では、たしかに錯誤の課題であるとはいえる。だが、同一の構成要件を前提とし、したがってこの両者を、具体的事実の錯誤として総括しておきながら、そこに内在する客体の錯誤と方法の錯誤の処理について、このような差のあることにあるいは差を設けることに、格別配慮する必要はなかったのだろうか。先例とされるドイツのばあい、客体と方法の差は認めていても、[6] それらを具体的事実の錯誤といった上位概念のもとに包括しているわけではなかったからである。

そして第二に、当初の故意に対応する結果が既遂に達すると同時に、その機会に予想外の客体にも結果が生じたようなばあい、――通常、併発事実とされている――それもまた錯誤の課題であるといいうるのであろうか。そういった問題もでてくる。大塚教授所説のように、犬のつもりが人であったという事例について、[7] 犬自体は予定どおり殺害されている。いわば、当初の故意に対応する結果の発生はある。そこから、器物損壊罪の既遂とされればたり、それとは別途に、結果が生じたのであれば過失の責を問う。それが法定的符合説であるというのであれば、そこに故意の裏返しとしての錯誤論を、登場させなければならない必然性はなんら存在しない。前提となる錯誤論の介入をまつまでもなく、当初の故意は既遂犯として具体化されているからである。

本来意図した対象である犯罪が既遂であれば、このような処理がなされている。それなのに、なぜ当初の故意犯が未遂に終わったばあいには、錯誤論の適用をうけなければならないのか。もっとも、ここであげられた事例は、抽象的事実の錯誤の例であり、そのこと自身、ここでいう併発事実の事例として親しまないといわれるのかもしれない。それは知っている。知っていながら設例としたのは、具体的事実の錯誤か抽象的事実の錯誤かにあるのではなく、そのいずれであるのかを問わず、既遂か未遂かを対象にしている点である。焦点が違う意味では、とやかく批判される事例ではない。

所詮、未遂と既遂とはその処遇において同一であり、区別しなければならない理由はない。そうだとすれば、それぞれの構成要件の適用を予定しながら、未遂であれば錯誤の問題であるとされ、既遂であればその枠外であるとされる。そのこと自身の区別を理解しえないといえば、比較の対象あるいはその仕方に問題があると、そのように反論されかねないことになってくるのかもしれない。

一方が既遂であればそれによるとし、未遂であれば未遂犯処罰規定のある範囲で処断され、他方過失犯についても当該法条の存在をまって処断され、逆にそのいずれかを欠くかぎり、観念的競合の問題は起こらず、双方共にともなれば不処罰となる。ただそれだけのことであるのなら、そのかぎり、そこに錯誤論による救済を求める実益はない。そうではないのであろうか。

そして第三に、対Aとの関係で故意は本来的にみて一個しかない。それが大前提となっていたはずである。ただ、その故意に対応するAの死という結果が未発生であるため、未遂犯としての責を免れないとするのはわかるし、またその範囲で、一個しかない故意は既に殺人未遂として使用済みとなっている。そうだとすれば、既に「その人」であるAとの関係で使用ずみであるのなら、その使い古した故意を、さらに「その人」が仲介役になるからといって、当然のようにBにも転用するということが許されるものなのだろうか。許されないと解したからこそ、こと方法の錯誤に関しては、過失の責任を問うとされていたはずである。

そうだとすれば、客体の錯誤についても事情は同じく、本来のAに対する故意は、Aに当らなかった時点で未遂とされ、人違いされたBとの関連で過失が残ると構成するのが、方法の錯誤と客体の錯誤との双方に共通する、衡平感のある構成となるはずと思われるが、そうではないのだろうか。一個の故意を前提にするのなら、こう考えるのが平衡感覚にあった立論であるとも思われる。だが現実は、そうではなかった。こちらは、そうであるとはされていないからである。

Aに対する故意は、それが一個であるのなら、結果がAに生じようと生じまいと、ともに未遂として評価されえたはずである。したがって、対Aとの関係で完全に燃焼しきれなかったため、未遂として評価されるにしても、その範囲で自己の任務というか、ともかく未遂と評価される範囲でその役割・責務は終えている。それなのに、たまたま予想外のBにあたったのであれば、なんらの条件も付することなく、Bにもその故意の利用が可能であるとされるのは、どういうことなのだろうか。

一個しかないはずの故意は、どこへいってしまったのか。対Aへの故意は、対A・対Bとの関係で、それぞれに因数分解されるとでも答えるつもりなのだろうか。だがそれは、一個の故意とする前提自体に反すると批判されることになるであろう。そのかぎり、Bに波及する点については消極的とならざるをえないことにもなってくる。逆に、そこまで波及するといいたいのなら、法定的符合説が一貫して説いてきたように、それは「人」とすることから始めればたり、「その人」から演繹されうる帰結ではなかった。

所詮、故意は一個であり、それがまた大前提になっているはずである。もっとも、具体的法定的符合説は、客体の錯誤か方法の錯誤かによって、その適用基準を異にしていると反論されるのかもしれない。だが少なくとも、一個の故意を前提とするかぎり、その間の処遇に差があってよいとも思われない。加えて、単に「人」ではなくて「その人」とまで限定するのなら、Aという「その人」と、間違えられた「B」という「その人」とは、本来的にみて同一視しえないはずである。「その人」とは、この両者を媒介することはなしえても、A・Bそのものではないからである。また、そのための「その人」であったはずである。そうではなかったのか。そうだとすれば、Aに対する故意が、なぜ間違えられたBについても、そのままの利用が可能になるとされるのか。こうした疑問もでてくる。換言すれば、なぜ一個の故意は、既にその役割を終えているといえないのか。釈然としないものを感じている。(8) あるいは「その人」の法理は客体の錯誤までであり、他には波及しないとされるからなのであろうか。だがそれにしても、錯誤はすべての故意犯に予想されるという、この事実を想起して欲しい。

(6)　法定的符合説＝客体の錯誤、方法の錯誤＝具体的符合説として、それぞれの基準を別にして考えるのは、ドイツでの学説・判例を意識しての結果であると、そのように自認されているが（平野「方法の錯誤」六五頁参照）、そこで参考とされたドイツでの傾向について、とやかくいうつもりはない。ただ、本文既述のように、この二個の錯誤を、一個の類概念のもとにおいておきながら、そのようにいうつもりなのか。そうではなくて両者は、単に種概念に過ぎない。だから、そういっているからなのか。その辺の事情は定かでない。上位概念にこだわってのことなのか。そうではなくて、方法の錯誤は錯誤の枠外と考えるからなのか。基本的な認識を知りたい。

加えて、同じことの繰り返しになるが、およそ錯誤とは日独にのみ特有の現象なのではない。法制度を異にすれば、錯誤の処理も異なってくる（前出二二〇頁参照）。ドイツだけを参照にして、結論をだすことだけが唯一のいき方なのだろうか。慎重にならざるをえない。

(7)　大塚・総論一九五頁参照。もっとも、ここで大塚教授の設例をあげるのは、引用の仕方として正確ではないといわれそうである。同教授は、異なった構成要件相互間の錯誤として、この例をあげているだけのことであって、ここでの対象である同一構成要件の錯誤についてではないからである。その意味では、ここに引用しなければならない事例ではないと指摘されそうである。

それは承知している。ただ、異なった構成要件の錯誤の設例であることを知りながら、ここでの論点である同一の構成要件の錯誤にも引用したのは、異なったか同一かを対象としてではなく、未遂か既遂か。そのことに焦点があってのことである。このことは、本文中にも記載しておいた。

(8)　法定的符合説に疑義を抱かれるもうひとつの理由は、故意の個数論に関連する。それと、いわゆる併発事実を考慮にいれての所見である。それへの答えは、前章で触れておいた。

二　「その」の役割

一　故意の個数を重視するところから、客体の錯誤についてはドイツの判例とその思考を同じくし、法定的符合説で足りるとされる半面、他方で方法の錯誤については、かつての具体的符合説と同様に処理される。同じく事実の錯誤であるとされながら、その錯誤の対象がなんであるかによって、その処遇方法にも差が生ずる。そのことを認め、だから具体的法定的符合説と称しているのはわかる。この点は、山口教授の所説も平野教授と同趣旨に理解される。(1)ただ、わが国での既往の論争は、少なくとも、両者の共存のうえになされてきたはずである。(2)となると、他方で「その人」を強調することが、その間の調和を崩すことになりはしないのか。そういった危惧はあるし、それだけにこの点は、先にも指摘しておいたとおりである。だが、自説の正当性を担保するため、「その人」を重視するとされるのなら、そしてそれが平野理論解明のための有力な手掛かりとなるのが事実であるのなら、先に山中教授を頼りにその経過をたどってみたものの、充分な理解をえられなかったことを反省し、もう一度ここで、山口教授による敷衍に、その救援を求めていくことにしたい。

先にも少しく触れておいたように、「構成要件該当行為を遂行する時点においては、行為者の意識において、「A」が「その人」と重なり合い・・・」(3)があるからといった、そうした理由によって、その間の調整を図ろうとされている。だが、こうした媒介項そのものについては疑問がないわけではないが、それはそれとして、そのほかにも左記のような各点が気になっている。

「その人」とは、「具体的な法益主体」(4)としての「その人」を意味すると指定されている。山中教授のいわれる、具体的な行動規範の対象者と、それは同意義であろうと推測する。ただそうはいうものの、先にも指摘しておいたように、ここでもまた、そのことが最初の疑問点となってくる。およそ殺人罪の予定する客体とは、その規定上は「人」であればたり、そこから保護の対象とされるのは、すべての「人の生命」であるとされていたはずあり、それは特定化された個々の生命を予定してのことではなかったはずである。にもかかわらず、逆に「その人」と限定するというのなら、それは特定された「その人の生命」と理解せざるをえなくなり、またそのための「その人」論であるのかと考えるほかなくなってくる。そしてそうだとすれば、殺人罪の保護法益とは、生命一般なのではなく、特定人の生命ということにもなりかねないが、そう解して妨げないものなのか。あるいはこの両者が、択一的な関係で併存するとでもされる趣旨なのか。逆に併存ではないとするのなら、なぜ客体の錯誤についてのみ「その人」が強調され、話題とされるのかがこれである。

ともあれ、「その人」を強調するのなら、「その人」の生命とは専属的法益といわれるように、より強固に、いわば余人をもっては代えがたい形で保護の対象となり、したがってそれは非代替的であり、他のそれへの移行を許しえないはずである。「その人」と「あの人」とが、同一視される理由はないからである。そこから逆に、それができるとするためには、ウェーバー所説のように、「人」一般であることに満足するほかなくなってくる。[5]だがそれは、少なくとも「その人」とする前提からでてくる帰結なのではなかった。それが第二の疑問点である。

もっともそれも、法定的符合説に準拠するから、そうした批判をなしうるだけのことであって、他の基準によったばあい、当然のことのように是認されるといった保証があるわけではない。現に具体的法定的符合説のばあい、「その人」という限定をとおして、AとBとの人違いは重要ではないとしているからである。ただ、先にもこれまた述べておいたように、特定化への媒介項として「その人」とし、「その人」を殺そうと思って「その人」を殺した、だから殺人既遂を認めるとするのなら、それは結果的に既存の法定的符合説との間で差異はなく、違うのは「その人」を媒介項としてのA＝Bとする路線だけのこととなり、終着駅は同じということになる。だからこそ「実質上、法定的符合説」[6]といった批判をされることになるのかもしれない。そのかぎり、なんのための具体的法益の強調であったのか。具体的な法益が主体となることの意義は半減してくる。

加えて、具体的法定的符合説と自認するのなら、その具体的とする基準は、単にその「人」では足りず、まさしく「その人」として理解しなければならず、それがまたこの所説の核心であったはずである。換言すれば、「その人」でなければならないとし、法定の枠を超えて具体的な「その人」としての符合を要求するのなら、他方で、こと方法の錯誤に関しては「その人」にこだわらず、「人」であればたりるとする。こうした構成には理解を超えるものがある。あるいは両者を止揚する意図があってのことなのかとも思われるが、竜頭蛇尾の感は否めない。ここで聞きたいのは、「その人」とする前提から、なぜ方法の錯誤については、単に「人」でたりるといった帰結に落ち着くのか。それはもはや、錯誤の問題ではないと解するからなのか。いずれにせよ、そのことの論拠は聞いておきたいところである。

「法益主体の相違は抽象化しえない重要性を備えたもの[7]」とされる点は、わかり過ぎるほどよくわかる。言葉を変えていえば、具体的な専属的法益を考えるからであろう。ただ、方法の錯誤に関するこの論理が、客体の錯誤にあっては「その人」論に転質する。だが誤認されたBにしてみれば、そのいずれであろうとも、専属的法益の侵害された具体的な主体である事実に変わりはないはずである。

加えて、「『その人』を殺害する意思があり、それが誤りなく実現された[8]」とする文言も気になっている。「誤りなく」とするのは、錯誤の問題ではないとする趣旨ではあるまい。錯誤の問題を処理しているのに、誤りがないといわれても路頭に迷うだけだからである。もっともこれは、詭弁の感がある。議論するまでもなく、Bに殺意を認めうるといった意味での発言であろうとは認識している。ただそれにしても、そのこと自体に論議がわかれている。それだけに、なぜ誤りなくといえるのかは理解しかねている。そこにいう「その人」が、Aを指しているのかBなのか。それが定かでない点に不満は残るが、客体の錯誤の事例であるのなら「その人」とは、当然Aを指すと解するのが素直であり、それが「誤りなく実現された」というのなら、それはAにおいて実現された意味なのかとも思われるが、それは誤解であり、実はそうではなく、「その人」であるBに「誤りなく実現された」から、殺意を認めるとされているわけである。

そこででてくる疑問としては、「その人」とは誰を予定しての発言なのか。困惑を避けられない。「その人」とはAなのかBなのか。「人」一般ではなくて「その人」と指定するのなら、この程度の質問に対する回答は明示しておいて欲しかった。そして、かりにBであるとされるのなら、Bという予定していた「その人」に、結果が発生しただけのこととなり、そこに錯誤論の登場をまつ必要性はでてこない。

否、そうではない。生命一般か特定人のそれなのかといった二者択一のなかで、この両者間にはオーヴァーラップしている面がある。そこで「その人」であるAへの殺意が、「その人」であるBに「その人」を媒介として利用することが可能となるとしている趣旨であるのかもしれない。もっとも「その人」とする表現に、そうした機能を期待しうるのかどうかは疑問でもある。と同時に、そこで強調される「その人」という媒介項は、ここでの設例についてだけの立論なのか。それとも、錯誤論一般に対する回答としての「その」なのか。それもまた不明であり、疑問ともなってくる。

Aが「その人」と重なり合うとしたにしても、その重なり合う範囲は、「その」で指定されたAにとどまり、だからこそ「その人」とされている事実を看過できない。それだけに、真実媒介項となりうるのかどうか。そのこと自身に疑問は残るが、加えてだからこそ対Aへの故意は、「その人」(実はB)に対する故意として認められるとする帰結それ自体についても、残念ながら理解しえない面がでてくる。保護法益である生命を媒介とするとしても、AかBかの壁はそれほど容易に超えうるものとも思えないからである。(9)

そして最後にもう一点、触れておきたいことがある。というのは、およそ錯誤とは故意犯全体との関連で生じうるはずである。このことは、ことあるごとに指摘してきた。そしてそれが「その人」論に対する基本的な批判となっている。だが、これまでの記述は、どう考えても人身犯あるいは個人的法益を念頭においての、客体の錯誤のみを予定しての立論としてしか受けとれなかった。もっともそういえば、人身犯があげられるのは、設例として利用しやすいからであって、それが人身犯あるいは個人的法益保護にのみに、特有の問題だからとしているわけではないと、そのように反論されるのかもしれない。ただ、犯罪構成要件の認識が前提とされるのなら、その錯誤は、すべての構成要件について普遍的に考えられなければならないはずである。そうだとすれば、そうしたすべての構成要件との関連で、同一の法理によって処理される基準の設定が望ましいことにもなってくる。そこまで配慮しての「その人」あるいは「その」論であったのかは、あらためて聞いておきたいところとなってくる。

いずれにせよ、少しでも具体的法定的符合説を解明し理解しうるよう、山中・山口両教授の所説を、私なりに丹念に検討してはみたものの、この両者にとっての基本的な前提、すなわち「汝」・「その人」のもつ性格・機能を理解することはできなかった。

（1）そのことに批判的なのが、平野「方法の錯誤」六七頁であり、具体的法定的符合説登場の原点ともなっている。私見としても、具体的事実の錯誤という上位概念のもとに、方法の錯誤と客体の錯誤とを同置して考える、そうした既存のいき方に対しては批判的である。その詳細は後述するが、そうした発想の基礎には、それほど容易にこの両者の錯誤を区別しうるものではないと解しているからである。その意味では単一化の方向を指向し、その方向は具体的法定的符合説と逆行している。ただ、上位概念のもとにおかない点では、共通の認識下にあるとはいえる。類概念によって纏める必要性を感じていないからである。ただ問題なのは、具体的法定的符合説といった単一の名称のもとに、二個の基準をおきながら同置されている点についは、違和感を抱いている。加えて、錯誤をめぐる論争は、日独専用の課題なのではない。別の法制をも考慮にいれながら、解決の道を求めていきたい。後出二七一頁以下参照。

（2）山口・総論一八五頁以下参照。
（3）山口・総論一八六頁。
（4）山口・総論一八六頁。
（5）前出一九〇頁以下参照。
（6）大塚・総論一九〇頁。
（7）山口・総論一八八頁。
（8）山口・総論一八六頁。
（9）大塚・総論一九〇頁。法定的符合説は、方法の錯誤についても「人」とする前提に変わりはない。そして具体的法定的符合説もまた、こと方法の錯誤については「その人」にこだわらない。Aにあたらず B にあたったばあい「法益主体の相異は捨象しえない重要性」（山口・総論一八八頁）があるからとするのはわかる。だがそうした重要性が、方法の錯誤にのみ利用され、客体の錯誤については「その人」を媒介として、法益主体としての差異は無視される。それが現状である。

B にしてみれば、複雑な心境にたたされるのではなかろうか。専属的法益としての重要性を説くのなら、その間に差を設けるべき理由もないともいえる。それとも、「その人」論とは、殺人罪をめぐる客体の錯誤に特有の法理であって、それ以外に普遍性をもたないとされると、返す言葉もなくなってくる。だが、ここで聞きたいのは、客体の錯誤についての処理である。ときにより登場し、ときにより姿を消す、そういった鵺的法理によって処理するといった趣旨での錯誤論なのだろうか。そうではあるまい。それだけに、普遍的な基準を期待したいわけである。

もうひとついわせて欲しい。法定的符合説が「人を殺すな」という抽象的行動規範を前提にしている、といった批判はそのとおりである。それが方法の錯誤であろうと客体の錯誤であろうと変わらない前提となっている。だがそれが、犯罪の構成にとって重要なのではない。問題なのは、「その人を殺すな」といった具体的な行動規範に悖るからと、そのように解するのが具体的法定的符合説であるのなら、なぜ客体の錯誤のみがそのように規制されるのか。具体的な行動規範が要求されるのは、客体の錯誤のみにかぎらない。なぜ、具体的な行動規範という要件が、方法の錯誤には登場しないのか。そういった疑問とそれに対する回答である。

構成要件所定の事情、とくに客体について錯誤があった。それが問題になるとするのなら、ここでその種の錯誤を排除する必要もでてこないといえる。となると、これらの課題については、私をも含めて所謂法定的符合説の論者は、どのように対応するつもりなのであろうか。考えておかなければならない宿題となってくる。加えて、具体的法定的符合説の論者もまた、どう対応するのであろうか。興味をそそられるとことでもある。

二　そこで、最後に「その人」あるいは「その」論は、[10]殺人罪をめぐる客体の錯誤、すなわちAではなくてBであったという、そういった形でのみ論議されているのなら、「その人」論は、殺人罪をめぐる客体の錯誤に限定された特有の立論なのかといった理解を導きかねない。だが故意犯であるかぎり、客体の錯誤はそのすべてについて生じうるはずである。先にあげた英米法制での事例、すなわち車内に友人が置き忘れたと思い、かわりに持って下車したら、実は他人の物であったようなばあいとその逆、このような事例について、どのような処理が「その人」論によってなされることになるのであろうか。「その人」と限定するといった提案が、どう生かされることになるのであろうか。

問題解決の基準としての普遍性に欠けるといえば、いやそうではない。そうした意味で、「その人」あるいは「その」を展開しているのではないし、それだけにまた、そのようにいわれる覚えはないと反論されるのかもしれない。そこで、かりに一歩譲って、そうだとするのなら、殺人罪の事例は例示的な意味を持つに過ぎないことにもなり、ことは普遍化された形での「その」論としての展開を妨げる理由にはならないともいえる。具体的法定的符合説とは、そのどちらを予定しての「その人」論なのか。前者の意味に理解するのが素直なのかとも思われるが、逆に後者であると回答されると、「その人」論とはそれほど矮小な、九牛の一毛にも過ぎない立論なのか。およそ客体の錯誤一般に関する対応役を放棄するつもりなのか。

ただ、錯誤の対象となる構成要件が故意犯であるかぎり、その間に区別を設けるべき理由はないとするのなら、さらに視点は広がり、「その人」ではなくて「その」まで広げて、法益全般との関係で包括的にその錯誤、とくに客体の錯誤を考えるといった回答がでてこないともかぎらない。錯誤はすべての故意犯にというのなら、それもわからぬわけではないし、またそうであろうとは思っている。だが、法益のいかんにかかわらず、客体の錯誤をめぐる、それが普遍的な基準であるとしたにしても、逆にそれですべてが氷解するのかといった疑念もないわけではない。間違いが原因であるのは事実であるにしても、それが錯誤に直結しうるのかどうかは、なお問題を残す事例も考えられるからである。そこから、つぎのような事例について、どのような答えをするつもりなのか。それは聞いておきたいこととともなってくる。

単純にいって、すべての故意犯の錯誤とくに客体の錯誤に対応するため、「その」論まで広げるとしたにしても、それによって具体的法定的符合説はつねに自己を維持しうるものなのか。そういった疑問がでてくるからである。たとえば、先にあげた九二条所定の国章損壊罪がこれである。同罪は、侮辱目的による外国国章の損壊等の行為を処罰の対象としている。もとより、故意犯である以上、その錯誤がといった問題がでてこないともかぎらない。たとえば侮辱目的でフランス国旗を損壊したら、実はオランダ国旗であったという設例がこれである。この両者は、垂直三分旗か水平三分旗かの差があるにとどまり、三分された色彩もそしてその配列の順序さえも同じである。

こうした設例に対し当該行為者は、どんな処遇をうけることになるのであろうか。Aだと思ったらBだったと同じく、フランス国旗だと思っていたらオランダ国旗だったとして、九二条の責を免れないといった回答がでてくるのかもしれない[11]。ただ、この問題については、すでに私見も述べている。したがって、同じことをここで繰り返すつもりもないが、そこでの要点だけを再録しておくにとどめる。

その第一点は、具体的法定的符合説が、その客体を「その」と指定するのなら「その」という指示代名詞を、本設例のようなばあいに、そのどこに結びつけて考えるつもりなのだろうか。それは聞いておきたい疑問点となってくる。どんな答えがよせられるかは予測のかぎりではないが、少なくとも九二条それ自体には、既に「外国に対して侮辱を加える目的で、その国の」と法定している。この法定要件にさらに加えて「その」を上乗せして具体的法定的符合説は、どう自説を維持するつもりなのだろうか。逆にいえば、そこに「その」を上積みさせることに、どれだけの意味があるとされるのかがこれである。

そして第二に、「その国の国旗」と明記することにより、侮辱目的と被害国旗とは、同一性を担保されることが不可欠とされている。だが、そうした法文上の表現に満足せず、重ねてさらに「その」と要求する具体的法定的符合説にとって、それはどのような形になるのであろうか。興味を感ずるところである。それだけではない。国旗とは一国の権威を表徴するものであり、そのための保護規定であるのなら、やはりフランスかオランダかの差は無視することは許されまい。だからこそ、現行法は「その国の国旗」として、単に「国旗」であることに満足していなかったともいえる。その意味では、「その」とされている現行法に、さらに媒介項である「その」を導入し、両者の重なり合いを要求して錯誤論で処理しようとするにしても、どれだけの意味があることになるのであろうか。回答を期待したいところである。

そこで、具体的法定的符合説自身がどう対処するつもりなのかと聞けば、それは法定的符合説によっても生じうる課題であり、具体的法定的符合説にのみ固有の問題ではない。そのかぎり、自説だけが批判の対象とされるいわれはないと反論されるのかもしれない。そのこと自身わからぬわけではないが、だからといって、それで事態の解決が図られるのかといえばそうではなく、なんら益のある反論となりうるものでもなかった。いずれにせよ、法定的符合説自身によったにしても、反省を要する課題である事実に変更はない。その意味では、ドイツの判例へのフォローも必要であることは認めるにしても、同時に自国法に内在する錯誤の課題についても、それへの検討が必要になってくるとはいえるわけである。これまでの頻用された設例のみにとどまることなく、もう少し好意的な視線にたって広く考えて欲しかった。

もっともそれも、あげた例がよくないと批判されるのかもしれない。設例の当否が争われるのなら、素直に個人的法益の事例に戻ることも吝かではない。ただ客体の錯誤は、なぜ人身犯のみを例示するのか。そういった疑問はでてくるものの、ともかくそのような批判を避け、いずれにせよそういわれないようにするためにも、同じく人身犯をあげることにすると、つぎのような事例が想起されてくる。

産院で分娩したわが児を、産院側から手渡された。だが、望まざる新生児であったため、母親はその子を産院に残したまま、一人姿を消していったという設例がこれである。この母親に、通常なら保護責任者遺棄罪が成立するといった回答がよせられるであろう。そのとおりである。ただ、自室に置き去りにしたわが児とは、実は出産した妊婦の実子Aなのではなく、産院側の手違いで手渡されたBであったとしたらどうなるのであろう。単純遺棄罪との重なり合いを理由に、同罪の成立が可能であるといいたいところだが、ことはそれほど簡単ではなかった。単純遺棄罪所定の遺棄行為とは、場所的移転のみを意味し、置き去りを含まないと解するのが通例だからである。またその意味では、重なり合いの強調をしてみても無意味なものとなってくる。となると、わが児Aだと思ったからこそ置き去りにした母親は、わが児と信じての置き去りであるため、保護責任者遺棄罪の適用を避けられず、したがって、実は設例のように被害者はB、すなわちまったくの他人であったとしても、なお客体の錯誤そのものであるとして処理されるということになるのであろうか。

どんな回答がよせられるのかは定かではないが、それにしても、行為者である母親に対Bとの関連で保護責任があるとはいえないし、その意味では行為自体も構成要件該当性を欠いている。わが子Aを、「その人」を媒介項としてBにおよぶとしたにしても、およぶとされた保護責任者として地位は、対Bとの関係でその母親にはない。重なり合いを理由に単純遺棄罪の登場を求めようとしても、同条所定の行為に置き去りを期待することはできない。そのかぎり、「その人」を頼りにしても、客体の錯誤を理由に故意責任を問うとする帰結はでてこない。錯誤論を基礎に「その人」論を使うにしても、その適用の余地はないばかりではなく、錯誤論よる解決そのものの限界を認識する必要があるようである。

ここでもまた、「その人」論のもつ普遍性の欠如といった、かつての批判を撤回する必要はないことにもなってくる。それだけに思い違いがあった。だから錯誤論でといった一律処理には疑問が残る。それだけに、これまでの自己の戦線を素直に縮小して、構成要件段階への可及的な譲渡・移行を考える必要もでてこよう。

批判しながらも、なるべく衝突するのを避けるため、それなりに設例を変えて対応してきたものの、批判した相手方の対応は未定であるし、また具体的法定的符合説は自説展開の行く末として、どう回答するつもりなのかはあきらかでない。だが、それに答える必要はあったであろう。自らのいき方によるのなら、その齎す結果への明示は避けられないはずだからである。それとも、大塚教授が批判されているように、実質的に法定的符合説と差はないと後退されるつもりなのか。いずれにせよ、特定の事例の解決としてではなく、普遍的な処理としての展開を期待したいところである。[12]

(10)「その人」としているだけなのに、かってに「その」まで広げられても困惑するだけである。とそのような反論がでてくるのかもしれない。もとよりそれは、予想の範囲内である。というのは、基本的にいって「その」説の主軸である「その人」の概念と、その適用範囲がどこまでなのか。それが不明確なことに起因しての批判だからである。内藤・山口両教授間の定義にも、広狭のみられることは既述した（前出二二五頁以下参照）。どちらが正解なのかは決めかねている。ただ、この要件が客体の錯誤の次元で登場するのなら、「その人」の範囲も狭く、そのかぎりこの枠から漏れた客体の錯誤については、その符合をどう基礎づけることになるのか。明晰な一言があって欲しかった。

逆に、すべての錯誤との関連で有効であるとするためには、「その人」論を修正・拡張していかないかぎり、錯誤を処理する基準とはなりえまい。そういうことにもなりかねないとも思い、「その」とすることによって、同説との接点を見出そうとしてみたものの、それも余計なお世話であったのかもしれない。

ただ、錯誤を人身犯あるいは「その人の物」として、個人的法益までに拡張することは可能であるとしたにしても、錯誤があるいは客体の錯誤が、個人的法益のみにかぎられるといった保証はなにもない。内藤教授も法益を限定していなかったことは既述した。そこで使いやすさを考えて、「その」としてみたが、逆に異論もでてくるのかもしれない。それならば、どこまで「その人」の利用が可能なのか。同時にその利用が逆に許されないばあいに、錯誤はどういった法理によって、その救済が可能になるのか。明示して欲しい課題ともなってくる。

(11)　その詳細は、前出一四一頁以下参照。なお、本文記載のほか、同罪が目的犯であること、さらに「外国政府の請求」を公訴権行使の前提としていること等の関連について、前出一三九頁以下参照。

(12)　大塚・総論一八〇頁参照。そのかぎり、ことは可及的に構成要件の段階での解決に依存し、錯誤論は縮小された形で、脇役の地位にとどまるべきである。

第三節　重なり合い

一　同一か異なったか

一　これまでは、主として同一構成要件の枠内で錯誤論のもつ問題点を指摘してきた。ただ思い違いそれ自身は、いかなる状況下にあってもありうることである。にもかかわらず、それに対する法的評価は必ずしも単一ではない。現にその思い違いが、当初の意図とは異なった構成要件的結果として登場する。そして、それがありうるのなら、その評価がどうなるのか。それも、計算のうちにいれておかなければならない。いわゆる、異なった構成要件間の錯誤(抽象的事実の錯誤)がこれである。ただ構成要件それ自体が、既にその時点で相互に異なる以上、その間の思い違いすなわち錯誤は、抽象的符合説にでもよらないかぎり、その処理に対応する能力に欠けるきらいがある。そこから法定的符合説は、錯誤とは「本来、行為者が表象した構成要件の枠内でのみ認められる」(1)とするにとどまり、ここでの課題に、正面からわが身を挺する意思はみせてはいなかった。私見としても同感である。

それならば他方で、具体的法定的符合説はそれへの対応をどうしているのだろうか。そういった疑問もでてくるが、「故意を肯定しえない」(2)とするにとどまっている。この点で、この両説間に差異はなかった。換言すれば、錯誤論をめぐる重要課題のひとつとして、とりあげる必要はなかったようである。その結果残るのは、構成要件は異にするとはいうものの、相互に重なり合いがあるばあいの処遇がこれであり、それにどう対応するのか。それだけが残され、問題視されることになってくる。となるととりあえずは、そのための設例を手掛かりとして、その解明に努めることが必要かとも思われる。そこで、つぎのような事例をあげてみた。

教室内の片隅の机上に、一冊の大学ノートと六法全書とが残されていた。それをみつけた甲は、その双方を取得したという設例がこれである。通常なら、窃盗罪の適用が予想されよう。同罪の客体が、もともと「他人の財物」であるとされるのなら、設例は他人すなわち「自己以外の人の財物」を取得した行為であり、したがって窃盗罪の適用が可能になるとされるのはわかる。だがそれが、ここでの直接的な課題なのではない。その修正型として、二個の事例をあげておきたいからである。

そのひとつが、当該ノートと六法全書とは、ノートの筆跡から判断して、間違いなくAの物と思って取得したところ、実はBの物であったというのがこれである。となるとそれは、修正型でもなんでもなく、客体の錯誤の典型的な例となってくる。したがって、「他人の物」という前提自体が不動であり、また不動なものとする範囲で、それは客体の錯誤の事例であるといえる。ただここで聞きたいのは、そのように客体の錯誤であるとすることと、それとその修正型についてである。

客体の錯誤であるとして、Bのノート等を窃取する故意があったとされるのは、ノート等の持ち主であるAという、「その人」の「その物」を媒介項として、Bという「その人」の「その物」を取得したといった構成がとられ、ことは「その人」論あるいは「その物」論の展開として、客体の錯誤としての処理に委ねられる。したがって、その間になんらの径庭もないと、そのように回答されるのだろうか。肯定的な回答がよせられるのなら、ここでもまた「その人」が媒介項になるからなのか。そうではなくて、ここでの媒介項とは「その物」なのか。あるいは「その人の物」なのか。財産犯についての媒介項がなにになるのか。その点の記述はみられない。それだけに気になるところである。人身犯での主役を演ずる「その人」は、財産犯との関係で、なにがその代役を務めるのか。あるいは逆に、誰があるいは何が主役になるのか。あるいは逆にそれを求める必要はなく、主役なしの公演であるとでもするのか。稚拙な質問とされるのかもしれないが、「その人」の適用範囲については、困惑している面もある。既述のように、山中教授によるそれなりの解説がないわけではないが、それが具体的法定的符合説にとっての共通の認識であるのかどうかは、必ずしもあきらかではない。とはいうものの、ここまでは重なり合いの問題なのではなく、「その人」概念の明確化だけである。

そこで、それよりも問題としたいのは、その客体に性格的な変動がみられる、そういった、つぎのようないくつかの事例についての処遇についてである。たとえば、窃盗罪の成立にとって不動の前提である他人の物そのものに、疑義を提示したらどうなるのであろう。間違いなく、当該ノート等はAの物であったのは事実であるにしても、数週間も前から机上に放置されたままであったとか、放置されたままであったのは、完全に法学の学習に興味を失ったAが、思い出のノート等を教室の片隅に残し、放棄していったものであったなどの事例がこれである。

前者は占有離脱物の事例であるといえるのなら、その客体自体が占有離脱物であることの認識が必要とされよう。その意味で、占有離脱物と思って取得したら他人の物であったという思い違いとその逆、それが錯誤の課題として登場してくる気配は感じられ、現にことを肯定的に解する所見もみられる。具体的法定的符合説がこれである(3)。ただ具体的法定的符合説が、具体的な行動規範を重視し、「汝盗むなかれ」を強調したにしても、したがって具体的な行動規範との対決があるとしたにしても、そしてともに領得の意思があってなされたとしたにしても、「盗む勿れ」と「横領するなかれ」とが、同質の行動規範となりうるのかの問題は残ろう。

それだけではない。所謂「その人」論が、どういった形でここに適用されるのかも疑問として残る。そこで「その人」論ではなく、「その人の物」論にまで変調・拡大していくにしても、それは「その人」論のように、ここで利用可能な法理すなわち媒介項となりうるのかは、未解決のままである。その意味では既述のように、具体的法定的符合説のテリトリーとはどこまでなのか。そういった疑念は消え去らないし、それだけに変幻無碍ではないことを期待したいわけである。(4)

たしかに、客体の錯誤の代表例のみを対象にするのなら、「その人」論の利用は容易に可能なのかもしれない。だが、ここでの例はそれほど単純な例ではなかった。自分の物ではないと知ったうえでの取得ではあったが、それが必ず盗罪に直結しうるものではない、そういった事例であったからである。

そこからさらに、方法の錯誤との関連が気になってくる。Aの物ではなくてBの物であったとする事例に、客体の錯誤という回答がよせられるのはわかる。加えて、こうした返事は財産犯のみにかぎらず、およそすべての故意犯に妥当すると、そのように解するのが素直であるのなら、Aだと思って殺害行為にでたらBであった、Aに向かって発砲したら、AではなくてBに当ってしまったという、講学上、一般に分類される客体の錯誤と方法の錯誤と、それは同一の発想による類型化として予想される。となると、先の占有離脱物横領の事例のばあい、同じく故意犯であるため、ここでもまた、こうした分類が可能になるといえるのかもしれない。具体的法定的符合説といえども、そこまで拒否するものとは思えない。ただ問題なのは、それほど容易に区分しうるものなのか。そういった疑問がでてくるからである。

具体的にいえば、Aの物だと思ったら実はBの物であった、AではなくてBの物を取得してしまったとされる、客体の錯誤と方法の錯誤の選別は比較的容易になされるが、それが通常あげられる人身犯の事例のように、それほど容易に分類し類型化しうるものなのだろうか。そういった疑問がこれである。人と人、物と物とする点で差異はないと反論されるのかもしれないが、ただ前の物と後の物については、その所有権あるいは占有の帰属について、変動のありうることをも計算にいれておく必要がある。その点は看過しえないところである。それだけではない。

客体の錯誤か方法の錯誤かによって、具体的法定的符合説はその処遇を異にするとしている。したがって、そのいずれと解するかによって、故意の有無に一八〇度異なった結果をもたらすことになってくる。そういった効果への反省あるいは認識があって、具体的法定的符合説は自説を展開しているのだろうか。[4]

もう少しいわせて欲しい。人身犯であれば、いかなる錯誤であっても、その客体が「人」である事実に変更はない。だが、財産犯にあってはそうもいかない。つねに「物」あるいは「他人の物」といった共通項でのみで処理しうるものではないからである。だからこそ、抽象的事実の錯誤といった類型化がなされ、また現にそう解されているのはわかる。だが行為者にしてみれば、自分以外の人の物をとろうとした。ただそれだけのことなのに、その罪責は行為者の認識の枠を遙かに超え、決して単一なものとして処理されるものではなかった。その客体に、各種の性格的な変動を予定し、またそれとの関連で単一な形でその収拾・処理するのを拒否し、各種の変化を余儀なくされているからである。それだけに、Aだと思ったらBであったというだけで、ことを処理しうる問題でもない。

人身犯を設例としてあげるのは、理解促進上効果的であるのはわかる。ただその枠を広げ、個人的法益の保護といった共通項を頼りに、ここまで広げるとなると、ことはAだと思ったらBであったというだけで、そのことの処理をなしうる問題でもなくなってくる。ことはそれほど単純ではなかっただけに、その点への配慮は大事にしておいて欲しかった。それもあって、さらなる事例を登場させてみた。

(1) 大塚・総論二一二頁。
(2) 山口・総論一九五頁。
(3) 人身犯であれば「その人」論は容易に使える。ただ、財産犯となるとどうなるのか。そうした素朴な疑問があってのことである。人身犯をめぐる客体の錯誤にかぎっての「その人」論といった趣旨ではないはずだからである。人身犯であれば、「その人」を媒介項として、AからBへの移行が、そのままの形で可能であるとはいえるのかもしれない。だが、ここでの修正型のばあいは、Aとその移行先であるBとを、この論理で説明しうる事例ではなかった。移転先それ自身に、占有離脱物であったり無主物であったりといった変化がみられるからである。そのかぎり、結果としてその思い違いが話題になる事例ではあるにしても、占有物か占有離脱物か無主物かの区分それ自体、あるいはその認定には微妙なものがある。区別の基準が微妙であるだけに、錯誤論で一括して処理しうるのかといった疑問は残ろう。

（4）　基本的にいって「その人」論は、自説の利用可能な範囲を明確にして欲しい。それだけのことである。「その人」という媒介項は、客体の錯誤にとって固有の基準であり、方法の錯誤を処理する基準とはされていない。それが具体的法定的符合説の所見であるのはわかるが、AかBかを間違えたそれだけの事例について、この尺度の違いを「その人」に求めるのが妥当なのか。客体の錯誤だから「その人」を介して故意責任を認めているのか。逆に故意を認めるために、「その人」論が利用されているのか。そんな感じを避けられない。

二

異なった構成要件相互間の錯誤であると同時に、重なり合いを根拠とする立論によって、よく利用される事例に尊属殺がある。そして私自身もまた、そのように理解されることを期待して例示している。したがってここまでが、当然錯誤論の枠内で処理されているのはわかる。ただそうはいうものの、ここで最初に問題視したいのは、頻繁に使われているわりには、その内容が必ずしもあきらかでない。それが「重なり合い」とされることの問題点である。わりと気安く、その有無が論議されているものの、重なり合うのか合わないのか。その有無によって故意責任是認の可否、その分類がなされるだけに、そのための基準はなにに求められるのか。そういった疑問は避けられないはずであり、そのことの検討が有意義であると同時に氣にもなっている点である。気安くいわれている割には、簡単に答えがでてくるとも思えない。そうだとすると、でてこないこの基準で、振るい分けをすることが果して適切なのか。そのようにいわれかねないことにもなってくる。

この問題、一般的には三八条二項によって、その処理が予定されている。それが異なった構成要件相互間に対応する処理規定であるのはわかる。ただ異なったというばあい、既述のように重なり合いながら異なっているばあいと、まったく別個のそれとして異なるばあいの二者が予想されるが、三八条二項はこの両者の処遇において差異はなく、その処遇も同一とされている。となると、そこからでてくるひとつの問題がある。

「その重い刑によって処断することはできない」とする規定の解釈がこれである。そもそも、重い犯罪の成立をも否定する趣旨なのか。それとも、客観的には重い罪の事実が実現されている点を捉えながらも、刑だけは重い方にしたがうことを許さないといった趣旨なのか。(5) 別のいい方をすれば、罪名と科刑とは相互に制約されるのか否かである。たとえば、重なり合いの代表例とされる尊属殺のばあい、罪名は旧二〇〇条であるが、刑だけは一九九条所定の普通殺人罪の法定刑の枠内で、そしてその逆、すなわち普通殺人の意思で尊属殺害の結果が生じたのであってもその間に変わりはなく、罪名と科刑との間に同一性が要求されることはない。そのように解して妨げないものなのかといった理解がこれである。双方ともに、刑は普通殺人罪の枠内にとどまると解されるのなら、ことは肯定的ともなってくる。

そこでさらに、そうした効果が予定される「重なり合い」の基準、あるいはそのための要件とはなんなのか。それが考えられなければならない。そして、その手がかりとされたのが、やはり先にのべた尊属殺規定であった。もっともかつては、この点をめぐり法条競合の範囲内にかぎるべきだとしたこともあった。だがそれが、適切な効果を予定しての「重なり合い」、その有無を確定するための的確な要件となりうるのか。そういった反省もあって、そのために基準あるいはその要件を発見するため、もう一度検討し直す必要を感じ、再度検討の対象としたのは、やはり先の尊属殺規定であった。

ともに保護法益は共通し、行為も共通する。違うとすれば、客体が尊属か普通人かの差だけである。もっとも、人には尊属を含むとすれば、法益・行為・客体の三拍子がそろうと同時に、それが重なり合いのための不可欠の要件となっているとはいえそうである。ただそういえば、この三拍子の要請は、極度に重なり合いの要件を厳格化しかねない。それだけに尊属殺以外にも、同じような事例がありうるのかといった疑問をもたらすことにもなってくる。逆にありえないとなれば、重なり合いを強調することの範囲も、きわめてかぎられることになってくる。

私見としても、重なり合い論を拒否する意思もなければ否定したこともない。ただ、不安定な基準であるこの「重なり合い」の概念を、これまでのように尊属殺のみに依存し、そこからの演繹に頼るといったいき方が妥当であるのか。かりにそれでも妨げないとするのなら、ことは身分犯にかぎられるのかといった疑問もでてくる。でも他方で、強盗罪と窃盗罪との重なり合いを拒否することは困難である。だが、同罪は身分犯ではない。となると、身分犯にかぎられるかといった折角の基準も、幻に終わってしまったようである。

自ら提案した、かつての基準をめぐり、さらなる反省をするとはしたものの、期待したような帰結がでてきたわけではなかった。原則として既述の三拍子の揃うことを前提とし、同一法益保護の範囲内で行為態様の近似性があれば、そこまでが重なり合いの限界内かと考えるほかないのかもしれない。その程度までの制約あるいは要件であるにとどまり、その範囲でまた、同心円といえるのかもしれない(6)。いずれにせよ、大山鳴動して鼠一匹といった批判は甘受する。それにしても逆にそれで、限定的な効果がえられるのかといった非難もでてこよう。いずれにせよ、可及的に制約して考えないかぎり、故意責任を問われる可能性の拡大化が避けられないことにもなってくる。それだけは事実であり、同時にそれは避けたいところであった。

たしかに、重なり合いといったいい方をされると、抵抗しがたい心理的抑制は感じている。ただそれにしても、伝家の宝刀である重なり合いの法理の登場をまたなければ、ここでの懸案事項の処理は不可能なのだろうか。逆にいえば、重なり合い論・錯誤論の援助がなくても、懸案事項そのものの処理は可能であるといえるのなら、ことさら深刻化・複雑化させて、その救いを錯誤論に求めなければならない必然性はなかったといえるはずである。そういった別の視点からする問題意識を持つ必要はなかったのであろうか。重なり合いそれ自体は、貴重な所説であるにしても万能ではない。加えて、その内容が必ずしも確定的ともいえないこの基準によって、振るい分けをするについては危惧も残る。それだけに、充分な検討をし直す必要があるのではといった疑問は感じている。

ひとつだけ例をあげておこう。かつて、つぎのような事案があり、それに対する私見は既に明示している。(7)それだけに、もう一度ここでくりかえすつもりもない。したがって、ここでの引用は必要な範囲にかぎるとすれば、つぎのようなことにもなってくる。

配偶者死亡後姻族関係終了の意思表示前に、義父を殺害した事案がこれである。加害者である生存配偶者の処遇が問題視された。というのは、生存配偶者にしてみれば、義父とはいえ尊属であることに変わりはない。したがって、尊属殺害の故意はあるし、またそのための殺害行為も実行している。でもこの生存配偶者が、尊属殺人罪として処断されることはなかった。一般的にいえば、親だと思っていたら親ではなかった、およびその逆すなわち他人と思ったら親であったという、典型的な錯誤の事例であるといえるのにもかかわらず、現実はそのように解されることもなく、錯誤については一言も触れることなく、予想外の方向を指向していったからである。

その帰結自身の当否は別にして、普通殺人罪の枠内でしか処罰しえなかったのは、行為者が親だと思っていたら親ではなかったという、主観的認識の変動により、尊属殺の責を免れたというわけではなかった。換言すれば、決して重なり合いの理論あるいは錯誤論利用の結果としてではなかった。この点だけは強調しておきたいところである。いわば尊属殺のつもりが尊属殺にはならなかったし、錯誤の問題とされたわけでもなかった。その意味では、思い違いがつねに錯誤論に直結するものではなかった。事実またそのように処理されてはいなかった。その原因は、別の次元に起因していたからである。

配偶者死亡後、姻族関係終了の意思表示をするまでの生存配偶者の地位をどう理解するのか。そのこと自身、論争のあるところであり、その帰結に差があるとはいうものの、行為者の認識のいかんによって左右されるものとはされていなかった。そしてそのことに、そのすべてがかかっていた事実を看過してはならない。いわばそれは、かつての二〇〇条所定の「配偶者」の意義を、法の解釈としてどう理解するかの問題であって、親だと思ったらそうではなかった、逆に他人と思っていたら親であったという、行為者自身の思い違いに起因してのことではなかったからである。基本的にいって、思い違いとはその次元を異にする課題として処理されている。ということは、行為者の認識のいかんにかかわらず、ことは法の解釈そのものに依存して導かれての帰結であった。そのかぎり、重なり合い論や錯誤論の登場に依存してのことではない。この点は、強調しておきたいところである。

（5）　小野清一郎＝中野次雄＝植松　正＝伊達秋雄・刑法〔第三版〕（一九六〇年）五三六頁参照。
（6）　財産犯としては、ほかに、強・窃盗等が予想される。ただ、人身犯でもあり身分犯でもあるとされる事例の代表である保護責任者遺棄罪については、消極的に解している。わが子だと信じていたらわが子ではなかったばあいの遺棄と、その逆の事例がこれである。この思い違い・人違いを錯誤論・重なり合い論で処理することは許されない。少なくとも、私見としてはそう考えている。なぜなら、遺棄行為とはいいながら、その間の行為の重なり合いを予想しえないからである。前出一三四頁参照。なお、香川・身分概念と身分犯（二〇一四年）二〇四頁以下参照。

加えて、これまた余計のことだが、旧制高校時代に読んだスウェーデンの作家ストリンドベルの代表作「父」に、「その子が誰の子であるのか。それを知っているのは母親のみ」とあったが、その母親でさえも、わが子かどうかが不明なのが、産院における新生児誤引渡の事例である。もはや錯誤論による処理以前の課題のようである。なお、後出二七五頁以下参照。

（7）香川「尊属に対する加重類型」刑法解釈学の現代的課題（一九七九年）三四九頁以下参照。

二　三拍子は不可欠？

一　同一なのか異なるのか。

そのいずれの錯誤なのかの調整役として、重なり合い論が説かれるのなら、そしてそのこと自体、もともとが例外的に故意責任を問うための基準であるのなら、それだけに例外は狭くという原則からいっても、重なり合いの認められる法条が少なくなるのもわからぬわけではない。(1)ただ他方で、尊属殺から演繹された既述の三拍子、それが揃うことが要件とされるのなら、そういった基準との関連で、先にあげた教室内に置き忘れたノート等への対応が気にもなってくる。

もっとも、置き忘れた場所は教室内のことでもあり管理の問題もあって、その占有の有無をめぐる問題が意識されないわけではない。ただ、かりに占有離脱物であるとしたにしても、その重なり合いについては、やはり検討する余地もでてくるようである。この点、「窃盗は、占有離脱物横領とは所有権の侵害という点は、同質的であり、前者は後者を包摂している(2)」とされ、そこから「占有離脱物横領の故意を認めることができる(3)」とされているからである。いわば、客体の錯誤があったとして、錯誤論適用の結果として、占有離脱物横領罪の責を問いうるということのようである。

いわゆる重なり合い論を前提とし、そこに救済を求めて錯誤論によるというのなら、そのようにいえるのかもしれない。そしてそのために、これまでにもいくつかの懸案事項の処理対策として、この重なり合い論が頻繁に利用されてきた。そのこと自体は否定しえないし、私見としても一切重なり合いの法理を拒否する意思はない。ただそれにしても問題なのは、どこまでがその重なり合いの範囲に属するのか。そのことの確定については慎重でありたいと思っている。なぜならそれは、事実の錯誤は故意を阻却するといった基本線に変更を加え、ことを肯定的に解するといった、いわば逆行的な基準となりかねないからである。そこでそれを避けるため、既述のように三拍子をあげてはみたものの、それでことを万遍なく処理しうる基準となりうるのかは、必ずしも確定的ではない。それもあってか、この基準を可能なかぎり緩和し、故意責任を問おうとする異論の登場は避けられないようである。

それはともかく、対象をここに引用された事例のみにかぎったとしても、それほど容易に占有離脱物横領罪の罪責を認めうるといえるのかは、別個に検討を要する課題ともなってくる。同じような性質をもつ事例、すなわち構成要件のもつ内包的な包摂性の代表的な例である尊属殺との比較が必要となり、それがここでの課題に対する答えとなってくるからである。

先例とされ基準とされた尊属殺については、既述のように三拍子が揃っていた。そうだとすれば、ここでの事例についてもまた、同様の要件が重なり合いといえるために要求されることになってこよう。また、そうであることが望ましい。となると、まずは財産権保護の点で共通することが要求される。その点の重視は、平野教授も指摘されているとおりである。ただ、占有の侵害を伴わない占有離脱物横領罪とその逆、すなわち占有侵害を不可欠の要件とする窃盗罪とが、領得という次元で重なり合うといいうるものなのかは疑問として残るところである。なぜならそこには、尊属殺の設例にみられるような、人を「殺す」といった行為態様の共通項に欠けるものがあるからである。

加えて、占有離脱物横領罪にあっては、当該客体が離脱物であることの認識を必要とするとされ、他方で窃盗罪に予定される故意には、そうした意識内容が要求されているわけではない。にもかかわらず、錯誤論適用の結果として、忽然として占有離脱物横領罪の故意が認められるとされている。窃盗の故意には、占有離脱物横領の故意をも含むとでも解されるからなのだろうか。一般的にいって、知っていることに知らなかったことも、内容的に包摂されるといえるのだろうか。いずれにせよ、重なり合いの論理と錯誤論の併用により、それほど容易に故意責任を期待しうるといった効果がでてくるものではない。そういった点が疑問として残るところである。

もっとも重なり合い論の提唱者は、私をも含めてそれなりの基準によって、それぞれに自説を基礎づけてはいる。たとえば山口教授は「問題は、構成要件の重なり合いの理解の仕方・・・それを肯定する論理である」[4]とされているが、こうした認識自体には、私見としても賛成である。ただ問題なのは、その構成の仕方にあった。重なり合いを重視せよとする指摘には敬意を表するが、当面の対象である異なった構成要件相互間の錯誤との関連で、なんのために重なり合い論を登場させなければならないのかは、そのこと自身別途に検討を要する課題とはなってくるからである。

これまた初歩的な発言で恐縮だが、錯誤をめぐっては、くどいと思われるくらい喧しい論議が展開されている。その背景には、予想もしていなかった結果が発生した。そのこととの関連で、なんらかの立論・基礎づけをおこない、それによってその故意責任を問うとする、そのためのものであった。ということは、予想外の結果との関連で故意を認めるあるいは認めようとする、そこに錯誤論の主たる機能があったといえるし、またそのための立論でもあったからである。

普通殺の故意で尊属殺の結果をもたらしたようなばあい、「通常殺人について、構成要件該当事実があり、故意がある」とされている。[5] 普通殺の故意があったからというのなら、そのこと自体はそのとおりである。ただ、平野教授のあげた例はその逆、すなわち尊属殺の意思で普通殺の結果をもたらした事例についてである。[6] そしてこの両者は、ともに三八条二項適用の表裏の問題として、錯誤による故意責任を是認することの事例としてあげられている。

通常は、大は小を兼ねる、だから重なり合いがあるといいうるにしても、その逆すなわち小が大を兼ねるのかについては、その方向性を異にするだけに、ことは消極的なのではないのだろうかと、そのようにもいえそうである。だが、そう解するのは三八条二項の趣旨に反し、そのこと自身余計な心配のようであった。またそういった心配は、とくに問題視されることもなく、ともに普通殺の故意が認められている。

比喩的にいえば、それも仮分数か真分数かといった違いであるにとどまり、[7] 分母としてはともに同じといった意味では、重なり合いを認めることは可能である。そこから、尊属殺と普通殺および普通殺と尊属殺の両者を重なり合いの例として示すのはわかる。だがだからといって、それが「普通殺人について・・・故意がある」とする帰結との間で、どのような因果関係があるからそうなるといえるのか。[8] それだけに、重なり合いがあるから錯誤論で処理するという回答が、故意責任是認のための唯一の経路なのであろうか。それも問題視されてくる。

構成要件上所定の行為は「殺す」にかぎられている。そこから「殺す」行為は、それを裏付ける故意によって支えられている。それだけのことである。ただ「殺す」行為の相手方が、尊属か普通人か。いわば、客体の性格的差異を無視しえない。だから構成要件を異にしまた異にしながらも、この両者間には重なり合いを認め、また重なり合っている範囲で故意が生き残る。換言すれば、客体こそ異にするとはいうものの、両罪に共通するのは「殺す」ことであって、違うとすれば客体の差であるに過ぎない。だからこそ、共通する行為に内在する故意が登場しえただけのことであると、そのようにもいわれかねないからである。三拍子の強調は、そうした所説の展開をもたらしかねないことにもなってくる。

たしかに、尊属殺と普通殺であれば、客体を異にするとはいうものの、「殺す」という「故意がある」といいやすいのは事実である。だが他方、先にあげた例、すなわち他人の財物と思っていたら占有離脱物であったようなばあい、行為者自身には、当初からまったく予定していなかった占有離脱物横領罪の故意が認められ、しかもそれは重なり合い論と錯誤論への依存により、そのように理解されるとされている。その意味では、尊属殺の例のように、「普通殺人について・・・故意があった」といえるほど単純な例ではなかった。

にもかかわらず、この両者は同次元の課題として意識され把握されている。そのこと自身、やはり無理があるように思われる。でも、窃盗罪と占有離脱物横領罪との間に重なり合いを認め、それによって自説の整合性を図るというのなら、窃取の故意には占有離脱物横領の故意が含まれるとでもいわなければ、尊属殺の例との間での均衡が取れないことにもなってこよう。それだけではない。錯誤論と重なり合いの法理によって、ことを処理しようとするのなら、そう解さなければ論理的ではなくなってくるし、またそうすることによって、予想外の占有離脱物横領罪の故意を認めえたはずである。

尊属殺と普通殺との間では、「殺す」という行為が共通項として相互に要求され、少なくとも普通殺人の故意はあるとされているのに対し、占有離脱物横領罪に、この立論が使われていないし、また使われているわけでもない。いわば、占有離脱物横領罪と殺人罪との両事例を比較しながら考察するにしても、故意があったとする、そのことの論拠については、このように違った面のあることを看過してはならない。逆にいえば、そのことになんらの違和感も抱かなかったのであろうか。尊属殺から演繹された三拍子の適用に、広狭の差のあることを前提にしないかぎり、肯認しにくくなってくる。

(1)　単純にいって、財産犯であれば、ほかに強・窃盗罪等が予想されるだけである。ただ、法律の不知であれば、その緩和化の方向を指摘し、他方事実の錯誤であれば、逆に厳格化を説くのでは、その方向性の差に疑問ありとされることになるのかもしれない。ただ、故意の阻却事由として考えるのなら、こうした方向が合理的であると考えている。
(2)　平野・総論Ｉ一七九頁。
(3)　その引用箇所も（2）と同頁である。
(4)　山口・総論一九九頁。
(5)　山口・総論一九八頁以下。
(6)　平野・総論Ｉ一七八頁。なお、山口・総論一九九頁参照。ただ、平野教授のこの定義については、若干の疑問も感じている。平野・総論Ｉ一七八頁は「尊属であるのに、そうとは知らずに殺した」として、（2）の事例とは逆の例をあげている。だが、この間の差は重要視されていない。そのこと自体、三八条二項を基礎に一般的に承認されているところであり、格別のこともない。ただそれが、内包的に包摂するといったいい方に親しむのかどうかは問題を残すところであろう。
(7)　仮分数（たとえば、三分の五）であれば、大は小を兼ねると容易にいいうるにしても、真分数（たとえば、三分の二）は小は大を兼ねるといいうるのか。そういった問題を誘発してくる可能性はある。重なり合い論にとって、それはひとつの問題点であるが、それも分子に差があるだけにとどまり、分母そのものはともに共通して同じであるのなら、重なり合いがあるといえるようである。
(8)　山口・総論一九九頁参照。
(9)　平野・総論Ｉ一七八頁。

二　もうひとつ、例をあげておこう。福岡高判昭和二五年一〇月一七日刑集三巻三号四八七頁以下の案件がこれであり、同居中の親族の所有物と誤解して窃取したら、実は他人の所有物であったという事案がこれである。そこから、身内の者の物と思っていたら他人の物であったばあいとその逆、すなわち他人の物と思っていたら、実は親族の物であったという両面が、ともに三八条二項の表裏の課題として把握することが可能となってくる。そして事実、「第三十八条第二項より重い窃盗罪としてこれを処断すべきではなく、・・・親族相盗の例に準じて処断するのを相当とする」とされ、そこから、「この点を看過した原判決は法令の適用を誤ったものという外なく、論旨は理由がある」として、親族関係の誤認についても、重なり合いを理由に同例の準用が可能であるとされていた。

平野教授もまた、多少の含みを残しながらも、この帰結自身は是認されている。それだけではなく、「適用すべきである」[10]として、準用とした本判決に対して、「適用」の必要さを指摘されている。言葉尻を捉えるようで恐縮であるが、「準ずる」なのか、「適用する」なのかの差は気になるところである。ことを錯誤論の一環として処理するというのであれば、錯誤があったことの後始末として、親族相盗例の「適用」があるとするのもわからぬわけではない。だが、福岡高裁判決はそうはいっていなかった。単に「準ずる」としただけである。

これから先は私の推測に過ぎないが、本判決が適用ではなくて準用としたのは、錯誤論による処理に一抹の不安を感じていた。だからなのではなかったのだろうか。そのような感じも抱かされる。もともと「準ずる」とは、もとの事柄を類似している範囲で、他にも転用しようとするための表現であり、それだけに通常は、準用に関して、その旨の規定が存在するのが通例である。だが、本件のような誤認に対し、親族相盗例を準用しうるといった規定の存在は皆無である。それだけに、「準用する」という表現に、不安を感じての判示ではなかったのかと推測しているわけでもある。

適用か準用かの選択は、それ自身問題を残すところではあるが、福岡高裁判決が感じたであろう不安についてはわかるような気がする。そこで、私なりの視点から気がついた、いくつかの問題点を指摘しておくことにすると、たしかに、自己以外の者の物を取得した事例に対応している点で、この両者間に共通性を認めうるのは事実であるとしても、親族相盗例そのものについては、親族相盗罪といった犯罪構成要件があるわけではない。あるのは、そうした形での窃盗罪に対し、免除規定として法定されているだけのことである。したがってそこには、異なった構成要件そのものの存在があるとはいいにくい。いいにくいにもかかわらず、重なり合いとはどこからでてくる発想なのだろうか。

もうひとつ疑問がある。親族相盗例とは、一般的にいって刑の加重減軽に関する規定の一種である。それだけに、そうした加重減軽規定を、犯罪構成要件そのものとして捉えることができるのか。その点も、気になる関連事項である。その意味では、異なった構成要件間の重なり合いとするのには相応しい事例であるとも思われない。くどいようだが、ともに窃盗罪であること自身に変わりはないだけであり、ただ所定の事由がある範囲で、その刑の免除が明記されているだけのことである。その客体に、他人の物か親族のそれかの差はあるにしても、取得という行為自体に重なり合いを求めうる事例なのではなかった。

さらに、免除判決の性格についても争いがある。通常は、刑の免除事由であり、免除とは犯罪としての成立を前提とし、刑だけが科せられないばあいと解されている。ただ、それのみが免除判決のすべてなのではなく、無罪判決であると性格づける所見もみられる。(11)そのことの当否は別にして、かりにそうだとすると、事態はこれまでの立論では処理しえないことにもなってくる。錯誤や重なり合い論もその枠を超え、つぎの「犯罪としての不成立」でのべるような課題にも関連してくるからである。免除とする規定の理解の仕方、それが波及する効果に差がでてくることは計算にいれておく必要もあるようである。

(10)　平野・総論Ⅰ一七九頁。ことを肯定的に解する根拠は、同意殺との均衡を念頭においての発言であった。「同意がないのに同意があると思って殺した」(平野・総論Ⅰ一七八頁) ばあい、同意は基本的構成要件の修正型であり、いわば「殺した」か、「同意があって殺したか」の差があるにとどまっている。その意味では、ともかくも「殺人の減軽事由」（平野・総論Ⅰ一七八頁）として、同罪の存在を認めうる。そのかぎり、この両者間に重なり合いがあるとすることが可能であるとされている。ただそのことと、親族相盗例とを同一視しうるかについては疑問もある、その点は、本文および後出注（11）参照。

（11）平場安治・刑法総論講義（一九五二年）二〇八頁に、そうした趣旨の記述がみられる。もっとも、そのような形で引用するについては、引用としての正確さを欠くといわれそうであるし、その点は自覚している。となると、不正確と知りながら引用するのはなぜかといった問題は残ろう。

免除には「違法性責任性を阻却減軽する」ばあいと「犯罪の成立はその後生じた事柄の刑事政策的目的から刑罰を消滅させる」ばあいの二者があるとして、この表現のもつ多様性を指摘されている。それはわかるし、私自身もまた中止未遂が減免事由とされているばあい、そこでの免除が責任に関連のある事実は指摘したことがある。ただ、平場教授のばあい、この二者に区分されながら、後者すなわち「刑罰を消滅」に関する事由の参照条文として、二四四条を引用されてはいない（平場・総論二〇九頁参照）。そこから、前者と後者の二分割を認めながら、本条を後者に所属させていない。となると、残るのは前者しかないのかと理解し、引用しただけである。なお、森下　忠・刑法総論（一九九三年）二八九頁参照。

第四節　私見としての錯誤

一　犯罪として不成立

一　犯罪としての不成立という表現には、正確さを欠くきらいがある。基本的にいって、犯罪構成要件それ自体が存在しないため不成立であるばあいのほかに、かつての電気窃盗のように、法文の解釈とそれによる立法化によって確認されて財物と同視され、事後、窃盗罪の客体となったため、犯罪としての成立は避けられなかったばあいのように、財物概念の最終的な確定前までは、少なくとも犯罪としては不成立であったという事例の二者がこれである。最近の例としては、電磁的記録などが考えられるが、とくに電気にあっては法規そのものは存在するにしても、その解釈すなわち「財物」概念に電気をも含みうるのかどうか。それが、当該法規の解釈に依存し、肯定的な答えがでてくるまでは、犯罪としては不成立であったといいえたからである。したがってそれまでは、ともに犯罪としては不成立という枠内に共存することが可能である。電磁的記録についても、解釈の段階で論争はあったものの、結局は立法により処理されたが、それまでの事情は同じであった。

そこで、罪になると思っていたら、罪にはならなかったばあいと、その逆すなわち罪にならないと思っていたら罪になった。この両者の処遇・思い違いが最後に問題として考えられなければならなくなってくる。ともに思い違いが原因になっている。だから、それも錯誤の問題であるとも考えられる。そこで、錯誤の問題であるとするのなら、三八条二項に依存するほかなくなってくるはずであるが、そういえるのかどうか。それが、最初に問題視されることにもなってくる。それにしても、これは無意味な疑問であったのかもしれない。現に思い違いがあったのは事実としても、それが錯誤論による処理の対象となりうる課題ではないともいわれかねないからである。

三八条二項は、「重い罪に当たるべき行為」をなしたばあいと表現し、その行為について刑に軽重があるばあいとその逆、それらの事例に対応するための規定であるとされている。換言すれば、その表現上刑に軽重のあるばあいのみにかぎられ、したがって、犯罪としての成立・不成立の事例を意図しての規定ではなかったからである。この点は、先にも少しく触れておいたように、意をとめておく必要もあるようである。というのは、ここにいう事例に、その思い違いがあったからといって、それはもはや、錯誤論によって処置されることにはならないともいえるからである。

法文の規定上、その対象外であるとされるのなら、そこに成立・不成立の差異を求めて考えることは許されない。

ただ、許されないのが事実としても、他方で思い違いがあったこと自体は消し去るわけにもいかない。それにどう対応すべきか。頼りにする法規がない以上、ことは錯誤から別れを告げ、あげて解釈のいかんに依存するほかなくなってくる。前提となる要件そのものに欠けているからである。ただこれまでに、犯罪としての成立か不成立かが話題になった事例の多くは後者に属する。それだけに、そのように割り切れるものなのか、これまでにあげられた著名な先例を、ひとつだけあげて検討してみよう。

先にも触れた事項であるが、姻族関係終了の意思表示の有無をめぐっての事案がこれであった。[1]単純にいえば、尊属であると思っていたら、実は非尊属であったというのが本件であり、同様の思い違いはその逆、すなわち非尊属と思っていたら、実は尊属であったというばあいにも考えられる。[2]したがってこの両者は、ともに思い違いを理由に、とくに重なり合いの法理によって処理されうる典型的な錯誤の事例であり、「尊属であるのに、そうとは知らずに[3]」殺害におよんだばあい、重なり合いを理由に無条件で、普通殺人罪の適用が可能であるとされている。それが先例であった。

ただ、尊属であるのにそうとは知らなかったのであれば、つねに錯誤論による処理に待たなければならない課題なのだろうか。肯定的な回答がよせられるのかもしれないし、さらには本件自身、ここでの成立・不成立の設例として馴染む事例ではないともいわれそうである。そうであろうことは否定しない。だが現実は、錯誤の問題に一言も触れることなく処理されている。そのかぎり、提示した場所を間違えていたといわれかねないわけである。ただ他面で、錯誤による処理が可能なのではないのかと思われるものの、ことは錯誤論に救援を求める以前の次元での課題として処理されていた。

廃止前の二〇〇条所定の、「配偶者ノ直系尊属」の意味をどう理解するのか。いわば、この表現の解釈・理解のいかんにそのすべてが委ねられ、そこに錯誤論が登場する余地は皆無であったからである。ということは、思い違いによる処理は、そのすべてが錯誤論によるとする方程式が、つねに成立しうるものではないともいえ、またそのことすなわち方程式の重視自体が、反省させられることにもなってくる。すべての思い違いを錯誤に頼ることの非は、これまでにも何度か指摘してきたが、ここでもまた考え直さなければならない課題のようである。(4)

そのことの詳細は既に公表しているし、本書でも先に一部分触れているので、ここでは多く述べるつもりはないが、(5)要するに二〇〇条所定の「配偶者」とは生存配偶者の意味であり、「配偶者タリシ者」すなわち死亡配偶者を含まない。したがって、生存配偶者である行為者に、同条の行為主体としての適用はないとして、普通殺人罪で処断されていたのがこれである。

二〇〇条と一九九条とは、その重なり合いが認められる代表例であり、また尊属と思っていたら尊属ではなかったという意味で、これまた錯誤論登場の舞台装置に、なにひとつ欠けるものはなかった。にもかかわらず、それらはいずれもここでの問題とされることなく、すべては「配偶者」という法文所定の行為客体の解釈で終わっている。このことを指摘しておきたいわけである。

もっともそういえば、これがここでの設例すなわち犯罪としての不成立の事例として提示しうる事例なのか。そういった非難をうける余地はあるであろう。その点も、先に触れておいた。要するに、設例がおかしいと指摘されそうであり、またそのことは自覚していないわけではない。ただ間違いがあれば、すべてことは錯誤による処理といった、そういった発想自体に反省を求める契機とはなっている。可及的に錯誤論からの撤退を求めようとする私見にとって、こうした処理の仕方には関心を抱かされる。

そこで、もうひとつの例をあげておく。机上にノート等が置き忘れられていたのではなく、放棄されていたとするのがこれである。当該教室の管理の問題もあって、一律には回答しにくい面があるのかもしれないが、それはともかく、かりに放棄された物すなわち無主物であるとしたら、無主物が窃盗罪の客体となることはありえない。したがって、誰の物でもないと認識して取得すれば、たとえそれが誰かの物あるいは忘れ物であったとしても、その思い違いは錯誤によって処理される必要もなく、少なくとも窃盗罪としての客体の不存在あるいは存在だけの課題となってくる。さらにその逆、すなわち他人の物あるいは遺失物と認識して取得したにしても、実は無主物であったのであれば、事情は同じということになりそうである。だが、事実はそれほど単純ではなかった。

ただ、三八条二項の適用対象は、既述のように無主物にはおよばない。なぜなら同条項は、犯罪としての存在を前提とし、その犯罪に対する刑に軽重があるばあいの規定ではあっても、その成否を予定しての法条ではなかったからである。したがって、同条項の登場は、対象が遺失物であった事例までにかぎられ、こと無主物に関するかぎり、当該客体に対する犯罪構成要件の存在はなく、またその重なり合いを考慮する実益も皆無となってくる。重なり合い論と錯誤論との利用可能な有効度を、無主物に求めること自体が無意味なことであるといえそうである。

それにしても、他人の物と思っていたら無主物であったばあいとその逆のすべてが、三八条二項の対象外であるとして妨げないものなのか。そういった反論がでてくるのかもしれない。だが、既述したような理由によって、その思い違いが三八条二項によって救済されることはないといえるのなら、結局ことは客体の性格そのものをどう考えるか。それによって規制されるにとどまり、まさしく法文解釈の次元で処理する以外に方法もないことになってくる。たとえ思い違いがあったとしても、ここでもまたそこに錯誤論が介入しうる余地はないと、そのようにいわざるをえないようである。(6)

とはいうものの設例のばあい、客体を取得したのは思い違いに由来している。となると、その思い違いが無主物との関連で、どう作用することになるのか。それを無視するわけにもいかなくなってくる。影響なしで済まされるものなのか。多少の危惧は残っている。現に、無主物と思っていたら他人の財物であったと認定され、それによって窃盗罪の成立が認められた例はある。いずれにせよ、無主物と思っていたら他人の物であった。あるいはその逆すなわち他人の物と思っていたら無主物であったという、そのいずれもが思い違いという共通項によって総括されるとして、ともに錯誤論による処理をまつことになるのか。あるいはならないのか。そういった疑問を抱かされるのかもしれない。だがそれにしても、果たしてその必要があるのかについては、留保しておきたいところとなってくる。

（1）　その詳細は本文に譲るが、尊属と思っていたら、そうではなかったという身分関係の誤認については、尊属と思ったら非尊属であったという、重なり合いの典型的な事例として利用されることが多いが、それのみですまされる問題ではなかった。配偶者死亡後、姻族関係終了の意思表示前に、義父を殺害した生存配偶者の処遇を巡り、争われた先例があるからである（なお、前出二四四頁以下でも、この点は先に一部触れておいた）。

生存配偶者にしてみれば、尊属殺害の故意はあるし、その殺害行為も実行している。でも、その生存配偶者に尊属殺人罪が適用され処断されることはない。その趣旨の最高裁判決がみられるからである。その帰結自身の当否は別にして、最高裁が普通殺人罪の枠内にとどまるとしたのは、決して重なり合いの理論によるものでなければ、錯誤論利用の結果でもなかった。この点だけは強調しておきたいところである。配偶者死亡後、姻族関係終了の意思表示前までの生存配偶者の地位をどう理解するのか。そこに、そのすべてがかかっていたことを忘れてないで欲しい。いわばそれは、かつての二〇〇条所定の「配偶者」の解釈の問題であり、重なり合い論や錯誤論の登場に依存してのことではなかったからである。

（2）　まったくの他人と疑わず殺害したら、実は生母であった。病院での出生時、病院側の手違いで他人の出生児を手渡された。それが原因で、十数年後のこの事件は起きた。こうした事例がその逆として考えられる。思い違いがあり、重なり合いがあった点では、三八条二項の例として典型的であるといえるのかもしれない。もっともそれも、二〇〇条削除以前の問題であり、現在的な問題ではないが、かりに現在する課題として考えたら、どうなるのであろうか。

重い違いがあったとして、錯誤で処理されるのであろうか。それとも錯誤ではなくて、親子関係の鑑定結果によることになるのであろうか。後者が有意義ともなれば、錯誤による処理を期待しうる案件ではない、ということにもなってくる。もっともそれも、二〇〇条削除以前の話題であり、現在的な問題ではない。「人を殺した」点で、なんらの差はないからである。ただ、二〇〇条存在当時に比べて、思い違い＝錯誤といった公式の守備範囲の減少化をもたらした。そのことは、計算にいれておく必要はあるようである。

（3）　平野・総論Ⅰ一七八頁。

（4）　私自身も利用しているので、あまり口幅ったいい方は遠慮した方がいいかとも思われるが、もうそろそろ重なり合いの代表例として、引用するのは慎んだ方が賢明なのかもしれない。前注（2）のような事例は、重なり合い・錯誤によらなければ処理しえない課題ではないからである。

（5）　香川「尊属に対する加重類型」三七一頁以下で、その詳細に触れておいた。

（6）　三八条二項も、自らの限界を意識せざるをえないようである。

二　無主物については、かつて最高裁決定によるつぎのような先例があった。ゴルフ場内の池に落ちた、いわゆるロストボールの取得について、窃盗罪の成立を認めた先例がこれである。[7]行為者にしてみれば、ロストボールだから誰の物でもないし、占有離脱物でもありえないと認識していた。だからこそ取得した。にもかかわらず、実はゴルフ場の占有に属すると認定され窃盗罪で処罰されることとなった。その意味では、ノート等が放棄されていたもの、すなわち無主物であったのとは逆の事例ではあった。

そこで、無主物と思ったら他人の物であった。あるいは、占有離脱物と思っていたら無主物であったようなばあいとその逆という双方の事例について、ともに思い違いがあった点では、錯誤論の登場を促したいところだが、現実はそうもいえなかった。少なくとも本決定は、本件に関する参照条文として三八条があげることはなかった。そこには、錯誤といった問題意識さえもなければ、それによって処理するといった意思をも持ち合わせてはいなかった。他人の財物といえるから窃盗罪となる。それ以外のなにものでもないとしているだけだからである。

そのかぎり、ことは構成要件の次元での解釈としてのそれに依存すればたり、錯誤に親しむ課題ではないということになってくる。とはいうものの、現に思い違いがあったからとして、依然として錯誤の問題であるとされ、ドイツ刑法一六条二項のような規定に、その基礎を求めるといったいい方がなされるのかもしれない。だが同条項とても減軽までが限度であって、不処罰までも予想するものではなかった。その意味では、無主物に関するかぎり、日独の差を超えて錯誤による救済を求めうるわけにはいかないようである。換言すれば、思い違いがあった、だから錯誤といった短絡的な発想が前面にでることはなかったともいえる。そのこと自体には敬意を表したい。

ただ、行為者にしてみれば思い違いはあった。他人の物を取る意思など毛頭持ち合わせていなかった。にもかかわらず、窃盗罪の成立が認められるとなると、同罪の成立に必要な他人の財物を領得する意思とはなんなのか。他人の財物と知ったうえでの取得が、不可欠なのではないのか。そうだとすれば、どのような論理によって窃盗と是認されることになるのか。客体が物であれば、つねに窃盗罪が成立するといえるわけのものでもない。領得の意思で取得するのが窃盗罪であるのなら、無主物といった認識しかなかった行為者に、窃取の意思はどこからでてきたといえるのか。そういったいくつかの点について、それぞれにその説明が必要となってこよう。

先の最高裁決定は、ゴルフ場内のウォーターハザードに落ちたボールの所有権については、当該ゴルフ場に帰属すると判示した。ゴルフ規則（第2章三三）によれば、いわゆるロストボールについて、ゴルファーは当該ボールが所定の時間内すなわち五分以内に発見できなかったときは、これをロストボールとすると定めている。これが規則のもたらす効果であり、ロストボールの定義である。したがって、規則にしたがいゴルファーによって放棄されたボールは持ち主を失う、すなわち無主物となってくる。そう解するのが素直かと思われるが、問題なのはそのつぎにあった。放棄によって無主物とされた。そこまではよい。問題なのは、その後どうなるのかである。無主物は永遠に無主物なのか。あるいはそうともいえないものなのか。

無主物とされたのなら、格別の理由のないかぎり、そのこと自体の性格に変動はない。そう解するのが素直と思われるが、逆に必ずしもそうもいえないとなると、考えておかなければならない問題もでてくる。本件のように、無主物であると思っていた物の取得が、実は窃盗罪とされているからである。なぜそういえるのか。そのための構成はどうなるのか。そして、ことを最終的に解明するためには、誰かの占有あるいは所有下にあるとしなければなるまい。さもないかぎり、窃盗罪の適用はありえないはずだからである。

でも、所有権の放棄によって無主物となった客体に対し、現に窃盗罪の適用が避けられなかったとするのが本件である。となると、どういった取得原因が理由となって二三五条所定の客体、すなわち「他人の財物」になるとしたのか。そのことの確認こそが、不可欠の前提となってくるはずである。そこで、それへの回答を求めてみた。だが、この点に対する回答としては、「無主物先占によるか権利の承継的な取得によるのかは別として」として、当該ボールに対する所有権の取得原因がなんであるのか。その取得原因についての明確な確定はなされていない。なされていないまま、そのいずれであるのかさえもあきらかにしないままで、「いずれにせよゴルフ場側の所有に帰していた」とし、問答無用ともいえる形で無主物ではなくて「他人の財物」に当るとし、だから窃盗罪を構成するとしている。

結論はわかったが、これで判決に「理由を附しなければならない」(刑訴四四条一項)とする要請に答えたことになるのであろうか。もっとも、この程度でも答えとはなっている。だから、裁判書に要請される記載事項としては充分であるとされるのかもしれない。そしてそのように反論されると返す言葉も失ってくる。ただ、それにしても選択的な二者の取得原因のうち、そのいずれが決定打であるのかは不問のままである。ということは、そのいずれであろうとも法的効果に差がないといった趣旨にも読め、またその趣旨での判示であったのかもしれない。だが逆に、そのどちらを選択するかによって、その構成・効果に差がでてくるとなると、こうした判示の妥当性については疑問の残るところとなってくる。明確に意思表示をすべきであったのではなかろうか。最高裁は、いつからルイ一四世「朕は国家なり（L'Etat, c'est moi）」に格上げされたのであろうか。

本決定自身は、確定的な回答をよせてはいない。少なくとも、私にはそうとれる。そこで仮定的な議論となるが、かりに前者をその取得原因とした趣旨であるとするのなら、どういうことになるのであろうか。当該ゴルフ場が、いかに広大な敷地であろうとも、およそ敷地内のいかなる地点で放棄されていようとも、こと敷地内に関するかぎり、無主物先占の法理により所有権を取得する、といった構成をとることになるのであろうか。「所有の意思をもって占有する」（民二三九条一項）かぎり、ゴルフ場内のどこに放棄されていようとも――ロストボールは、場所を選ばない――、そのすべてについて所有権を取得するとでもいわなければ、先占の法理を使う意味もなくなってくる。それとも逆に、喪失箇所のいかんによっては、この法理がおよぶ、あるいはおよばない場所もありうるとでもする趣旨なのであろうか。

かりに前者だとすると、当該ロストボールが、「早晩その回収、再利用」が予定されていようと、いなかろうと、さらには発見困難な草むらや樹上に放棄されていたばあいであろうとなかろうと、換言すればゴルフ場内であれば、そのいずれの場所であろうとも、無主物先占による所有権はそのすべてにおよぶ、とでもいわなければ論理的でないことにもなり、その意味ではハザート内だからという制約は無用な要件ともなってくる。(8)

ただ、無主物先占が認められるための前提条件、すなわち所有の意思とは、そうした包括的な、特定性を欠いた事例についても、およそそれは利用可能な概念なのだろうか。そういった問題は残る。対象が特定され、その特定された客体が無主物だから、所有の意思をもって取得するといった経過は不要なものなのだろうか。もっともそういえば、だからこそ早晩回収し再利用する予定であったと判示していると、そのようにいわれるのかもしれない。またそうすることによって、所有の意思は明示されていると、反論されるのかもしれない。

だがこの文言を、無主物先占を基礎づけるための論拠として利用する、そのための文言であったといえるのだろうか。既述のように、あまりにも包括的であり不特定になるのを避けるため、限定する意味もあっての設定であった。いわば、事実上の支配下にあった。そのことを強調するためのことに過ぎない。所有権設定の有無はそれとは別であるとし、ともかくも事実的な支配すなわち占有下には属していた。したがって、所有権云々よりは、むしろ占有下にあるロストボールの侵害をした。だから窃盗罪になるとしている意味にも理解できる。ということは、所有の意思による無主物先占であるよりは、事実上の管理下に属するとしているだけのことに過ぎない。ハザート内に放棄されたことの強調は、そのことを裏付けてくれるのかもしれない。そのようにも解してみた。

既述のように、ロストボールはその場所を選ばない。したがって、ハザート内であればその特定化がなされやすいのは事実である。そうだとすれば、本件もまた未確定なままの原因を列記して、所有権設定の有無にこだわるよりは、占有理論を理由にゴルフ場の物としたほうが便利であったといえる。ハザードの強調は、それなりの理解であったといえるのかと推測する。それ以外であれば、この占有理論は使いにくいからである。

ただ占有理論の強調は、本件のような事案の解決策となりえても、およそロストボール一般について、その帰属を決定する能力に欠ける。およそロストボールそのものの性格規制に、なんら役立っていないからである。それもあって、無主物先占で所有権取得としたのかもしれないが、とりあえず占有権でいくか。所有権の帰属まで回顧するか。その構成に複数の道はありうるのなら、そしておよそ裁判書であるのなら、しかも最高裁のそれであるのなら、迷いのない決定で示しておいて欲しかったとはいえる。

他方、残されたもうひとつの選択肢には贈与があった。贈与であれば、「あげます」・「いただきます」といった合意が必要とされよう。契約というのなら、合意がなくても妨げないとはいえないはずだからである。ただそれにしても、当該譲渡契約はゴルフ場とゴルファーとの当事者間において、いつその合意に達したといえるのか。それが最初に疑問となってくる。プレイ開始前に、譲渡するといった明白な合意が交わされていたとみなしうる事由もない。ただ、当日のプレイを契約した時点で、合意があったと推定されるのかもしれない。だがそれも、「ゴルフ規則を順守します」とする点までの合意であっても、換言すれば当該ボールの放棄までの合意ではあっても、ゴルフ場側に対する譲渡までをも含むとはいいがたい。ボールの紛失は必ず場内といったと保証はないからである。また、かりに譲渡契約があったとしても、それが譲渡契約であるかぎり、当該契約履行前といった時期的な制限はあるにしても、途中で当該契約を「撤回する」ことも可能である（民五五〇条）。撤回すれば、所有権が移行することもありえない。元のままである。

そこで、プレイ中に現実に放棄した、そのときに放棄と譲渡があったと譲歩したにしても、そこからさらに別の疑問もでてくる。本件の即していえば、ハザードに落ち、五分経過後のロストボールについては、どんな形での譲渡があったといえるのか。「あげます」なのか、「捨てます」なのか、「捨てますけど、あげるつもりはありません」なのか。放棄後の措置につき、いくつか考えられるなかで、なぜ「捨てるけどあげます」が最優位を取得するということになるのであろうか。それぐらいの点に対する回答はしておいて欲しかった。

加えて、契約締結後、どれが履行前の撤回事由になるのかも定かではないが、かりにプレイ終了後、再度現場に戻って失ったボールを回収したゴルファーがいたとすると、それは譲渡契約の撤回なのか。それとも、ゴルフ場側の占有侵害なのか。そのいずれと解するかによって、犯罪の成否に影響すること大なるものがでてくる。細かい疑問といわれかねないのかもしれないが、それだけに、疑いを誘発させる余地のない、そのような判旨を期待したいところである。

いずれにせよ譲渡であるとして、そこに所有権移転の根拠を求めるのには、その構成上無理があるようである。同じことの繰り返しになるのかもしれないが、ゴルフ規則によって放棄したボールが、無主物であるとする結果自体は動かせない。それだけに、無主物に対する所有権の設定は明確なものであることが要求されよう。それを欠くかぎり、取得原因のいかんによって、その後の法的処理に変動をもたらすことにもなりかねない。その運命を左右するような所有権帰属の根拠を、「いずれにせよ」ですましうる案件であったのだろうか。最高裁としては、おおまかな決定であった。そういった感じは否めない。

先にも、少しく述べておいたように、ゴルフ場内だからとするこの論理は、ロストボール一般の性格規制については使えない。加えて、失われたその場所が、必ずしも誰かの所有あるいは占有下にあるといった保証もない。その意味では、限定的な意味しかもたない決定であったとするほかない。もつとも本決定が、本事案に対してのみ有効な回答であるに過ぎないのか。それとも、およそロストボール一般の性格づけについてのそれなのか。最高裁決定の性格上、後者の意味ともいえるのなら、こうした形での普遍化が許されうるものなのか。それを計算にいれての決定であったのだろうか。

末尾に当って一言。既述のように、無主物と思っていたら持ち主が特定されたという思い違いは、ここではそれが錯誤としてなんらの意味も持ってこない。加えて、無主物を取得しても構成要件該当性を欠く。したがって、その故意とかあるいは錯誤論とかからは、およそ無縁の発想となってくる。そこで、その逆の事例として考えたのが、他人のノート等と思っていたら、実は無主物であったというのがこれである。やはり、錯誤の問題として処理されるのだろうか。それとも、客体の欠如を理由に犯罪不成立とされるのであろうか。

具体的事実の錯誤かあるいは抽象的事実の錯誤か、客体の錯誤か方法の錯誤かの区別あるいはその類型化は、これまでの設例からもあきらかなように、いつにかかって発生した結果との関連で制約され左右されている。そして、それがまた錯誤論であるのなら、ことは結果との関連で一連托生となり、それだけに一蓮托生の関係にある結果をどう評価するか。それによって、事態はさらなる検討を必要とすることにもなってこよう。ということは、錯誤論とは故意そのものが主体となるのではなくて、結果との関連で左右されなければならない問題なのか。そういった疑問さえもでてくる。

行為者にしてみれば、ひとつの間違えしかしていない。先の設例を利用するのなら、それらはともに他人、すなわち自己以外の人の物と認識していただけのことである。だがそこには、予想どおりにはいかなかったという思い違いがある。にもかかわらず、その思い違いをどう評価するかは、いつにかかってその後の処理、すなわち法の適用をめぐり、どの類型に所属させどう処理していくかに依存することになってくる。そのこと自体、行為者にとって最大の思い違いであったのかもしれない。だがそれが、今日までの錯誤論の現状であったともいえる。そのことに、なんら不本意なものを感じることはなかったのだろうか。

行為者にしてみれば、結果として予想外の間違えた事実が発生した。そのことは認めざるをえない。でも、錯誤が故意の裏返しというのなら、その故意の裏返し、換言すれば間違えた・思い違いをした、そのことを故意との関連で可及的に単一の基準によって処理することを期待したいところであろう。それだけに、裏返ししたら故意が認められない、換言すれば犯罪として不成立であった事例までは、予測の対象外となってくる。そのことも終着駅として計算にいれておく必要もあろう。その結果、錯誤論の有効範囲は重なり合いまでがその限度であり、それ以上にでるものではないし、またその範囲内であっても、個別的な検討の必要さは残されているだけである。

(7)　最決昭和六二年四月一〇日刑集四一巻三号二二二頁。手持ちの最高裁判所判例集からは、なぜかこの号だけが見事に欠落している。なぜ欠落しているのか。原因不明で困惑もしている。いずれにせよ、原典に触れられず申し訳なく思っているが、引用するにあたっては、最高裁判所判例解説　刑事篇　昭和62年度　一一四頁以下や林　美月子・昭和62年度　重要判例解説一六四頁以下に頼らざるをえなかった。了承されたい。

(8)　一・二審判決は、無主物先占の法理により窃盗罪の客体になるとしていた。それに対して上告論旨は、無主物先占であるとするのなら、所有権を取得するはずである。ただそのためには、所有の意思をもって先占しなければならない。その点をどう考えるのか。それが、上告論旨の核心であった。だが、そうした問いに正面から答えることなく、本決定は無主物先占のほか、論点とはなっていない権利譲渡まで持ちだし、しかもそのいずれが所有権の取得原因であるのかも明示しないまま、論旨を破棄し原審判決を支持している。しかも、職権判断をしてまでである。積極的に答えようとする態度の表明なのかもしれないが、その趣旨であるのなら、論点となっている無主物先占に正面から対決すべきであって、権利譲渡はいわずもがなの文言であった。

　これまた、初歩的な発言で恐縮だが、所有権と占有権とは異なる。占有していることが、必ずしも所有権を基礎づける論拠とはならない。その意味で、本件の解説を担当された調査官は、本決定判示のように、当該ボールの放置された場所等を考慮し、当該ロストボールを「占有している」(前掲解説一二八頁)と解説されているが、上告論旨が聞きたかったのは所有権の帰属であり、とくに所有の意思で当該ボールを取得したといえるかにあった。それに対し、事実上の占有があったという解説では答えにはならない。占有することが、当然所有権を基礎づけることにはならないからである。その点、本決定が無主物先占を一応の基礎としたのはわかるが、所有の意思に答えてはいない。

(9)　無主物自体が、それほど頻繁に話題になるとも思っていなかったが、最近また、つぎのような報道に接する機会があった。

新聞報道でありその信憑性に欠ける面もあって、論文への引用として適切なのかといった危惧と反省もないわけではないが、それを承知のうえで、記載しておきたいことがある。

海岸の砂浜に捨てられたガラス片が、長い間波にさらされて、ペンダントにも使えるような工芸品化していく例があるとのことである。それを拾い集めて、販売の対象にしているといった報道がこれである。ただ、当該ガラス片の拾得・販売が刑事事件となったとは報道されていない。またそのこと自身を、とやかくいうつもりもないが、ロストボール事件との関連で気になる点はある。

ロストボールもガラス片も、ともに放棄された点での差異はない。問題なのはその後、すなわちともに放棄されたこれらの物件を取得したばあい、それへの対応がつねに同一であるといえるのか。そういった懸念があるからである。それにしても、ともに無主物と解しても妨げないのではとも考えたが、これには無理があると批判されそうな予感もした。もっとも学説として、その詳細に触れたものはあまりみあたらないが、漂流物につき「水中ないし水面上に存在するもの」（長岡哲治・大塚・大コンメンタール刑法　一〇巻四一七頁）といった定義のなされた例はある。それで問題はないとは思うが、ロストボールとの関連で、つぎのような所見が予想されないわけではない。

海浜については、都道府県知事が管理者として、砂を含む土石等の採取につき、許認可権をもっている（海岸法八条一号参照）。したがって、同法違反といえるのではないのか。そういった異論がでてこないともかぎらないからである。ただ、同条の客体は、既存の土石等に対するものではあっても、ガラス片まで予定しているわけではない。加えて、無主物先占の法理も使えない。海岸法は、都道府県知事に、特定の事項に関する管理権は認めているだけであって、それ以上にでるものではないからである。となると、そこでの対象外である当該ガラス片は、無主物先占による取得と解するほかない。

海浜のガラス片であれば、取得者にその所有権が認められ、ゴルフボールの取得者は、窃盗罪を構成するということになるようである。間に介在する中間者が、都道府県知事かゴルフ場の違いがあるからなのか。それとも所有者としての意思に左右されるからなのか。かりに後者だとすれば、ロストボールについても、論点となっていた所有の意思の有無、それへの回答が欲しかった。

二　錯誤論からの決別

一　冒頭でも述べておいたように、刑法における錯誤の問題はたどり着きえない永遠の迷路なのかもしれない。国際的にみても時の流れを回顧してみても解決への道は遠く、難解あるいは複雑な学説のひとつといった烙印から解放されることもなかった。ことはドイツだけではなく、わが国での傾向もまた同じであり、折角の具体的法定的符合説の登場も、解決への燭光をもたらすことなく複雑化へと逆行している。このことは縷々記述してきたとおりである。

相互に国境を超えた形で、それぞれにアポリアと知りながら論議されてきた。それだけに、一筋縄でいける問題ではないことは身に沁みて知っている。だがそれにしても、この問題に対する視点の置き方のいかんによっては、ことはそれほどの難問として意識し、論争されなければならないほどの課題ではないのではなかろうか。

そのような発想もあって、これまでに法律の錯誤・事実の錯誤の両面にわたって、それぞれの持つ論点を解明してきた。そしてその解明にあたってでてきた思いは、簡素化の思考が決して無謀な空論とも断定しがたい。錯誤論の簡素化あるいは縮小化を意図することは許されえないわけでもない。そのために、そのための努力も果たしてきた。本書を閉めるにあたって――ここでの直接的な課題が、事実の錯誤にあることは知りながら――法律の錯誤にも触れて、その思いへの帰結とする。

ともあれ、錯誤論の縮小化を意図しようとするのなら、まずは既往の学説そのものへの反省が必要となってこよう。そこでそのために取りあげた最初の提案は、一故意犯説への準拠であった。逆にいえば、故意は複数とするあるいはそのように解しうるとするからこそ、併発事実までをも錯誤の枠内に包摂し、さらなる論争の多様化・複雑化の結果をもたらしている。そうした経過を避けられなかった。だが、故意はひとつしかない。ひとつしかないのなら、その故意をどう処遇しどう処理するのが適切なのか。問題はそのことの範囲内に留められ、それ以上に過重な負担を負わせるべきではないということになってくる。それが基本的な認識であった。

その意味でも、具体的法定的符合説が一故意犯説を前提とするのは可とするにしても、その結果として、客体の錯誤と方法の錯誤とを区別し、対被害者と関係でこれらの錯誤が行為者の故意の帰趨に変動を与える。そのことを自明の理とし、錯誤のもたらす結果のいかんに左右されるのを当然としている。だが、そのこと自身に疑義がある。にもかかわらず、それがまた近時の通説ともなっている。そこから逆に、いいたいことがでてくる。

そういいうるためには、客体の錯誤と方法の錯誤との区別・類型化は確定的であり不動である。そういった認識があってのことでなければなるまい。さもなかぎり、この二者のもたらす帰結に一八〇度の差のある事実を、錯誤のもたらす結果として主張する訳にはいかないはずだからである。だがそれにしても、この両者の区分け・類型化には、一抹の不安も抱かないとする自信があってのことなのだろうか。「然り」とする回答をよせるほかあるまい。さもないかぎり、そのいずれかの類型に所属するかによって、その処遇に一八〇度の差の生ずることを、平然として自認するはずはなかったからである。

もっともそれも、具体的法定的符合説にとって、既存の法定的符合説の持つ不備を熟慮し、それへの反省を求めての結果としてでてきた立論であるのは知っている。だからたとえ複雑であるといわれようとも、あるいは難解であるとされようと、論理的に煮詰めた結果としては、こうならざるをえないし、またそういわざるをえないと、そのように反論されることになるであろう。かりに私が具体的法定的符合説の論者であったのなら、やはり同じような回答をしたかもしれない。したがって、そのような反論がでてくるのもわからぬわけではない。

だがそれにしても、その前に客体の錯誤と方法の錯誤とは、当然のことのように明確に区分しうるし、また類型化もなしうるといえるものなのだろうか。厳格に区別できると解するからこそ、双方の錯誤間の処遇それ自体に、差の生ずることに意を解しなかったし、またそれを説くのが具体的法定的符合説であったのかもしれない。だが逆にこの両者の区分けは、それほど容易になしうるものではないようなばあい、具体的法定的符合説は、それでも自説を堅持しうるというのであろうか。

予想外の結果との関連で、この二者のいずれか一方に所属させ、さらには所属の結果としてその処遇を異にする、それを承知のうえで、だからこそ具体的法定的符合説と自称するのなら、それが当然可能であるといった自信があってのことであろう。でも、先にも触れておいたように、それが必ずしも可能であるといった保証はなにひとつないし、またそのいずれかの類型化への帰属が、それほど容易になしうるものではない。にもかかわらず、その点への配慮を欠いたまま、結論の差を強調するのはいかがなものであろうか。双生児のパレード殺害事件のみならず、産院での胎児誤認引渡しのような事例について、ともに思い違いがあったとして、いずれかの錯誤があったとして、そのいずれかに所属されることが可能であるといえるのだろうか(1)。

そうした疑念の解消がなされないままでは、具体的法定符合説に対して賛意を表しにくいことにもなってくる。あとでまた、触れるつもりであるが、錯誤とは結果によってその類型化を待ち、それによってその処理をするといった問題なのだろうか。もとより、予想外の結果があったからこそ錯誤が話題になるのなら、愚問は発して欲しくないといった非難は避けられまい。それは承知している。知りながら提言したのは、簡素化への思いがあってのことである。錯誤すなわち間違えたこととは、それ自体をどう評価するのか。そこに重点のおかれることを看過してはならないとそう思うからである。

それだけに、ことは可及的に構成要件段階での処理・解釈に任せ、責任論にまで波及させるのを避ける。それがまた、簡素化への道程ともなりうるとしたわけである。もとよりそのばあいでも、思い違いすなわち錯誤はあったし、錯誤があったという事実そのものが消えることはないしまた消すこともできない。ただだからといって、その思い違いすなわち錯誤が、当然のように錯誤論にその救援を求めなければ処理しえないものなのか。「逆、必ずしも真ならず」といえるのなら、その間の関連にこだわる必要もないことにもなってくる。

一般的にいえば、思い違い＝錯誤があったからといって、そのすべてを錯誤論による解決に依存しなければならないものでもないし、また依存しえない事例もある。そういった思いもあって、最終的には不成立の類型にまでおよんで回顧してみた。たとえ思い違いがあったにしても、それは最早錯誤の課題であるともいえず、三八条の対象外となってくるといえるからである。そして、そこまでに至る経過を、いくつかの事例をあげながら検討してきた。ただそれが、成功したといえるかどうかの評価は別である。

いずれにせよ、こうした形での錯誤論の再構成にとって、既述のように、一故意犯説か数故意犯説かの対立がある。それ自身、充分検討に値する課題であるとは思うが、ともかくこの論争にとっての最大の問題は、およそ故意とは、つねに複数となりうるとして数故意犯説によるのか。そうではなくて、一個でしかありえないとして、ことの処理にあたるのか。あるいは単一であるのは事実としても、事情によっては複数化しうると解して、その処理をおこなうのか。そのいずれにあたる趣旨のものなのか。その点に対する対応の仕方のいかんによって、同時に論争にも拍車をかける面のあることは否定できない。そのように思われる。

ただ、基本的にいって故意は一個しかないのなら、その一個しかない故意そのものにその行く末を依存するほかはない。もっともそういえば、なにごとも思うとおりにはいかない。だから錯誤が話題として存在しうる。それが現実であるのなら、一個にこだわることによって、ことの処理・解決に結びつきうるといえるのか。そういった批判はでてこよう。たしかに、一個にこだわることのみが万能ではないのかもしれない。だからこそ逆に、錯誤論の戦線縮小論を主張している意味もある。それだけに既往の学説が、その間の処理に論理的な整合性を担保していたといえるのか。その点もまた気になるところである。論理性を担保したうえでの帰結であると答えうるほど、それほど明快なものがあったとも思われない。釈然としない面も感じている。

それぞれの基準を前提にし、それと他説との差を意識し、相互に批判しながら自説を展開していくのはよい。ただ、その批判あるいはその論争に、偏りがなかったといえるのだろうか。視野の狭隘さが、却って論争を過熱化させた面がなかったともいえまい。そういった疑念は残っている。もう少し容易に、そして普遍的な処理をなしうる法理の発見は困難なものなのだろうか。

となると、どのように不信なのか。その点を指摘することが必要となってこよう。そういった思いもあって、かつて故意の移動論を提唱したこともあったが、大方の賛同をえられることはなかった。加えて、論議の態様は、旧態依然として昔ながらの先例を対象にし、そのことの是非に集約されていた。単純にいって、長い論争の割には進歩がなかったのではといった感じも抱いている。もっともだからといって、そのすべてを過去のものにしようといった、大それた提案をするつもりもないが、そろそろ拡大し複雑化した戦線の縮小化を顧慮にいれてもよいのではとも思われる。もとよりそれが、どこまで可能なのかは大きな課題である。そしてそれを知りながら、いまここでもう一度錯誤論を取りあげたのは、そうした従前の錯誤論に対する反省があってのことである。百尺竿頭一歩を進め、錯誤論からその贅肉を落し縮小化していきたい。それを意図しての一歩である。

（1）　前出二〇三頁以下、後出二三四頁以下、二四七頁等参照。

二　そこで、最初に触れたのが法律の不知であり、法律の不知を無知と無関心・無視とにわけ、(2) そうすることによって、一律処理のもたらす不均衡を避けようとしてみた。そのこと自身、先例のないいき方であった。ただ、このいき方によるのなら、そのすべてが錯誤による処理に親しむものでもなくなってくる。法律の不知だからといって、当然のようにそれが、錯誤に結びつきうるものではなかった。不知の原因は、決して一様とはいいえなかったからである。換言すれば、錯誤が法律の不知に結びうるにしても、法律の不知がつねに錯誤に結びつくともいいえないからである。

無視・無関心とする類型には、法規の存在を前提としながら、その理解の不確かさに起因することが多いのかもしれない。そこから、その不確かな点を捉えて、故意あるいは責任ありとするのも不可能ではない。だが既述のように、これまで引用してきた先例の多くは、構成要件それ自体の解釈に委ねられ、その次元での処理が考えられてよかった事案であった。その具体例が、物品税法違反事件であった。もっともそのように、視点を錯誤から解釈の次元に移行させるのなら、ことは無関心・無視の事例にかぎる必要もなく、事情は無知についても同様なはずである。その典型が狸・狢事件であり、勅令四〇五号違反事件等であった。そして、そのように構成要件段階への移行が許されるのなら、そこから漏れた無知は錯誤論による救済を仰ぐことになってくる。どう救済するか。あたえられた救済策としては、ドイツ刑法一七条にその指針を求めるほかないのかもしれない。もっとも、同条制定の経過は責任説立法化のためであり、他説の介入にどれだけ寛容であるのかの課題も残るが、いずれにせよ、そこに定められた「この錯誤を回避しえなかったであろうときに（wenn er diesen Irrtum nicht vermeiden könnte）、責任の阻却が認められるのなら、その避けえたか避けえなかったかの基準を、故意の阻却に結びつけることも可能なはずである。責任か故意かの差こそあるにしても、ともにこの機能を拒否する理由もないからである。そしてそういえるのなら、それが違法とは知らなかったという思い違い、あるいはそのような錯誤もやむをえなかったのかどうか。それが、主要な役割を果たすことにもなってくる。換言すれは、法律の錯誤に要求される、避けえたか避けえなかったとは、その間違いをもたらした行為そのもの、それに対する評価に集約されることにもなってくる。すなわち行為者のいき方に、その命運のすべてがかかるということである。

本来錯誤とは、行為者が間違えた。そのことが問題視されるのであって、その間違えたという行為が、結果によって左右され、また類型化されるべき性格のものでもない。その意味で一七条が、そのような錯誤を避けえたか避けえなかったかに求めたことは、私見への指針として貴重ないき方であった。そのこと自体に、異論を述べるつもりはない。錯誤論縮小化への道は開けてきたからである。そのような違法な結果がもたらされたからなのではなく、そのような行為態様をせずに済んだのかどうか。それが重要となってくる。

もうひとつ、事実の錯誤が残っていた。法定的符合説によるかぎり、構成要件の枠を超える抽象的符合を受けいれることはできない。一個の構成要件には一個の故意とするかぎり、許されるのは重なり合いまでが限度である。加えて重なり合いの一方に、その構成要件を欠いているばあい、たとえ思い違いがあったとしても、それはもはや三八条二項の対象とはなりえない。この点は既に指摘しておいたとおりである[3]。にもかかわらず、それもなお錯誤の対象であるとして、その処理の必要性を求めるのなら、ことは解釈のいかんに依存するほかはなく、錯誤からは遠い存在となってくる。その意味では、事実の錯誤もその範囲が絞られてくる。いわば、事実の錯誤は少なくとも、一個の故意と既述の三拍子がそろっての重なり合いにかぎるほかない。

一個の構成要件には一個の故意、それが不動であるのなら、その故意も現に生じた結果との関連で一回使われ、また使われることによって、その役目を終える。そのかぎり、二度とは使えない。だからこそ、数故意犯説・故意移転の原則さらには概括的故意、そのいずれもが、その出発点において私見とは、その認識を異にするものがあるとしているわけである。換言すれば、一個の故意には一回かぎりの利用が認められるだけであり、それがまた錯誤論による処理の限界である。それをいいたくて、これまでに多角的な検討をしてきた。

となると、最後になにをいいたいのか。それが残された課題となってくる。これまでの事実の錯誤論は、通常客体の錯誤と方法の錯誤とに区別され、そのことが錯誤論解決のための入り口とされていた。講学の必要上、こうした二者が前提となり、それが予想外の結果との関連で類型化され論議されている。そのこと自身、わからぬわけではない。それだけに説明の必要上、こうした類型化がなされるのを否定するつもりもない。ただ、生じた結果との関連で、この二類型のいずれか一方への帰属が確定され、その確定のいかんによって、その処理をめぐっての論争が絶えないし、さらにはその帰結に差の生ずることにもなってくる。こうした類型化とその帰結のもたらす格差に、なんらの違和感も抱かなかったのだろうかとはいいたい。

逆にいって、類型化しなかったらどういうことになるのか。それを考えたことがあるのであろうか。かりに類型化しなければ、事実の錯誤に対する処理やそれへの回答は、ひとつしかでてこなかったはずである。それを考えることはなかったのか。少なくも、予想外の結果発生との関連で、こうした二類型にわけることの空しさを感じなかったのであろうか。もっとも結果がでて、しかもそれが予想外であったため錯誤があるといわれるのなら、そして、その思い違いに錯誤の本質があるというのなら、それを無視したような私見としての発言は慎むべし、といった批判をされるのかもしれない。それはわかる。

ただそれにしても、もう一度、双生児スター殺害事件を思いだして欲しい。ということは、事実の錯誤にあっても、客体の錯誤か方法の錯誤かの類型化は、それほど容易になしうる作業であるともいいえない。いいえないのにもかかわらず、不明確な基準による類型化と、そのことのもたらす効果の差を金科玉条として論ずることに、どれだけの意味があるというのであろうか。こうしたいい方が、非礼であることは詫びながらも、二個の類型化が無意味であることを指摘しておきたい。それだけに錯誤として論じたいのなら、類型化による処理以前に、その錯誤についていては、法律の錯誤と同じく、そのような錯誤をもたらした行為そのものに、その対象を求めるのが適切となってくる。ということはここでもまた、先に紹介した英米法による事実の錯誤に関する取り扱いが思い出される。もとより、事実の錯誤の処遇について、つねに単一に処理されているわけではないと、そういわれる面があるにしても、少なくとも「正当であり、また合理的な確信（under an honest and reasonable belief）による」[4]のであれば、故意の阻却を認めるとして、故意の阻却を認めればたりるとされている。そういいたいだけのことである。

法律の錯誤か事実の錯誤か、ドイツ流の発想によるか英米法のそれによるか。対応する法制に差があるのは事実としても、ともにその錯誤の適否は、行為態様そのものに求められていた。私見としても、この方向には同意したい。ということは、法律の錯誤であろうが事実の錯誤であろうが、そうした錯誤をもたらした行為そのものに、焦点は充てられるべきである。そして合理的に考えれば、そうした錯誤が避けえたか否かに左右される。それだけのこととなってくる。

（2）法律の不知を、その語源に基づき無知と無視・無関心に区別したのは、私の創見にかかわる。そうだと自認していたら、「刑罰法の不知」と「刑罰法規の不正確な解釈」とに区別すべきであるとする所見に接し、同じ考えをもつ研究者が他にいることを知り、私だけの独壇場でないことに安堵した。ただ、安堵もそこまでであり、小休止であるに過ぎなかった。区分したことの効果についての記述はみられなかったからである。なんのための区分であったのか。その点で、私見との格差は大きかった。なお、その詳細についていては、沢登等・フランス刑事法〔刑法総論〕二七〇頁以下参照。英米法制に関しては、たとえば「法の不知は、弁解事由とはならない」(Gillies, Cop. cite. p. 123) とされている。それが一般的であるかどうかの検証は、未確定である。

(3) どう間違えたかは、間違ったことの結果を待たなければ判断のしようがない。だからこそ、間違えた結果をまって類型化する。それが従前のいき方であり、錯誤としての性格上そうならざるをえない。そのかぎり、そのこと自体格別批判されるべき理由はない。そうだとすれば逆に、私見はその発想において、すでに初歩的なミスを犯していると批判されそうである。そういわれるであろうことは、予測の範囲内である。ただ間違えたという結果は、理由なくしてそこにあるのではない。間違えるような行為をしたから、その所産としてあるだけのことである。そうだとすれば、錯誤の核心はどこにおくべきかは、自づからあきらかとなってくる。なぜ、そのような想定外の結果をもたらしたのか。もたらした原因すなわちそのような結果をもらした行為そのものにこそ、スポットライトを充てるべきである。錯誤論の対象は、結果による類型化にあるのではないとするのもそのためである。

(4) 前にも触れておいたが、honest を単純に「正当な」と訳しておいたが、納得しているわけではない。むしろ「信頼できる」とした方が妥当なのかとも考えている。

著者紹介

香川達夫（かがわ たつお）

大正15年、神奈川県に生まれる。昭和25年、東京大学法学部卒業。同年4月、特別研究生として、團藤重光教授に師事。現在、学習院大学名誉教授。法学博士。元司法試験委員。

主要著書（退職後の公刊書に限る）

場所的適用範囲の法的性格（平11、学習院大学研究叢書）
危険犯（平20、学習院大学研究叢書）
自手犯と共同正犯（平24、成文堂）
身分概念と身分犯（平26、成文堂）

新錯誤論

2018年10月1日　初版第1刷発行

著　者　香　川　達　夫
発行者　阿　部　成　一

〒162-0041　東京都新宿区早稲田鶴巻町514
発行所　株式会社　成　文　堂
電話 03(3203)9201(代)　Fax 03(3203)9206
http://www.seibundoh.co.jp

製版・印刷　三報社印刷　　製本　弘伸製本

ISBN978-4-7923-5255-4 C3032
定価（本体6000円＋税）　検印省略